马克思恩格斯城乡融合思想与我国城乡一体化发展研究

MAKESI ENGESI CHENGXIANGRONGHE SIXIANG YU WOGUO CHENGXIANG YITIHUA FAZHAN YANJIU

陈燕妮◎著

中国社会科学出版社

图书在版编目（CIP）数据

马克思恩格斯城乡融合思想与我国城乡一体化发展研究/陈燕妮著．—北京：中国社会科学出版社，2017．11
ISBN 978－7－5203－1701－6

Ⅰ．①马…　Ⅱ．①陈…　Ⅲ．①城乡一体化—发展—研究—中国　Ⅳ．①F299．21

中国版本图书馆 CIP 数据核字（2017）第 306729 号

出 版 人　赵剑英
责任编辑　宋燕鹏
特约编辑　席建海
责任校对　冯英爽
责任印制　李寡寡

出　　版　中国社会科学出版社
社　　址　北京鼓楼西大街甲 158 号
邮　　编　100720
网　　址　http://www.csspw.cn
发 行 部　010－84083685
门 市 部　010－84029450
经　　销　新华书店及其他书店

印　　刷　北京明恒达印刷有限公司
装　　订　廊坊市广阳区广增装订厂
版　　次　2017 年 11 月第 1 版
印　　次　2017 年 11 月第 1 次印刷

开　　本　710×1000　1/16
印　　张　22
字　　数　230 千字
定　　价　89．00 元

目　录

绪　论

第一节　选题缘由与研究意义

一　选题缘由

城乡关系是一个古老的话题，有关讨论伴随着现代城市的产生开始出现。早在 1776 年，亚当 · 斯密在其著作《国富论》中就阐释过关于工业化进程中的城乡关系。这一问题的重要程度，马克思在《哲学的贫困》中有清晰的概括，他指出："城乡关系一改变，整个社会也跟着改变。"① 学术界对此问题一直进行着孜孜不倦的研究。但是每个时代的背景不同，

① 《马克思恩格斯选集》第 1 卷，人民出版社 2012 年版，第 237 页。

城乡关系呈现的特征也就不同，且在这一过程中需要解决的问题也各有差异。

就城乡发展的规律来看，城乡关系历经了城乡同一、城乡分离和对立、城乡差别，几个阶段发展到城乡一体化，正在为实现城乡融合努力。从发达国家城市化发展的历史来看，城市化水平越高，经济的发展越快速，非农产业比重会越高，从而城乡融合、城乡一体化进程就会越快。对于我国目前城市化的发展情况，联合国副秘书长海伦·克拉克在《2013 年中国人类发展报告》描述到，中国城镇化发展的速度、深度和广度是人类发展史上前所未有的。他说，2011 年中国城市人口首次超过农村人口，中国城镇化率从 10% 到 50% 只用了 60 年的时间，同样的情况，欧洲用了 150 年，拉丁美洲用了 210 年。可以说，我国城市化取得了不俗的成绩，然而要达到城市化的理想状态，实现城乡融合、城乡一体化的目标，还需要很艰难的路要走。

由于历史的原因，中国在改革开放前 30 年，采取的是城乡二元发展方式，积累了大量的农村剩余人口。庞大的低收入农村人口，使我国城乡收入差距过大。受长期的城乡二元结构体制制约，农民工的生存状态被严重影响，阻碍着我国经济的进一步发展。打破城乡二元社会结构问题已成为推进我国城乡一体化绕不过、等不起、拖不得的紧迫任务。与此同时，我们也应该清醒地认识到，过去我国城镇化是在人口众多、资源相对短缺、生态环境比较脆弱的背景下推进的，且已经引发了许多新问题。近年来出现的资源过度消耗、生态严重破坏、“农村空心化”等经济社会问题，对下一步城乡发展形成巨大的挑战。城市化发展也如硬币一般，正反两面，如果发展方向正确，可能带来光明的未来；如果发展道路错误，也有可能遭遇前所未有的灾难。面对前进道路上存在的诸多困难，我们必须清醒认识和妥善化解。要破除城乡发展的困境，促进城乡一体化发展，构建新型城乡关系，不仅有赖于在城市化进程中不断地思考和探索，更离不开马克思主义城乡关系理论的指导。

从新中国成立到现在，中国共产党一直在这一思想指导下，结合中国的国情，经历着曲折的探索历程。新中国成立之初到改革开放前，我们党提出了在城乡关系中，城市是中心，农村是基础，城乡并进，工农并举，统筹兼顾的思想，但令人遗憾的是，后来的方向却偏向了农村支持城市，农业支持工业方面；改革开放到十六大前，党处理城乡关系的理念和政策也随社会发展发生重大变化，以经济建设为中心，推进城乡改革，实现城乡良性互动，但城乡差距扩大；党的十六大以后，面对城乡之间及其内部存在的矛盾与冲突，中央认识到要用新的方式来统筹协调农业和工业，城市和农村的发展，明确提出了实施统筹城乡发展战略的要求，进入“以工促农，以城带乡”的新阶段。十七届三中全会明确提出到2020年基本形成城乡经济社会发展一体化新格局，党的十八大报告再次强调“推动城乡发展一体化”。2013年12月召开的中央城镇化工作会议在提到提高城镇建设水平时，也强调要促进城乡一体化发展。2015年4月30日召开的中共中央政治局第二十二次集体学习，习近平总书记强调：健全城乡发展一体化体制机制，让广大农民共享改革发展成果。2015 年 11 月召开的中共中央”十三五“规划再次强调：推动城乡协调发展，坚持工业反哺农业、城市支持农村，健全城乡发展一体化体制机制，推进城乡要素平等交换、合理配置和基本公共服务均等化。从“城乡兼顾”到“城乡统筹”再到“城乡一体化”的提出，是马克思恩格斯城乡融合思想在中国的伟大探索和实践，也是马克思恩格斯城乡融合思想的继续和发展。

综上所述，解决因城乡二元结构造成的社会问题，实现城乡一体化的目标，已经成为当前摆在我们面前的一个重大课题。最终我们能不能实现这一目标，取决于我们是否能正确把握城乡关系发展的规律，取决于我们是否始终从马克思主义的立场出发，用马克思主义的思想分析这一问题，指导实践。为此，作为一名从事相关领域研究的博士生，笔者认为有必要“回到马克思”，对马克思恩格斯经典著作中有关城乡关系思想的内容进行认真研读，在此基础上，挖掘和整理城乡融合相关的内容和思想，并着力厘清其理论体系和发展规律，以便更好地把握这一思想的精髓和真谛，从而伴随实践、指导实践，这也是永葆马克思主义生命力之所在。

二　研究意义

当前我国城镇化发展速度加快，已进入发展的中后期阶段，在此背景下，对马克思恩格斯城乡融合思想的研究，有利于为我国城乡经济发展提供理论与实践方面的借鉴。因此，加强对这一思想的研究，具有重要的理论和现实意义。

（一）理论意义

第一，有助于深化对马克思恩格斯城乡关系思想的研究。

城乡关系一直是马克思恩格斯高度关注的问题，城乡关系也是人类社会发展中最基本的关系。他们认为，要想论述人类社会的发展以及未来的趋势，是无论如何不能绕过城乡关系问题的。改革开放30年来，随着我国经济发展的不断推进，城镇化发展的步伐也在加快，这引起了政府与理论界越来越多的关注。对城乡关系问题的研究成果可谓汗牛充栋，但对马克思恩格斯城乡融合思想的研究还很薄弱。有很大一部分原因在于马克思恩格斯没有对城乡问题进行过专门的论述，他们对城乡关系问题的关注主要散落在《英国工人阶级状况》《德意志意识形态》《共产党宣言》《论住宅问题》《反杜林论》《资本论》等著作中。在这些著作中，他们以唯物史观为基础，阐述了城乡分离和对立的起源、城乡关系发展的趋势、城乡融合等内容。目前的研究还有诸多不足之处，如对马克思恩格斯文本"只言片语"的引证，对其思想内容之间的内在逻辑关系并没有做出一个系统的阐述。另外，随着时代的进步，社会的发展，城乡关系进一步发展的背景已经发生了深刻变化。党的十八大报告强调要加快建设以城带乡、以工促农、工农互惠、城乡一体的新型城乡、工农关系，从而进一步完善城乡发展一体化体制机制。在此国情背景下，城乡关系的规划、特征、未来走向都迫切需要我们进行新的总结。因此，在新时期加强对马克思恩格斯城乡融合思想的探索，可以进一步丰富马克思主义理论，同时也可以加深对马克思主义城乡关系思想的再认识。

第二，有助于深化对中国城镇化理论的研究。

改革开放以来，学者们对城镇化理论三十多年的耕耘，使中国城镇化研究取得了丰硕的成果。城镇化理论从无到有，从小到大，成绩斐然。大量的著作和论文出版，专家们对城镇化的研究也越来越广泛、越来越深入。归纳来看，一是研究内容更宽泛。不仅研究城镇化的一般理论，而且还研究与城镇化相关联的社会问题。二是研究层次提高。不再拘泥于“小城镇大问题”的层次，而转向“小城镇大战略”等更高层次的研究。但是，中国城镇化理论研究确实还存在一些不足。比如虽然偏重于宏观层面的研究，但深层次理论提炼不够；基础理论研究比较薄弱，对于城镇化的基本问题缺乏深刻的思考。由于专家们是从不同的领域对城镇化的某一方面进行了侧重研究，其理论往往不能自成体系，因此，对于政府政策的制定缺乏足够的指导意义。可喜的是目前城镇化已经得到党和国家的高度重视，成为中国政府与理论界研究的中心课题之一，是未来城市经济发展、农村建设的重点研究对象。过去我国城镇化发展质量不高，又滋生了许多社会问题，今后城镇化的发展要实现的是产业结构、就业方式、社会保障、人居环境、生活方式等一系列由“乡”到“城”的转变。要达到这一目标，只有促进城乡融合的发展。一方面，可以进一步完善城镇化健康发展的体制机制，实现新型城镇化，另一方面，城乡融合和城镇化的目标一致，即通过摒弃“城乡分治”，使城乡差别逐步缩小直到消除，最终城市与乡村合二为一、共同协调发展。因此，在今后的理论研究中，应更加重视马克思恩格斯城乡融合基础理论的深入研究。结合我国国情，探寻一条适合中国的新型城镇化之路，提高理论服务的针对性，为城镇化建设提供理论借鉴。

（二）实践意义

第一，为我国新常态下城镇化新阶段的发展提供理论支撑。

习近平总书记多次提出中国经济“新常态”问题，引起了国内外的极大关注。“新常态”作为重要的战略判断，给我们传达了一个信号，即我国经济发展出现了新变化，进入了新阶段，充分展现了党中央高瞻远瞩的战略眼光和决策定力。面对新常态，城镇化也处于转型发展的关键时期，国家统计局公布 2014 年中国城镇化率达 54.77%。国际经验表明，城镇化率超过 50%，表明城镇化进入持续发展期，但同时也是各种社会问题凸显期和集中爆发期。[①] 如目前城镇化没有很好地体现以人为本；城乡发展极不平衡，城乡居民收入差距扩大；交通拥堵、城市雾霾、环境污染等问题凸显。能否按照新常态要求，转变以往城镇化发展的理念和方式，重新走出一条更适合我国国情、更绿色的新型城镇化道路，实现城镇化建设新常

① 李浩：《城镇化率首次超过 50% 的国际现象观察——兼论中国城镇化发展现状及思考》，《城市规划学刊》2013 年第 1 期。

态，对于稳增长、调结构、转方式的意义更为重大。一直以来，我国城镇化实践在马克思恩格斯城乡关系思想的指导下进行，当前处在我国城镇化发展的转型和关键期，对这一思想的需要更为迫切。在这种背景下，加强对马克思恩格斯城乡融合思想的研究，将为推动我国城镇化新阶段发展战略提供更多的理论支持，对于在新的发展起点上抓好城乡一体化发展的着力点，构建城乡经济社会发展一体化新格局，具有非常重要的理论价值。

第二，为我国顺利实现全面建成小康社会的伟大目标提供重要参考。

当前，推进城乡一体化发展是实现全面建成小康社会目标的决胜之举。由于“三农”问题是目前我国经济发展的短板，因而要想全面建成小康社会，关键的制约因素在农村，农村的发展已经远远落后于城市。城乡之间是二元结构，二者在经济、政治、文化等方面的差距还有继续扩大的趋势。通过考察一些城镇化搞得比较好、比较超前的发达国家，发现必须在现代化建设中协调好城与乡二者的关系问题，否则会带来严重的后果。美国和日本都曾在现代化进程中遭遇过城乡发展失衡问题。解决的办法就是通过政府引导，在政策上由原来倾向城市，到现在更支持农村，使处于弱势地位的农村、农民在经济发展中得到支持，在再分配中受到照顾，在交换中享有保护①，以此来解决城乡发展失衡问题，使现代化目标得以实现。一些拉美国

① 张秋：《美、日城乡统筹制度安排的经验及借鉴》，《亚太经济》2012 年第 2 期。

家也出现过忽视城乡协调发展的问题，它们有很高的城市化水平，但是孤立推进城市化，后果是一方面农村凋败；另一方面“城市病”严重，这种结果使农村和城市的发展都受到很大的影响。甚至有可能把这些年来牺牲农村，优先发展城市所取得的努力和成果消解了。这些经验教训告诉我们，在推进城乡一体化过程中，一定要稳定和发展农村，这不仅对现代化的实现是必需的，而且对于达成全面建成小康社会的奋斗目标更是必需的。通过推进城乡一体化发展，不仅有利于探索出一条具有中国特色的新型城镇化道路，还能激活并释放中国经济发展潜能，使中国经济社会发展迎来又一次跨越。

第二节　概念界定

一　城市与乡村

（一）城市

城市是由“城”与“市”组成，在古代文献中，二者的概念是不一样的。“城”为行政地域的概念，在古代早期实际上就是指城市，主要是指军事防御建筑。《管子·七患》指出：“城者，所以自守也。”《辞海》解释为：“都邑四周用作防御的墙垣。"① 恩格斯在描述野蛮时代的高级阶段的文明时也表达了类似的概念："用石墙、城楼、雉堞围绕着石造或砖造房屋的城市，已经成为部落或部落联盟的中心。"② "市" 为商业的概念。《周易·系辞下》指出："日中为市，致天下之民，聚天下之货，交易而退，各得其所。" 《辞海》释义为："集中做买卖的场所。"③ 现代意义上的城市，作为一个社会经济系统的综合体，要素多样、功能齐全、特征繁杂。《现代汉语词典》解释：城市是指 "人口集中、工商业发达、居民以非农业人口为主的地区，通常是周围地区的政治、经济、文化中心"④。迄今为止，学界关于城市的定义达 100 多种（见朱铁臻主编《中国城市手册》），他们从经济学、政治学、社会学、地理学等不同角度进行研究，所以国内外学者对城市的理解多种多样、并不统一。

英国拉夫巴勒大学经济学家 K. J. 巴顿认为，城市是一个坐落在有限空间地区内的各种经济市场——住房、劳动力、土地、运输等相互交织在一起的网状系统。向德平教授从社会学的视角认为："城市是当地那些共同风俗、情感、传统的集合。"⑤《不列颠百科全书》从地理学的角度认为，"城市是一个相对永久性的、组织较完好的人口集中地，规模大于一个城

① 辞海编辑委员会编：《辞海》，上海辞书出版社 1977 年版，第 512 页。

② 《马克思恩格斯选集》第 4 卷，人民出版社 2012 年版，第 179 页。

③ 辞海编辑委员会编：《辞海》，上海辞书出版社 1977 年版，第 332 页。

④ 中国社会科学院语言研究所词典编辑室编：《现代汉语词典》，商务印书馆 1978 年版，第 162 页。

⑤ 向德平：《城市社会学》，高等教育出版社 2005 年版，第 165 页。

镇或村庄”。美国著名的城市理论家刘易斯·芒福德特别强调城市的文化性，他认为城市作为一个永久性的文化容器，既是贮藏者又是传播者和流传者。马克思认为：“城市本身的单纯存在与仅仅是众多的独立家庭不同，在这里，整体并不是由它的各个部分组成。它是一种独立的有机体。”[①] 我国城市的法律含义是指直辖市、建制市和建制镇。2014 年国务院印发的《关于调整城市规模划分标准的通知》将城市划分为五类：城区常住人口 50 万以下的城市指小城市，中等城市为 50 万—100 万，大城市为 100 万—300 万，特大城市为 300 万—1000 万，超大城市为 1000 万以上人口。

综上所述，从求同存异的角度出发，笔者认为城市是指具有一定人口规模和人口密集度，主要从事非农业经济活动的居民构成的复杂地域，是一定范围内政治、经济、文化的中心，并对周边地区有扩散影响的空间实体。

（二）乡村

“乡”在《辞海》中解释为：“县以下的农村行政区域单位或是泛指城市以外的地区。”[②] “村”在《辞海》中指“村庄”[③]。乡村是区别于城市的，表述我国社会区域的基本概念。从不同的角度剖析，会得出不同的认识。从其功能属性来看，乡村，就是农村，主要是以农业生产为主和以农业人口聚居的

① 《马克思恩格斯全集》第 46 卷，人民出版社 1979 年版，第 480 页。

② 辞海编辑委员会编：《辞海》，上海辞书出版社 1977 年版，第 101 页。

③ 同上书，第 1347 页。

农村聚落的总称。从生态的角度来讲，乡村是一个空间地域系统，用来指人口在空间上的分布状况，指的是人口密度较大，较隔绝的聚落地。从社会文化构成这一角度来定义乡村，主要着眼于城乡居民之间生活方式、行为习惯与态度上的差异性。而《辞海》中对农村或乡村范围的解释为："在统计学上，一般将未划入城市的人口均归属农村人口。"其实到今天为止，对于农村地域界线的划定仍然是模糊的或不确定的，有指除城市之外的所有区域，也有指我国县以下的不包括镇在内的广大区域，人口规模可大可小，没有具体的限定。马克思恩格斯从与城市的集中性相对的角度解释乡村："而在乡村则是完全相反的情况，隔绝和分散。"①

总结以上观点，本书认为乡村（country），也称农村，相对于城市或城镇而言，是指以从事农业为主要职业的、农业人口的聚居地。包括以下几个特征：第一，经济方面，以农业为基本行业，经济活动简单；第二，居住方面，人口稀少，居住分散，较隔绝；第三，文化传统方面，风俗习惯影响大，同质性强。

（三）"城市"和"乡村"概念的辩证统一

马克思恩格斯指出，生产力的发展是城乡分离的根本原因，而社会分工是城乡分离的直接原因。"城市"和"乡村"的提出意味着人们在潜意识里把这两个概念对立起来。当然大

---

① 《马克思恩格斯选集》第1卷，人民出版社2012年版，第184页。

量的研究也表明城市和乡村在社会结构、行业发展、公共服务、生活方式、自然景观等方面存在着明显的差异。自然而然，二者之间的差异成为学者们研究的对象。有学者明确地认为城市和乡村是对立的，代表人物是利普顿，他提出了“城市偏见”的概念，“认为城市和乡村差异的根源在于城市拥有较强的定价权”①。在本书中，我们认为城市和乡村不存在根本的对立。“城市”与“乡村”两个概念是相对来说的，城乡之间因为要素的流动和配置会加剧或减少二者之间的差别，这是必然的。但是作为描述两类区域形成的抽象概念，二者并没有一个清晰的界限界定，很难准确地说哪条线是城市和乡村的中界线。而且随着经济的发展，城乡之间的依赖关系更大，人口迁移更自由，二者的界限就更为模糊。

总而言之，我们应该辩证地看待城市和乡村之间的关系，二者之间存在差异，但是这种差异不是绝对的，而是可以相互转化、融合的。如城市可以开展第一产业，乡村也可以从事第二、第三产业。城市和乡村只是人们对于不同区域的事物称谓的不同，二者之间存在融合或者一体化的基础。麦基在 1987 年提出的 kotadesasi 理论把两个印度尼西亚词“Kota”（城镇）和“Desa”（乡村），组合在一起，进一步说明了城乡活动可以互相包容。②

---

① Lipton M. , *Why poor people stay poor: urban bias in world development*, London: Temple Smith Press, 1977.

② MeGee T. G. , *Urbanization or Kotadesasi—The emergence of new regions of economic interaction in Asia*. Working paper, Honolulu: East West Center Environment and Policy Institute, 1987.

为了方便本书研究，笔者认为有必要对城乡关系、城乡融合、城乡一体化做基本的界定。

二 城乡融合及其相关概念

（一）城乡关系

城乡关系，通俗地讲是指城与乡二者之间相互作用和相互影响的互动关系。在一定条件下，它集中反映城市和乡村的经济关系、政治关系、社会关系、文化关系、生态关系等。当然，最根本的还是体现为经济关系，城市与乡村的经济关系决定了城乡关系的其他方面，并支配着一定历史时期城乡关系的整体发展走向。

因其通俗易懂之故，目前很多研究都在使用该词。但不同学科从不同的角度，对其仍有不同层次的内涵归纳。马远军、张小林等认为，城乡关系一是地理学意义上的城市与乡村区位关系；二是经济学意义上的工业与农业关系；三是社会学意义上的市民与农民关系；四是生态学意义上的斑块与基质关系。①

自城市从乡村分离出来之后，城乡关系就成为人类社会发展的基本关系。这一问题也成为马克思恩格斯非常关注的问题之一。他们认为城乡关系在人类社会中的地位十分重要，涉及

---

① 马远军、张小林等：《我国城乡关系研究动向及其地理视角》，《地理与地理信息科学》2006 年第 3 期。

人类社会的方方面面。文本中最经典的表述是："城乡关系一改变，整个社会也跟着改变。"①

（二）城乡融合

关于城乡融合的概念，学术界普遍认同恩格斯在《共产主义原理》所说，即"把城市和农村生活方式的优点结合起来，避免二者的片面性和缺点"②。除此之外，学者郭彩琴进一步强调，城乡融合是城乡之间取长补短基础上的社会整体发展的结果。不仅仅是在一些领域之间、产业之间存在的融合，而是社会整体各子系统之间协调统一的理想状态。③ 学者姚永明对城乡融合思想进行了当代解读，他认为城乡融合至少应该包括四个方面的内涵：城乡身份认同的平等性，城乡建设发展的趋同性，城乡生活选择的自主性，城乡幸福体验的一致性。④ 具体内涵就是指同步建设城乡，同等重视城乡，使城乡居民共享一切社会成果，共同感受生活的幸福，当然这一切都得建立在生产力高度发展的基础之上。其他大多数学者对城乡融合的界定通常是借城乡统筹、城乡一体化等概念来展开的，这里就不一一列举了。

恩格斯在《共产主义原理》首次提出"城乡融合"，"由

---

① 《马克思恩格斯选集》第 1 卷，人民出版社 2012 年版，第 237 页。

② 同上书，第 305 页。

③ 郭彩琴：《马克思主义城乡融合思想与我国城乡教育一体化发展》，《马克思主义研究》2010 年第 3 期。

④ 姚永明：《马克思、恩格斯城乡融合思想的当代解读与实践》，《中国青年政治学院学报》2012 年第 3 期。

社会全体成员组成的共同的联合体来共同地和有计划地利用生产力；把生产发展到能够满足所有人的需要的规模；彻底消灭阶级和阶级对立；通过消除旧的分工，通过产业教育、变换工种、所有人共同享受大家创造出来的福利，通过城乡的融合，使社会全体成员的才能得到全面的发展”①。在此之后，恩格斯在1876年所写的《反杜林论》又进一步论述了如何消灭城乡对立，实现城乡融合。他指出：“城市和乡村的对立的消灭不仅是可能的，而且已经成为工业生产本身的直接需要，同样也已经成为农业生产和公共卫生事业的需要。只有通过城市和乡村的融合，现在的空气、水和土地的污染才能排除，只有通过这种融合，才能使目前城市中病弱群众的粪便不致引起疾病，而被用作植物的肥料。”②

马克思恩格斯以上关于城乡融合的论述揭示了以下内涵：第一，消灭城乡之间的对立取决于物质基础；第二，城乡融合在经济发展水平相当高的条件下是可能的，而且现在已成了物质生产本身的直接需要；第三，城乡融合可以解决城市发展中存在的环境问题，实现经济、社会、生态环境的协同发展；第四，城乡融合实现的途径是消除旧的分工、合理利用生产力、产业教育等；第五，城乡融合的目标是消灭阶级、全体成员的才能得到全面发展。

“城乡关系”与“城乡融合”这两个概念，可以说是包含与被包含的关系。城乡关系只是中性的、不带任何感情色彩的

① 《马克思恩格斯选集》第1卷，人民出版社2012年版，第308页。

② 《马克思恩格斯选集》第3卷，人民出版社2012年版，第684页。

对城市和乡村关系的客观描述，范围很大，可以是敌对的关系，如城乡对立，也可以是友好的关系，如城乡融合。而城乡融合传递的是城市和乡村向积极方面发展的信号，是一种主观的期盼和努力，是未来城乡发展的最终目标。所以二者既有重叠，又有交叉。

（三）城乡一体化

理解城乡一体化的含义，需要从一体化的基本词汇谈起。“一体化”，英文译为 integration，源于拉丁语 integer，本意是“更新”，译为汉语后有“结合、综合、统合、集成、整体、协调、整合、同化”等表述，其基本意思是“将部分结合为一体”的含义。《辞海》释义“一体”比喻关系密切如同一个整体一样。“化”，指变，改。《汉语大词典》“一体”解释为“关系密切或协调一致，犹如一个整体”，“一样、一律”①。《现代汉语规范词典》解释为，“使分散而又相互联系的部门或运作方式组合成为一个协调的整体”②。

而将“城乡”和“一体化”连用的表述方式在西方经济学的研究中很少见，这种表述首见于我国。这一提法的思想大致有两个来源：第一，马克思恩格斯关于城乡关系的论述；第二，现代城市学、城市规划学关于城乡思想实践的研究。城乡一体化的具体内涵，研究者从多个角度进行了考量，包括经济

① 汉语大词典编辑委员会：《汉语大词典》，汉语大词典出版社 2000 年版，第 7 页。

② 李行健主编：《现代汉语规范词典》，外语教学与研究出版社、语文出版社 2004 年版，第 1536 页。

学、社会学、生态学、规划学等。

其一，从经济学的角度来看，城乡一体化应遵循经济发展的规律，消除城乡之间商品、资金和劳动力等生产要素自由流动的障碍，形成一个城乡统一的市场体系，使城乡生产力合理布局，协调发展，取得最佳的经济效益。

其二，从社会学的角度出发，城乡一体化是指打破城市和乡村分割的二元格局，城乡经济和社会生活从分散孤立到紧密联系，逐步缩小二者之间的差距，最终融为一体的过程。

其三，从生态学的角度，认为城乡一体化是城乡经济与生态发展有机结合的过程，发展经济必须保证自然生态的畅通有序，旨在促进城乡健康、协调可持续发展。

其四，从空间规划的角度看，规划学者对城乡发展中有内在关联的城乡社会要素进行系统的安排。

结合各学科的观点，从中国城乡发展的实际出发，笔者认为，所谓城乡一体化是生产力水平处于较高时期，城市和乡村充分发挥各自的优势，城乡的劳动力、技术、资金等生产要素在一定范围内合理流动，优化组合的双向演进过程；城带乡，乡促城，互相服务，城乡经济和社会生活紧密联系，使乡村和城市居民在不同地方都能共享同等的生活条件，最终使城市和乡村融为一体。城乡一体化的基本内容包括：一是制度一体化，如户籍制度、财税制度、社会保障制度；二是城乡规划一体化，即城乡空间布局一体化，妥善安排生产发展，强化生态环境的保护；三是经济一体化，主要指城乡经济发展作为一个整体来考虑，不能人为地提出两个标准，实行两种政策，两种待遇；四是社会一体化，主要指城乡居民生活方式的趋同，共享公共基础设施等；五是文化一体化，主要指城乡文化事业统筹规划、资源共享、协调发展，城乡居民基本享有同样的文化权益，乡村居民的素质通过教育逐渐达到城市居民的水平；六是城乡政策措施一体化，主要指国家颁布的政策措施对城乡具有一体性，这对落实保障城乡一体化规划具有十分重要的意义。

在本书中，城乡一体化和城乡融合在目标上是一个含义，二者都是要在生产力达到很高的水平后，城乡才能和谐发展。城乡一体化和城乡融合的实质是一致的，不同的是，城乡融合是从城乡关系演化的阶段这个层面来说的，而城乡一体化是对达到什么样的城乡融合的具体化要求。

第三节 研究综述

一 国外研究现状

目前看来，国外学者在这一方面的研究主要包括两方面：一是新马克思主义城市学派对城市相关内容的研究；二是西方学者对城乡一体化思想的研究。

（一）新马克思主义城市学派对城市思想的发展和研究

20 世纪中叶以来，西方一些资本主义国家城市经济萧条，城市财政危机出现，各种社会运动层出不穷。种种变化，使学者们认识到“20 世纪预示着一个空间时代的到来，人们正处于一个同时性和并置性的时代”①。正是在这样的背景之下，一些学者对马克思恩格斯城市思想进行了梳理，纷纷求助于马克思主义的基本方法和基本观点，并尝试从不同视角去研究资本主义后现代城市的问题。代表人物有列斐伏尔（Henri Lefebvre）、哈维（David Harvey）、卡斯特尔（Manuel Castells），理论界又把他们称为新马克思主义城市理论学派，其主要观点有：

1. 关于城市与空间

马克思恩格斯认为，城市的出现是生产力与生产关系发展的必然结果，是在资本主义生产方式运行过程中，资本不断积累和扩张的空间聚集地和主要载体，这个载体代表的是静止的社会关系。但是关注城市空间研究第一人的列斐伏尔指出，作为一种空间形式，城市是静态的建筑环境，更是资本主义关系的产物，资本主义关系是在空间中进行再生产，资本主义的生存和发展就是空间的生产，所以从这个意义上来说，城市就是空间生产力。在这之后，哈维提出：“在各种情况下，时间和空间的客观性都是由社会再生产的物质实践活动所赋予的……

① 孙江：《空间生产——从马克思到当代》，人民出版社 2008 年版，第 112 页。

简言之，各种独特的生产方式或者社会构成方式，都将体现出一系列独特的时间与空间实践活动和概念。”① 也就是说，时间与空间赋予的意义随着资本主义生产方式的变化而变化。他指出随着时间的继续发展，资本家对利润的追逐无限扩张，导致过剩资本的出现，这在资本主义体系内部是无法消化的。为了度过资本过度积累危机，他提出了灵活积累体制，又叫时空压缩，实际上就是开拓新的空间，实现资本的横向转移。通俗地讲，人们的生产和生活的空间扩大，形成大都市区的多中心现象。一方面，空间障碍消除；另一方面，世界城市体系发生重组。卡斯特尔是最关注城市空间与信息技术的学者之一，他提出信息技术改变了传统的城市空间和城市观念。他认为，一方面，信息化为城市空间二次重组提供了重要的手段；另一方面，信息时代的到来开拓了城市新的空间形态。马克思曾经重点分析了具有地理位置和区位优势的资本主义社会等级化的城市空间，在信息时代正逐渐消失，出现并发展的是“网络城市”。同时，他还认为由于对信息占有的不均衡导致国际大都市与传统城市出现二元化状态。

2. 关于集体消费

法国马克思主义者卡斯特尔是最早将“集体消费”引入城市研究的学者。他认为在发达资本主义城市中，存在一个基本的结构性矛盾，即劳动力的再生产与劳动力必需消费品的供

① ［美］戴维·哈维：《后现代的状况——对文化变迁之缘起的探究》，阎嘉译，商务印书馆2004年版，第255页。

给之间的矛盾，也就是生产与消费之间的矛盾。劳动力的必需消费品，如：住房、医疗、学校、休闲设施、社会服务等，在资本主义生产方式下，劳动力再生产所必需的商品是必需的，但是资本主义生产者却发现投资这些商品的生产无利可图，供给存在潜在危机，即巨大的消费空白，并由此造成资本主义城市社会的“集体消费”危机。比如在法国，低成本的工人阶级住宅有极大的需求却很少有企业去投资，这是因为资本家发现投资建造这些住宅是毫无利润可图的。① 卡斯特尔认为，“集体消费”指“只能是集体去组织和管理消费过程，而不是别的什么人，这是由这个问题的特点和规模所决定的”②。集体消费危机是当代资本主义国家城市问题的具体表现之一，主要表现为“医疗健康保护不够、住房供给短缺、社会设施缺乏等方面”③，这些危机造成资产阶级和工人阶级之间新的矛盾，国家为了维护社会稳定被迫承担日益增多的社会必需消费。他还认为，对公共消费品供给的国家干预从本质上来说仍然是为资本服务的。

3. 关于城市的阶级斗争与社会运动

新马克思主义城市学派非常赞同马克思恩格斯关于阶级和阶级斗争的观点，并且在研究资本主义城市进程时使用阶级分析法，在阶级斗争领域，又发展了马克思主义理论。他

---

① Castells M. , *The Urban Qudetion*, Edward Nold, 1977, p. 149.

② Castells M. , *Theory and Ideology in Urban Sociology*, London: Tavistock, 1976, p. 75.

③ 张应祥、蔡禾：《新马克思主义城市理论述评》，《学术研究》2006 年第 3 期。

们认为，围绕城市建构环境和集体消费危机引发的矛盾和阶级斗争，是资本主义城市社会运动的新形式。在马克思主义时代的斗争更多的是存在于“工厂车间”，现在斗争的焦点早已改变，城市阶级斗争的重要内容是对城市空间的使用。这一城市运动的矛盾主要表现为资本家为了谋取利润剥削空间的要求与人们对消费空间的社会需要之间的矛盾，即资本利润和人的需求之间的争夺，这种矛盾的政治表现就是阶级斗争。其核心就是对诸如医疗保健、住房、教育、环境保护等公共设施资源的争夺。哈维还认为存在“阶级结构的次级力量”，即资本主义社会存在多层次多样化的阶级关系，不是绝对的“两分的阶级结构”。

新马克思主义与城市科学相结合被称为新马克思主义城市学派。他们在针对解决资本主义城市问题的探讨中有突出贡献和特点，总体上来讲，他们的研究与马克思主义在城市领域的研究相比有所突破。第一，新马克思主义城市理论弥补了马克思主义理论在空间生产和集体消费方面的欠缺，同时，也拓宽了阶级斗争在城市领域的发展。第二，新马克思主义城市学者对资本主义城市的社会现实持批判的态度，立场是鲜明的。第三，他们的研究也存在一些不足：一方面，新马克思主义城市学者在城市理论研究中，完全忽视了城市发展中人的能动作用；另一方面，他们的研究相对来说比较片面，侧重点只是在城市发展问题上，没有就马克思恩格斯的城乡关系思想做出相应的研究。

（二）西方学者对城乡一体化的研究

西方学者在马克思恩格斯城乡融合思想基础上，对于城乡一体化问题，有相对比较成熟的研究。具体可以归纳为“城乡融合”“以城带乡”“以乡促城”三种不同的城乡一体化发展类型。

1. 以麦基的 Desakota 模型为代表的“城乡融合”理论

20 世纪中期以来，发展中国家的城市化进程明显加快，中心城市迅速扩张，在城市边缘出现了庞大的城乡交融地带，被许多学者称作“灰色区域”，这些区域既非城市也非乡村，但同时又兼有城市和乡村两方面的特点。著名的加拿大学者麦基（T. G. MeGee）用三十多年的时间，对亚洲一些国家和地区诸如中国的珠江三角洲、长江三角洲、台北—高雄走廊，韩国首尔—釜山走廊和泰国曼谷大都市区进行探究，得出的结论是，这些国家和地区城乡地域间的界限逐渐变得不清晰，传统的差别也在消失，反而显现出的是城乡共同的发展现象。城市与乡村间的联系越来越紧密，并且在这些地域中，不太区分城市与工业活动对接，乡村与农业活动相一致，而是无论乡村还是城市，都出现农业与工业活动同时进行的现象，并逐步实现融合。他于 1980 年把这种地域结构命名为 Desakota（印度尼西亚语中的 Desa 即乡村，Kota 即城镇），意为城乡融合，指的是在同一地域上同时发生的城市性和农村性的双重行为的产物，是一种以区域综合发展为基础的城市化形态，实质就是城乡之间的统筹协调和一体化发展。

传统的西方城市化理论指出城市和乡村之间界限清晰、差别明显，并且认为这种差别在城市化推进的过程中永久存在。所以麦基的 Desakota 模式是向传统西方国家以大城市为主导的单一城市化模式提出的挑战，他的思想中对城乡之间相互作用、交流的论述，为亚洲地区城乡一体化的研究和发展提供了新的思路。但 Desakota 理论也存在局限性，其针对性比较强，只是基于对亚洲一些国家的实地调查总结得出，所以在特征、分类和动力机制上，还有待进一步的完善。

2. 以芒福德和沙里宁为代表的“以城带乡”的城乡一体化发展理论

19 世纪中期以来，随着现代大都市的发展，城市人口迅速膨胀，随之而来的大都市病成为社会各界关注的焦点，刘易斯·芒福德的“区域城市”思想，就是在这样的时代背景下产生的。刘易斯·芒福德认为：“我们的城市必须振作全部力量，勇敢迎接挑战，创造出一个真正的新型大都市模型。”①对霍华德的田园城市理论，他非常赞同，在给《明日的田园城市》写序时说，“霍华德把乡村和城市的改进作为一个统一的问题来处理，大大走在了时代的前列”。在其思想基础上，芒福德继续探究现代城市智慧发展的方式。

“区域城市”在芒福德的区域规划理论中，是一个重要的

① ［美］刘易斯·芒福德：《恢复沟通，更新生活》，载《刘易斯·芒福德著作精萃》，宋俊岭等译，中国建筑工业出版社 2010 年版，第 258 页。

概念。1938年，芒福德明确地提出了“区域城市”的思想，“把城市视为区域个性的一种表达”①。即把区域与城市放在一个整体的空间中考虑。芒福德认为他的“区域城市”理论不同于以往学者所提出的相关理论模式，而是一种社会发展最佳选择的新型城市发展。他的“区域城市”理论强调，为避免目前特大城市出现的各种不利民众发展的问题，在原有城市的基础上，以此为中心，大大扩散，建造更多新的城市，这些城市可以分散掉原有特大城市的一部分权利，从而引向相邻近的社区里，这样就会形成一个更大的区域统一体。不仅扩大了区域的发展，而且还平衡了城乡之间的发展，这一区域的全体居民都可以享受到城市生活的便利和实惠。

在区域规划模式下，“区域城市”具有一定的可操作性，这种模式使城市和乡村都在区域权威部门统一指挥之下构成一个整体，为共同的发展目的而服务。芒福德认为：“新的城市星座的布局形式，它能保存小城镇的优点，同时又能享受规模大的大都市提供的机会……”② 他还强调：“要到城市以外去寻求城市的希望和未来，而不是在城市本身。……假如眼睛只盯住城市，那么城市的未来一定是暗淡的。”③ 显而易见，芒福德跳出了传统的思维模式，将大城市置于一种新的区域格局

---

① ［美］刘易斯·芒福德：《城市文化》，宋俊岭、李翔宁、周鸣浩译，中国建筑工业出版社2009年版，第354页。

② ［美］刘易斯·芒福德：《城市发展史——起源、演变和前景》，倪文彦、宋俊岭译，中国建筑工业出版社1989年版，第577页。

③ ［美］刘易斯·芒福德：《恢复沟通，更新生活》，载《刘易斯·芒福德著作精萃》，宋俊岭等译，中国建筑工业出版社2010年版，第265页。

中来考察。

沙里宁，芬兰著名的规划师，20 世纪 40 年代初在其著作《城市：它的发展、衰败和未来》一书中提出“有机疏散论”。这一理论是沙里宁在对中世纪的欧洲城市和工业革命后大量的城市建设情况全面考察基础上提出的，想要解决当时大城市人口急剧上升，城市空间难以满足人们需要的问题。他提倡城市分散，反对城市高度集中。

“有机疏散”是把城市看作一个有机的集合体，面对城市出现的各种状况，按照有机体的功能要求，经精英规划师规划，对城市进行全面更新，以诸多相关联的小市镇或区来分割一个密集的大都市，一一切除城市中的衰败地区，城市内部的重工业、制造业和城市人口分散到可供合理开发的外围地域去，这样就可以降低大城市的人口密度，解构城市中心。有机疏散有两个原则：一是居民的日常生活和工作做集中布置，内部有独立又方便的生产功能；二是偶然活动场所则分散布置。他认为这种结构符合人类居住的天性，人们既可以感受大自然的气息，又可以享受城市的文明生活。

“有机疏散论”将城市与外围乡村看作一个整体进行规划和产业再布局，从而实现城乡分工协作与链接发展。通过对城市与乡村的整体布局，城市的有机疏散，规划出一个兼具城乡优点、适宜人们居住的环境。这种统筹考虑城市和外围郊区的布局思想，体现了城乡一体化发展的基本思路，该理论对缓解大城市病具有现实意义。第二次世界大战后，欧美一些国家以“有机疏散论”为指导，调整城市发展战略，改建旧城，建设新城，产生了积极的影响。但我们同时要注意，产业布局要遵循相应的经济规律，人为的疏散有可能会出现因产业聚集效应的降低而出现的产业衰落以及因产业“空洞化”而导致的城市中心区的衰落。20 世纪 70 年代以来，一些发达国家没有把握好，过度扩展、疏散城市，结果却又产生了一些新的问题，如消耗能源增多、旧城衰退等。

3. 以霍华德和利普顿为代表的“以乡促城”城乡一体化发展理论

英国城市规划学家埃比尼泽·霍华德在城市学界最早提出以农村为主体的城乡一体化思想，他也是最早提出解决英国城市化社会问题方案的人。在《明日的田园城市》中他充分肯定农村的地位，将其纳入自己社会改革的蓝图中，倡导“用城乡一体化的新社会结构形态来取代城乡对立的旧社会结构形态”①。他的贡献在于十分关注劳动人民，不局限于城乡对立的思想禁锢，对城乡的整体结构做了十分有益的探索。然而，他也非常清楚农村与城市相比，经济上的落后是客观存在的，因此他提出了很多主张来提高乡村的地位。诸如在规划方面要统筹城乡规划，侧重于发展乡村经济，用产业转移的办法建立“新城”等。他指出，“如果不给人民，至少是一部分人民，大于现有大城市的‘引力’，就没有有效的政策。因而，必须建立‘新引力’来克服‘旧引力’”②。

---

① ［英］埃比尼泽·霍华德：《明日的田园城市》，金经元译，商务印书馆 2010 年版，第 16 页。

② Ebenezer Howard, *Garden Cities of Tomorrow*, Attic Books, 1985, p. 5.

类似的还有以利普顿为代表的“以乡促城”思想，他认为城乡发展中城市人会利用自己的权力在政策导向上使社会资源流入城市地区，也就是说在这一过程中很容易形成城市偏向的格局，所以需要在政策上给予农村更大的优惠，支持农村基础设施建设、实现农业产业化经营，使农村更快地发展起来，从而实现城乡一体。

从以上分析可以看出，西方学者在研究中更注重空间环境的城乡融合设计，发展趋势是城市向农村的产业与居住转移。在城乡一体化的发展实践中做出了很多值得借鉴的探索，他们的研究更加肯定了马克思恩格斯城乡融合思想的实质，但是对马克思恩格斯城乡关系理论问题本身的探讨并不注重，可能更多的是从实证的角度去研究西方国家城乡一体化的实现路径。不足之处体现在：第一，提出的理论很多只处于概念阶段，看似实证考察，真正去实行的时候，理想化的色彩还是要浓一些；第二，他们提出的城乡一体化模式是建立在以西方国家为主要研究对象的基础之上的，其是否适用于中国，还有待佐证。

二 国内研究现状

国内学者对马克思恩格斯城乡关系的研究起步较晚，是随着我国社会发展的进行而开始关注的，研究成果以期刊论文居多。20 世纪 80 年代国内学者汪巽人最早在《福建论坛》发表关于马克思主义城乡关系学说的文章。他指出：“非常有必要系统地把握马克思主义城乡关系思想，并运用到我国城乡建设实践中。”[①] 以此为起点，三十多年来，学术界掀起了对此问题的研究热潮。但是，由于学者们对某一问题的研究一定是结合本国的实践需要而展开的，所以对马克思恩格斯城乡关系的探讨在说法上也经历了一个渐变的过程。

（一）对马克思恩格斯城乡关系研究的不同概括

通过对近十年来的相关期刊进行查阅，发现共有四种不同概括：概括最多的是城乡关系说，具有代表性的有 2006 年陈睿发表在《中共福建省委党校学报》的《马克思恩格斯的城乡关系理论及其对当代的启示》，李邦铭所写的《论马克思、恩格斯的城乡关系思想》，李传兵发表在《社会主义研究》的《马克思城乡关系思想及其当代中国化实践》等；排在第二位的是城乡融合说，汪巽人于 1983 年所写的《初探马克思主义的城乡融合学说》是最早对城乡融合的概括，刘建立教授在《马克思主义研究》所写的《马克思恩格斯“城乡融合”思想及当代启示》，还有刘先江的《马克思恩格斯城乡融合理论及其在中国的应用与发展》都有相同的说法；第三种概括是城乡差别说，吴学凡 2008 年在《西北师大学报》发表《马克思、恩格斯的城乡差别思想》一文，这种概括学术界相对较少；第四种是城乡统筹说，2005 年，石玉顶所写的《马克思恩格斯关于城乡统筹发展的思想及其启示》算是比较早的概括，之后陈明生的《马克思主义经典作家论城乡统筹发展》，

---

① 汪巽人：《初探马克思主义的城乡融合学说》，《福建论坛》1983 年第 3 期。

陈伟东、张大维的《马克思恩格斯的城乡统筹发展思想研究》等相继发表。

综观以上四种不同概括，阅读他们对城乡关系的阐述，有两大特征。

第一，尽管学术界对城乡关系、城乡融合、城乡统筹的认识有一个变化的过程，但是他们的主体内容是一样的，都是对马克思恩格斯关于城乡关系产生的起源、发展过程、具体差别、最终实现融合等的论述，实际上，不管提法怎么变，都是万变不离其宗。

第二，发生概括变化的原因之一是对马克思恩格斯经典著作的文本研读有一个不断深入的过程，由开始对字面意思的理解，进而有自己的看法和见解；原因之二与中国的政策引导也有很大关系，城乡统筹的频频出现是在党的十六大之后，党的十六大指出统筹城乡经济社会发展，这是我们党历史上第一次提出“统筹城乡发展”的概念。顺应政策变化和政策信号指引，学术界提法的变化也体现出与时俱进的特点。

（二）关于马克思恩格斯城乡关系思想的研究成果

马克思恩格斯城乡融合思想与马克思恩格斯城乡关系思想是被包含与包含的关系，城乡关系范围更为宽广，城乡融合只是城乡关系的一部分，是对城乡关系的更为具体的界定，是城乡关系更高阶段的发展。但二者对很多内容的研究是共有的。对马克思恩格斯城乡融合思想，学界的研究较为薄弱，更多的是对马克思恩格斯城乡关系思想的研究，所以下文主要从马克思恩格斯城乡关系思想方面进行综述。

1. 关于马克思恩格斯城乡关系思想的形成背景

首先，时代背景。一些学者考察了当时的时代背景，认为这样有助于更好地理解和认识马克思恩格斯的城乡关系理论。① 学者陈睿指出有两个背景：一是18世纪中叶开始的工业革命，使西方一些国家城市化进入迅速发展的阶段，在这一过程中，城市和乡村日趋对立；二是随着生产力的进一步向前推进，尽管城乡对立仍然存在，但不可否认的是，城乡对立也有合理性和进步性的一面，出现了一些积极的因素，城乡协调发展的萌芽产生。

其次，思想背景。16世纪初，英国著名政治家托马斯·莫尔倡导的社会方案，是希望通过改革社会组织结构等方面，来实现理想之国。19世纪初，圣西门、傅立叶、欧文三位空想社会主义者设想在未来社会，工业、农业生产相结合，脑力劳动和体力劳动相结合，没有城乡差别，城乡对立消灭，人人幸福，社会和谐。叶昌友、张量认为，在批判地吸收了空想社会主义者的城乡融合、发展观点的基础上，马克思恩格斯提出了自己的城乡发展理论。②

最后，理论背景。学者汪巽人认为，马克思恩格斯在研究资本主义的资本运行进而揭示其本质时，对城乡对立和城乡发

① 陈睿：《马克思恩格斯的城乡关系理论及其对当代的启示》，《中共福建省委学校学报》2006年第5期。

② 叶昌友、张量：《论马克思、恩格斯的城乡融合思想》，《求索》2009年第12期。

展矛盾的分析是不可避免的，对由此带来的城市问题、社会问题的论述也是绕不过去的。[①] 周志山认为，马克思对城乡关系问题的考察是作为历史唯物主义的一个重要范畴加以论述的，由此而形成了具有时代特色的城乡关系理论。[②] 学者吴学凡则认为，马克思恩格斯特别注意到城乡之间的差别问题，在科学社会主义理论的创立和发展过程中，他们提出了具有时代特征的城乡差别思想。[③]

2. 关于城乡关系发展阶段的论述

国内学者对城乡关系的趋势问题的研究主要有以下四种观点。

一、二阶段论。有学者认为克服城乡分离和对立这一阶段的弊端之后，会逐步走向融合阶段，这是人类社会发展的必然趋势。[④] 周志山把城乡发展的趋势分为“分离与对立—统筹与融合”两个阶段，他指出生产力发展到一定阶段必然会产生城乡分离和对立，而随着生产力的进一步发展，又会逐步走向统筹与融合。显而易见，周志山是从生产力发展的程度上对此做了区分。

二、三阶段论。学者们对三阶段论的划分也各有观点。城

---

① 汪巽人：《初探马克思主义的城乡融合学说》，《福建论坛》1983 年第 3 期。

② 周志山：《从分离与对立到统筹与融合——马克思的城乡观及其现实意义》，《哲学研究》2007 年第 10 期。

③ 吴学凡：《马克思、恩格斯的城乡差别思想》，《西北师大学报》2008 年第 4 期。

④ 周志山：《从分离与对立到统筹与融合——马克思的城乡观及其现实意义》，《哲学研究》2007 年第 10 期。

乡混沌—城乡对立—城乡融合是一种划分标准。[①] 有学者把三阶段论分为城乡分离—城乡对立—城乡融合。[②]

三、四阶段论。有学者认为三阶段论不能很好地说明城乡发展的阶段特点。于是提出城乡关系的发展过程为城乡一体—城乡分离—城乡联系—城乡融合的四阶段论。[③] 还有学者是这样划分四阶段的，即城乡分离—城乡对立—城乡差别—城乡融合。[④] 汪巽人认为，古代城乡最初只是出现分离，发展到资本主义时，城乡的鲜明特征是对立，等资本主义的私有制废除后，城乡在这一阶段主要表现是差别，直到迈向共产主义，才最终达到城乡融合。

四、五阶段论。有学者认为，通过研读马克思主义经典文献得出，马克思恩格斯对城乡关系的论述是沿着城乡混沌—城乡对立—城乡关联—城乡统筹—城乡融合的历史发展脉络推进的。[⑤]

有的学者对马克思恩格斯的城乡关系发展阶段做了总结，江俊伟认为城乡发展随着生产力的发展而发展，与人类社会形态的演进过程是一致的，与人的全面自由发展的历程也是相对应的，是一个否定之否定的过程。生产力水平低，对应的是城

---

① 吴宁、马瑞丽：《恩格斯的城乡融合思想及其启示》，《苏州大学学报》2013 年第 5 期。

② 岑乾明：《马克思恩格斯的城乡观及其当代价值研究》，中国社会科学出版社 2013 年版。

③ 崔越：《马克思恩格斯城乡融合理论的现实启示》，《经济与社会发展》2009 年第 2 期。

④ 汪巽人：《初探马克思主义的城乡融合学说》，《福建论坛》1983 年第 3 期。

⑤ 费立群、滕翠华：《城乡产业一体化：马克思主义城乡融合思想的当代视界》，《理论学刊》2010 年第 1 期。

乡混沌一体，人的发展处于“人的依赖关系”阶段；生产力水平较高，对应城乡分离对立，这一阶段，人处于“物的依赖关系”状态；生产力水平高度发展，是与城乡融合和人的“自由全面”发展相一致的。[①]

3. 对城乡分离和对立根源的研究

这个问题，学术界的研究也是比较多的。学术界普遍认为城乡分离和对立是一个历史范畴，是历史的产物。在人类社会的早期，城乡混沌一体，是无所谓城乡分离和对立的。学者汪巽人就表达过这样的观点：“城乡对立是一种历史的社会现象，不是永恒的自然现象。”[②] 对马克思恩格斯城乡对立的根源分析主要有以下三种观点。

首先，生产力是城乡对立的根本原因。

持这一观点的学者大都认为，城乡分离和对立的根源是生产力“有所发展但又发展不足”的客观要求和必然产物。周志山、罗敏、王亚鹏都赞同这种观点。这里“有所发展”指由于生产率的提高，农业劳动不仅可以生产出农业劳动者生活必需的产品，还有剩余，使城乡之间和工农之间的分离成了可能。“发展不足”是指尽管生产力有所发展，但是水平仍然不足以让城乡发展得到均衡，避免不了城乡在这一时期的利益冲突和对抗。他们坚持马克思主义的唯物史观，从生产力和生产关系的辩证矛盾运动中分析城乡对立的必然性。

---

① 江俊伟：《马克思主义城乡关系理论的两个维度及其当代启示》，《黑龙江史志》2009 年第 4 期。

② 汪巽人：《初探马克思主义的城乡融合学说》，《福建论坛》1983 年第 3 期。

其次，社会分工是城乡对立的直接原因。

持社会分工导致城乡对立观点的学者，大都受马克思恩格斯合著的《德意志意识形态》的影响，马克思恩格斯认为："物质劳动和精神劳动的最大的一次分工，就是城市和乡村的分离。"[①] "一个民族内部的分工，首先引起工商业劳动同农业劳动的分离，从而也引起城乡的分离和城乡利益的对立。"[②] 岑乾明认为，分工产生了特殊利益与共同利益的分裂，从而有了代表城市利益和乡村利益的分裂，最终致使城乡走向分离和对立。[③] 持有相同观点的学者还有陈伟东、张大维等。

最后，私有制的存在是城乡对立的制度原因。

有学者认为，工业革命的推动，资本主义的城市快速发展，与资本主义的私有制结合，进一步加剧了城乡的尖锐对立。[④] 也有学者指出，造成城乡对立的直接原因是私有制、阶级和国家的产生。[⑤]

此外，还有学者指出，生产力发展与生产关系共同对城乡对立产生作用，生产力发展水平不太高是一方面的原因，还有一方面是社会制度的原因，即生产资料资本主义私有制的存

---

① 《马克思恩格斯选集》第1卷，人民出版社2012年版，第184页。

② 同上书，第148页。

③ 岑乾明：《马克思恩格斯的城乡观及其当代价值研究》，中国社会科学出版社2013年版。

④ 吴宁、马瑞丽：《恩格斯的城乡融合思想及其启示》，《苏州大学学报》2013年第5期。

⑤ 徐勇：《马克思恩格斯有关城乡关系问题的思想及其现实意义》，《社会主义研究》1991年第6期。

在。[①] 城乡对立的本质根源是社会分工，城乡对立的制度根源是私有制的存在，在资本主义制度下城乡之间的对立达到最尖锐的程度。[②] 还有学者认为，随着生产力和社会分工的发展，城市和乡村走向分离，这一分离不可避免地造成城市和乡村利益的分裂，从而使二者处于对立状态。[③]

其实，学者们对这一内容的论述只是侧重点有所不同。他们在肯定自己观点的同时，并没有否认其他学者的论点。在论述中，对原因的理解很多时候交叉出现，并没有严格的界限。

4. 关于城乡分离和对立产生的影响

学者们对这一问题是用辩证的、全面的观点来考察的。他们认为马克思恩格斯在谈论城乡分离和对立时尽管更多地提到了其产生的社会负面影响，但同时也提到了其进步、合理的一面。

有学者认为，城乡间出现分离甚至出现对抗，从生产力发展的角度来讲，是进步的、合理的，这代表社会在向前发展。二者的分离和对抗的过程也是人类文明形态跃迁的过程，这段历史与人类文明史是同步进行的，体现的是人类历史的进步性。[④] 但城乡分离和对立更多地给社会带来的是负

---

① 叶昌友、张量：《论马克思、恩格斯的城乡融合思想》，《求索》2009 年第 12 期。

② 李传兵、俞思念、陈浩然：《马克思城乡关系思想及其当代中国化实践》，《社会主义研究》2012 年第 4 期。

③ 李邦铭：《论马克思、恩格斯的城乡关系思想》，《河北学刊》2012 年第 2 期。

④ 罗敏、祝小宁：《马克思城乡统筹思想的三个基本要素探析》，《西华师范大学学报》2009 年第 5 期。

面影响，表现在：

首先，导致“城市病”和“乡村病”。有学者认为，随着生产力的发展，使人口越来越多地集中在城市，随之而来的住房紧张，环境恶化，流行病蔓延等问题一一出现。[①] 在农业方面，城乡对立的危害性也是极大的。从人的发展来说，农民封闭、落后、愚昧；从农业来说，这种对立破坏了人与土地间的物质交换，直接损害了国民经济的基础；从长远来说，破坏了农业的可持续发展，这种状态可能会拖垮整个国民经济。[②]

其次，城乡对立的表现之一在于城乡差别。有学者研究了各个方面的城乡差别，并探讨了这种差别带来的负面影响。经济方面，资本主义社会，城乡差别使“三农”问题更加突出。由于机器运用于农业，导致农业工人被排挤，出现农村劳动力过剩的现象。此外，对农村土地的掠夺也达到最高峰，工农差别随着城乡差别而来。政治方面，城乡差别使阶级之间利益分明，在此基础上形成了一个阶级对另一个阶级的统治机器——国家。文化方面，城市和乡村文化方面的差别，使整个社会文化发展断裂开来。社会方面，城乡差别的变化影响整个社会关系的变化。[③]

最后，城乡对立使人片面而畸形地发展。有学者论述，由

---

① 陈伟东、张大维：《马克思恩格斯的城乡统筹发展思想研究》，《当代世界与社会主义》2009 年第 3 期。

② 陈明生：《马克思主义经典作家论城乡统筹发展》，《当代经济研究》2005 年第 3 期。

③ 吴学凡：《马克思、恩格斯的城乡差别思想》，《西北师大学报》2008 年第 4 期。

于劳动方式的分割和对劳动工具的依赖，一部分人变为“城市动物”，另一部分人变为“乡村动物”，本应该是体力、脑力劳动同步发展的，现在城市居民体力劳动的基础被破坏，同样，农村居民脑力劳动发展的基础也被破坏。[①] 除此之外，有学者还注意到恩格斯还谈到城市的发展使每一个人在追逐私人利益时，人与人之间愈加冷漠，个人愈加孤僻。而在贫民窟里，工人已经堕落为对道德所起的破坏作用比贫穷还要厉害得多，酗酒、纵欲和犯罪盛行。[②]

5. 关于城乡融合实现的可能性、条件以及措施

学术界不仅剖析了城乡对立造成的负面影响，也提出了城乡融合实现的可能性。罗敏、祝小宁认为大工业的继续发展和“城市病”的解决，农业发展和乡村愚昧落后状态的摆脱，个人自由全面发展的根本要求，都为城乡融合提供了现实可能。

学者们也论述了城乡融合实现的条件，包括以下三方面：一是制度条件，即废除资本主义私有制。马克思恩格斯提到的城乡融合，在资本主义社会是不可能实现的。正是资本主义私有制才使乡村落后，城市畸形发展，城乡利益冲突，阶级矛盾不可调和。二是物质条件，即生产力的高度发展。城乡对立是生产力发展水平不足的体现，未来城乡融合一定要建立在高度发达的生产力之上。那时，从事农业生产和工业生产的将是同

---

① 石玉顶：《马克思恩格斯关于城乡统筹发展的思想及其启示》，《经济学家》2005 年第 6 期。

② 陈燕妮、李家祥：《马克思恩格斯批判视角下的城乡关系思想》，《山西师范大学学报》2015 年第 2 期。

样的人，没有城乡之别，城乡真正融为一体。三是社会条件，消灭旧的社会分工。通过破除城乡产业分工的体制性障碍，打破城乡不平等的分工，从而逐渐消除城市与乡村的对立，加强城乡之间、工农业之间的有机关联。

学者们还对马克思恩格斯所论述的实现城乡融合的途径进行了阐述，内容如下：

高度重视农业的基础地位。农业的基础地位在马克思恩格斯的论述中无疑是占有一定分量的。学者概括的观点有：一是农业生产是人类生存和生活的第一条件；二是劳动生产率的提高是社会发展的基础；三是农业和工业之间社会分工发展程度与农业劳动生产率高低有关；四是农业劳动生产率的高低还影响着农业人口向城市转移的速度和规模。①

充分发挥城市的中心带动作用。有学者认为，不可否认，城市在现代化发展中的中心地位，以及产生的集聚和规模效应，将会对农业劳动者素质的提高、农业的高质量发展和农村落后愚昧状态的摆脱起到极大的带动作用。②

合理布局生产力，实现城乡结合，工农结合。有学者认为，首先，要统筹人口，通过让人口平均分布在全国，从而逐步消灭城乡之间的差别。其次，要统筹城乡产业，工业并不一定是与城市共生的，同样，农村也不一定只能从事农业。工业生产和农业生产要密切联系与有机结合，在全国尽可能平

① 何增科：《马克思、恩格斯关于农业和农民问题的基本观点述要》，《马克思主义与现实》2005 年第 5 期。

② 吴宝华、张雅光：《马克思主义城乡融合理论与农业转移人口市民化》，《思想理论教育导刊》2014 年第 7 期。

衡分布，才有可能消灭城市和乡村的分离。最后，城乡之间文化生活条件日益接近，才能让全体居民共享人类创造的文明成果。①

重视科学技术对城乡关系的积极影响。有学者注意到马克思恩格斯对科学技术的发明和使用给城乡发展带来巨大作用的论述。李邦铭认为，科学技术的应用推动了工业的飞速发展，而且在不久的将来也一定会广泛运用于农业，推动农业的发展。它使数千年来城乡之间封闭、隔绝的局面得以改变，并且大大增加了彼此之间的联系，对城乡关系产生更为深远的影响。②

6. 关于马克思恩格斯城乡关系思想的理论与现实启示

学者们研究马克思恩格斯城乡关系思想，就是希望能用他们的立场、观点、方法来分析中国城乡发展的实践，从而揭示出对当代实践的现实意义。

其一，城乡融合思想的当代解读。

学者姚永明对马克思恩格斯的城乡融合思想进行了再思考，融入当代社会，深受启发，提出了新时代的解读。③ 他认为马克思恩格斯的城乡融合思想包涵了城乡身份认同的平等性，即城乡居民身份平等，理应在各方面都有一致的权利和义

① 王亚鹏：《马克思恩格斯城乡融合思想探析》，《经济研究导刊》2010 年第 7 期。

② 李邦铭：《论马克思、恩格斯的城乡关系思想》，《河北学刊》2012 年第 2 期。

③ 姚永明：《马克思、恩格斯城乡融合思想的当代解读与实践》，《中国青年政治学院学报》2012 年第 3 期。

务；城乡居民生活选择应有自主性，不受户籍制度限制，可以自由流动；城乡要合理规划，同步建设，共同发展，应具有趋同性；城乡居民幸福体验一致性。

其二，推进农业转移人口市民化。

有的学者认为，推进农业转移人口市民化是目前城镇化的主要任务之一，只有坚持以马克思恩格斯的城乡融合思想为指导，才能有效完成这一目标。[①] 首先，要加强制度建设，为其提供制度保障。其次，要提高城镇化质量，增强城镇化承载能力。再次，建立合理的财政机制。最后，进行转移人口的教育培训，提高其素质和能力。

其三，农业的产业化经营。

有学者认为，当前我国城市与乡村之间力量悬殊太大，并已经给社会造成了一些不稳定的因素，[②] 所以现阶段我们一方面要改革农村土地制度，使农村规模化经营成为可能。另一方面，还要在打造农业产业链上下功夫，促进大农业的发展，同时，一定要重视农业的科技作用。

其四，促进城镇化健康发展。

常宗耀学者研究认为，在我国国情背景下，乡村城镇化是现代化发展中的必然选择。我国城镇化的完全实现过程，要经历乡村到小城镇、小城市、中等城市、大城市这样的一个递进过程。目前我国城镇化发展中，存在的城乡户籍区别、城市中

---

① 吴宝华、张雅光：《马克思主义城乡融合理论与农业转移人口市民化》，《思想理论教育导刊》2014 年第 7 期。

② 岑乾明、宋卫琴：《分工理论：理解马克思主义城乡观的钥匙》，《求索》2010 年第 9 期。

的“双栖人”等诸多问题，还需尽快加以解决。①

（三）关于马克思恩格斯城乡关系思想其他视角的研究

1. 对城市的研究

在长期的城乡关系思想探索中，马克思恩格斯对城市的起源、发展、特征、功能以及未来的城乡发展趋势一直极为关注。对此学术界也从以下几个方面进行了研究。

其一，在论及马克思恩格斯关于城市的起源时，有的学者认为有三个重要的理论观点：一是在野蛮时代的高级阶段，人类最初的城市出现，从其功能上是出于军事防御、宗教祭祀的需要。二是社会生产力和社会分工是城市产生的决定性因素。三是人类社会发展到一定阶段私有制和城市同时产生，但二者不是因果关系。②

其二，在谈到马克思恩格斯的城市阶段理论时，有学者认为大体可分为三个历史阶段：第一个阶段是前资本主义社会城市阶段，也是指奴隶社会和封建社会下的城市；第二个阶段是资本主义社会城市阶段，这一阶段马克思恩格斯不仅论述了城市的产生和发展，而且还进一步阐述了城市问题；第三阶段是社会主义的城市以及未来共产主义城乡一体化阶段，虽然他们并没有目睹社会主义城市时代，但是他们对城市的论述带有预

---

① 常宗耀：《乡村城市化：马克思的理论及其启示》，《北方论丛》2010年第3期。

② 蔡竞：《马克思主义经典作家城市化观点论述》，《四川干部函授学院学报》2002年第3期。

测性，他们认为未来共产主义社会城乡对立会被消灭。①

其三，学者张广远对马克思恩格斯的城市功能理论进行了总结，归纳为以下六个方面：一是城市的出现和发展是文明时代的标志；二是城市的发展推动了社会现代化进程；三是城市是现代人类社会及区域发展的中心；四是现代城市的崛起，直接促成了世界经济市场的形成，使全世界的社会关系都产生了变化；五是城市为现代人的全面发展提供了一个新的生活环境；六是城市是无产阶级进行共产主义运动的“发源地”。②

其四，学者们还关注过马克思恩格斯对城市问题的研究。城市中的失业问题，城市犯罪问题，城市住宅和生存环境问题，城市环境问题以及由于城市的发展而带来的农民土地被剥夺、农业持续发展被破坏、农村愚昧落后等问题。

其五，有的学者还阐明了城市发展的历程及其发展的一般趋势。③ 一是马克思恩格斯论证城乡的分离和城市的出现；二是他们精辟地分析了近代城市的发展历史；三是城市地区是包括很多不同等级城市的城市密集区；四是城市区域内有一个起核心作用的中心城市；五是城市与城市将连成一片；六是最终城乡之间差别消失，实现融合。

其六，也有学者将马克思恩格斯的城市发展思想归纳成一

---

① 张广远：《马克思主义城市理论的现代意义》，《理论学习》2008 年第 1 期。

② 叶南客、李芸：《现代城市文明的理论基石——马克思主义城市观的四重理论述略》，《社会科学战线》1992 年第 3 期。

③ 吴承基：《马克思主义的城市理论与我国城市发展战略》，《马克思主义研究》1988 年第 3 期。

个比较完整的理论体系[①]。具体包括：一是资本主义大工业的发展使农业的决定性地位让位于工业，这必然导致城乡对立；二是未来城市发展的目标是消除城乡对立；三是通过改造农业和转变农民实现城乡融合；四是未来城乡一体化是一种整体社会特征的转变。曹钢认为马克思恩格斯论述的城市化的过程是一个否定之否定的过程。

2. 对农村的研究

在阐述马克思恩格斯的城乡关系思想时，农村问题是无法绕过去的一个内容，学者们在这一方面当然也有论述。

有的学者把马克思恩格斯关于农业问题的基本思想总结为：一是农业是国民经济的基础；二是工业反哺农业，以便提高农业的劳动生产率；三是必须保护农业的自然环境、生态环境；四是改造传统农业，提出农业的现代化经营。[②]

有的学者直接总结马克思恩格斯的农业基础论[③]，张春桃认为：首先，马克思恩格斯把农业劳动作为其他一切劳动的自然基础和前提。人类只有首先保证自己的生存需要，才会有精力去做其他事情。其次，马克思恩格斯还强调了农业劳动生产率的重要地位，认为只有农业劳动生产率不断得到提高，其他部门才能在此基础上更好地发展，才能加速农业人口的转移，

---

① 曹钢、曹大勇、何磊：《论马克思的城市发展思想与国际城镇化百年革命——兼论中国特色城镇化道路的创新问题》，《陕西师范大学学报》2013 年第 1 期。

② 周建群：《马克思主义经典作家“三农”思想及其对当代的启示》，《长春工业大学学报》2012 年第 6 期。

③ 张春桃：《马克思、恩格斯的“三农”思想及其当代价值》，《世纪桥》2013 年第 13 期。

才能促进产业的巨大分工。

3. 对教育的研究

有的学者把马克思恩格斯城乡融合思想和城乡教育一体化联系在一起做了一些研究。郭彩琴认为，城乡教育一体化发展的理论依据是马克思恩格斯城乡融合思想，同时，城乡教育一体化的实践也是对马克思恩格斯城乡融合思想的继承和发展。① 原因是：首先，马克思恩格斯城乡融合的内容包括经济关系的融合、政治关系的融合、文化关系的融合，还包括教育关系的融合，因此城乡教育一体化是包含在马克思恩格斯城乡融合思想之内的。其次，虽然马克思恩格斯没有直接论述城乡教育一体化问题，但是我们可以在教育中贯穿城乡融合的思想，进行实践探索，实现城乡融合思想向城乡融合实践的转变。

（四）我国城乡一体化理论与实践研究

国内学者关于城乡一体化的研究方面，主要对城乡一体化的科学内涵和内容，城乡一体化的动力机制，推进城乡一体化发展的做法、模式和经验，我国推动城乡一体化发展的路径等方面进行了研究。

1. 城乡一体化内涵的研究（概念中已有，这里不再重复）

2. 城乡一体化内容的研究

洪银兴和陈雯认为，城乡一体化内容包括体制一体化、产

---

① 郭彩琴：《马克思主义城乡融合思想与我国城乡教育一体化发展》，《马克思主义研究》2010 年第 3 期。

业结构一体化、城镇市场化、农业企业化和农民市民化。[1] 王维工和浦再明则认为，城乡一体化包括五个方面的一体化，即空间一体化、社会一体化、经济一体化、人口一体化和生态一体化。[2] 顾益康和邵峰认为，城乡一体化主要内容是城乡地位平等、城乡开放互通、城乡互补互促、城乡共同进步。[3] 杨玲认为，城乡一体化主要由以下六个方面的要素构成：一是经济要素，二是社会要素，三是生态要素，四是文化要素，五是空间要素，六是政策要素。[4] 方辉振认为，城乡一体化包括城乡经济发展一体化和城乡社会发展一体化两方面。其中，城乡经济发展一体化是指城市与乡村在产出效益上趋于一致，重点是促进城乡经济要素的融合。城乡社会发展一体化是指城市与乡村居民生活质量趋于一致，重点是城乡居民享有同等的发展机会和生活待遇。[5]

3. 关于城乡一体化的动力机制的研究

关于这一问题，不同的学者因为研究角度不同，所以观点不一。研究者认为应考虑其内在动力和外部动力两方面：内在动力包括城市的拉力、农村工业化的推力，以及城乡间的融合作用力；外部动力有政府有利的政策及外资引进等。在内在动

---

① 洪银兴、陈雯：《城市化和城乡一体化》，《经济理论与经济管理》2003年第4期。

② 王维工、浦再明：《上海城乡一体化战略研究——总体构想：战略目标与方针原则》，《上海经济》2002年第12期。

③ 顾益康：《全面推进城乡一体化改革——新时期解决“三农”问题的根本出路》，《中国农村经济》2003年第1期。

④ 杨玲：《国内外城乡一体化理论探讨》，《生产力研究》2005年第9期。

⑤ 方辉振：《论形成城乡经济社会发展一体化新格局的必然性》，《中共南京市委学校学报》2008年第1期。

力上，费孝通的主要关注点在农业劳动力向非农业的转移问题上，提出“只有先想办法使农业所需要的劳动力减少，才能用正常的方式去吸收农业劳动力到农业之外去。农业所需要的劳力减少之后，农村就无须再拖住百分之八十以上的人口，使他们半陷在泥土中，动弹不得”①。梁漱溟提出通过走乡村建设实现中国经济建设的路径，他认为必须先振兴农业发展，再使工业得以推进。换句话说，“即必从复兴农村入手”②。在外部动力上，马晓强、梁肖羽从政府外推这一角度来区分其动力。③

4. 关于城乡一体化路径的研究

学者从城市、农村、城市与农村三个层面出发，积极地探索中国城乡一体化推进的路径。任保平、邓文峰认为这一路径的实现在于对城市工业大力发展，这会使农村闲散的劳动力向城市靠拢，从而城市工业与乡村工业的联系得以加强。④ 白永秀提出的是“县城—大镇—大村”三位一体的城乡一体化实现路径，他认为县城、农村在这一进程中也发挥着重要的推动作用。⑤ 厉以宁、曹明贵等提出要实现城乡一体化，关键点在于

---

① 费孝通：《江村经济——中国农民的生活》，戴可景译，商务印书馆2009年版。

② 梁漱溟：《乡村建设理论》，邹平乡村书店1937年版。

③ 马晓强、梁肖羽：《国内外城乡社会经济一体化模式的评价和借鉴》，《福建论坛》2012年第2期。

④ 任保平：《城乡发展一体化的新格局：制度、激励、组织和能力视角的分析》，《西北大学学报》2009年第1期。

⑤ 白永秀：《城乡二元结构的中国视角：形成、拓展、路径》，《学术月刊》2012年第5期。

打破城乡二元的制度结构，使城乡间的市场要素得以自由流动。[①] 余茂辉和吴义达指出，通过加强城市与乡村空间的利用，经济、社会、自然协调发展起来，推动城乡一体化的实现。[②]

5. 关于城乡一体化理论与实践的探索

有学者以马克思恩格斯的城乡关系思想为指导，经过长期探索，认识到中国的城乡一体化发展是破除城乡二元结构的根本途径，在此指导方针之下，进行了中国城乡发展一体化的理论和实践探索。[③] 白永秀认为，近些年来在学术界深入研究和我国改革开放实践的推进过程中，党中央对我国城乡发展的思路更加清晰，提出了城乡发展一体化战略，这一战略的提出大致经历了“统筹城乡经济社会发展”—“统筹城乡发展”—“城乡经济社会发展一体化”—“城乡发展一体化”的演进历程。这一战略思想是对马克思恩格斯城乡关系理论的继承和发展，也是在此基础上对现阶段中国实际情况的准确判断前提下提出的。同时他也总结了近些年来国内各地对城乡一体化模式的探索，较为典型的模式有诸城模式、嘉兴模式、佛山模式、成都模式。但需要说明的是，国内各地区的城乡一体化的发展实践多数还在起步阶段，形成最终的城乡发展一体化新格局，

---

① 厉以宁：《论城乡一体化》，《中国流通经济》2010 年第 11 期。曹明贵：《劳务经济发展的制度性障碍分析》，《决策探索》（下半月）2007 年第 12 期。

② 余茂辉、吴义达：《国内城乡一体化的理论探索与实践经验》，《乡镇经济》2009 年第 7 期。

③ 白永秀、王颂吉：《马克思主义城乡关系理论与中国城乡发展一体化探索》，《当代经济研究》2014 年第 2 期。

还需要付出不懈的努力。

总的说来，目前对马克思恩格斯城乡关系思想的相关研究已经取得了一些成就。第一，学者们对马克思恩格斯城乡关系思想的理论梳理还是比较成熟的，这方面的研究在目前的期刊论著中比较多，这为我们进一步研究奠定了坚实的理论基础。第二，这些理论研究针对的现实性比较强，所以不同时期因问题的侧重有所不同，政策性建议比较多，不少建议对解决实际问题起到了一定的作用。理论的前沿性和现实的关切点日益紧密结合正成为该领域研究的一个重要特征。但是也有不足之处，对马克思恩格斯城乡融合思想的研究还很薄弱，把理论基础和现实关切结合起来研究的成果还不多见，因而笔者认为还需加深对此问题的研究。

第一，学术界把这一思想划分为城乡混沌一体、城乡对立、城乡融合三阶段论，这已成为共识。但是对马克思恩格斯城乡融合思想基本内容的探讨和思考还有待深入。从马克思恩格斯城乡融合思想这个角度来研究，其整个的构成体系包含哪些内容，内容间又有怎样的内在联系等都有待进一步的研究。

第二，在研究中学者们通常采用的模式为“先阐述理论，再结合现实启示”，这符合马克思主义实践性的特点。但是，这一研究从理论到现实启示的转换较为生硬，中间部分缺乏一个“为什么”的过渡，即当前我国的城乡关系处于哪一阶段，为何我国现在要进行城乡一体化等问题，如果能更好地解决这些问题，就能紧密联系当代中国的实践，更好地提出相关政策和建议。

第三，在本论题的研究中涉及的一些结论性的话语并没有引起学界足够的重视。比如说：他们提出“大工业要尽可能的在全国均衡分布”“人口要在全国平均分布”，这里的“均衡”“平均”该如何理解，如果单纯从字面上来说，显然是不适合中国国情的。“农业和工业结合起来就能达到城乡融合”，但是怎么结合，具体怎样做才能达到，城乡融合到底是什么范畴，与当前提到的城乡一体化有什么关系，这些问题显然没有进一步的深入，所以对于这方面的研究有继续进行下去的必要。

第四节 研究重难点与可能的创新点

一 研究重难点

（一）研究重点

本书的研究重点将放在目前研究不太系统、不太多的马克思恩格斯城乡融合思想的基本内容上，通过对历史文献的阅读、整理、筛选，进一步系统化其内容，用整体性研究的方法梳理其发展的历史脉络。

（二）研究难点

难点之一：对马克思恩格斯城乡融合思想的概括。这一概括是本书写作的立足点，全书的构建是以此为起点展开的，如果不能清楚地说明为何这样概括，全书是无法开展下去的。由于自身能力有限，在写作过程中，可能对其的提炼不够精准，这成为本书写作的难点。

难点之二：任何理论研究，它的归宿点都是指向现实的。本书重点放在了对理论的研究上，相比较而言，实践的研究较薄弱，对当前城乡一体化实践的理解和把握可能会存在想当然的问题。再加之我国城镇化正在快速发展中，问题会随时暴露，因而找好理论与实践结合的契合点，是写作过程中遇到的另一难题。

二 可能的创新点

（一）研究视角新

将马克思恩格斯城乡融合思想与当前我国城乡一体化发展相结合，这一选题视角既是对马克思恩格斯城乡关系更为具体的研究，又结合当前的实践，凸显了时效性。

（二）研究内容新

对马克思恩格斯城乡融合思想在内容上进行了纵向与横向的系统梳理。纵向上把其发展过程归纳为萌芽、产生和形成三个时期。横向上区别于以往学者从城乡混沌一体、城乡对立、城乡融合的三趋势角度的研究，从城乡融合的实现目标、前提条件、主要途径三个方面概括其主要内容，从另一个角度呈现马克思恩格斯城乡融合思想，脉络清晰，方便把握。

（三）研究观点新

第一，在构建马克思恩格斯城乡融合思想的基本框架这一部分，指出马克思和恩格斯在这一问题上的贡献。以文本为依据，提出马克思关于城乡关系发展更多是从理论上分析其发展的根源和发展趋势问题。恩格斯则侧重于研究当时资本主义城乡发展带来的种种矛盾危机，如工人阶级悲惨的状况、城市中住宅问题的短缺等问题，分析问题背后的实质，提出消除城乡对立的途径。他们两人的贡献是同等重要的。

第二，在论述马克思恩格斯城乡融合思想的时代局限时，指出了随着时代的发展，马克思恩格斯城乡融合思想的一些不足之处，引发学者们进一步的思考。首先，对当今一些发达国家城乡一体化、城乡融合程度达到90%以上的现状，马克思恩格斯提出的实现城乡融合的制度条件需要再思考；其次，马克思恩格斯更多是从城乡发展的规律，研究城乡发展的趋势问题，较少从城市化发展水平的高低标准这一角度探讨；最后，在实现城乡融合的途径和措施方面，马克思恩格斯谈到了很多方面，但政府的引导作用，公众参与以及法律在城乡发展中的规范作用等方面并未涉及。

第一章

马克思恩格斯城乡融合思想的产生和发展

马克思恩格斯的城乡融合思想产生于19世纪40年代，正是工业革命快速发展的时期，城乡分离和对立的加剧正是资本主义工业化和城市化迅猛发展的结果。马克思恩格斯运用唯物史观对城乡发展进行了考察，认为生产力发展引起的社会分工，推动着人类生产方式与生活方式的变革，由此预测了城乡关系是这样一个演进过程：由城乡混沌一体发展到出现分离、对立，最后再走向城乡融合。马克思恩格斯曾指出：“一切划时代的体系的真正的内容都是由于产生这些体系的那个时期的需要而形成起来的。”① 所以，他们在对18世纪到19世纪法国空想社会主义者城乡结合思想和英国古典政治经济学家城乡分工理论批判与继承的基础上，逐渐形成了自己的城乡融合思想。马克思恩格斯的城乡融合思想从纵向上也经历了从萌芽、

① 《马克思恩格斯全集》第3卷，人民出版社1960年版，第544页。

产生到不断形成的过程。研究其内容，一定要对当时的社会背景进行考察，这也是我们科学认识和理解这一思想的前提，同时有助于我们更准确地理解与把握其理论内涵，也便于我们对城乡融合思想进行更深入的研究。

第一节　马克思恩格斯城乡融合思想产生的社会历史条件

一　社会分工的发展对城乡关系的影响

马克思恩格斯从唯物主义的基本观点探寻城乡关系历史演变的原因。在历史唯物主义著作《德意志意识形态》中，他们指出："一个民族的生产力发展的水平，最明显地表现于该民族分工的发展程度。"① "物质劳动和精神劳动的最大的一次分工，就是城市和乡村的分离。"② 这些观点表明，生产力的发展引起分工的进步，分工又导致城乡出现分离。由此得出结论，生产力的发展是城乡间变化发展的根源，而分工水平的高低则是其发展变动的直接原因。这一点马克思恩格斯在《德意志意识形态》中用大量笔墨阐述。同时要注意

① 《马克思恩格斯选集》第1卷，人民出版社2012年版，第147页。

② 同上书，第184页。

的是，并非所有的分工都能引起城乡的分离。人类早期，“分工是纯粹自然产生的，它只存在于两性之间”①。这是一种基于性别的纯粹自然的分工，根据自然的身体特征，男子从事的更多的是外在的具有体力优势的活动，诸如打猎、与野兽做斗争、获取生存必需品等，女子管理家庭内部做饭、纺织和缝纫等事务。这种分工是自觉的，无意识的，当然这种分工不会促使城乡产生分离。“分工只是从物质劳动和精神劳动分离的时候起才真正成为分工。”② 这种分工才改变了人类的生产和生活方式，进而城市从乡村中分离，城乡出现对立局面。

（一）第一阶段：农村孕育城市，城乡相互依存

在原始社会早期，社会生产中分工是自然的。即“在原始社会内部以生理、年龄、性别和体质等为基础的分工与在公社外部以自然条件为基础的共同体之间的地域分工”③。这主要是因为原始社会生产力水平低下，自然分工可以满足当时的社会生产关系，每个人可以从事各种不同的具体劳动，这也就是说，“在原始社会初期，人的活动本身自始至终都呈现一种浑然综合性，人与对象呈现着一种自然一体性”④。

随着生产力的发展，剩余产品开始出现，畜牧业从农业中

① 《马克思恩格斯选集》第4卷，人民出版社2012年版，第175页。

② 《马克思恩格斯选集》第1卷，人民出版社2012年版，第162页。

③ 张爱华、邓小伟：《资本论中的分工与人的发展思想探析》，《马克思主义与现实》2010年第4期。

④ 同上。

分离出来，第一次社会大分工使交换成为可能和必要。由于分工的发展，劳动生产率的提高，农业发展了，畜牧业发展了，随之而来的其他行业如纺织业、陶瓷业也被带动了。手工业在这一过程中慢慢地发展并得以完善，条件成熟时，便也独立出来。这样，从农业中把手工业分离出来，形成了第二次社会大分工。可以说，手工业的发展，使一切都发生了变化，人们相互交换越来越频繁，于是，固定的交易场所便出现了。与此同时，一部分社会成员开始专门从事诸如艺术、宗教、教育等精神活动，城市出现，城乡分离。所以我们说，农村是城市的摇篮，城市从农村中诞生。

但是马克思也指出，社会分工在这一阶段并不发达，也没有足够多的剩余产品，尽管城乡已经出现分离，但是与乡村比，城市的发展还处于弱势，它的发展还要依赖乡村。马克思对此也有描述：在封建社会的鼎盛时期，每个国家城乡之间都存在着对立的情况，但是分工却不够发达，分工以鲜明的等级结构表现出来，城市里划分为师傅、帮工、学徒，而乡村里则划分为王公、贵族、僧侣和农民。总之，这一时期的社会分工在一定程度上发展了，城市也分离出来了，但城乡间的状态表现为城市乡村化。马克思在《资本论》的一段话，具体地概括了二者的状态。他指出："如果在中世纪，在政治方面，在封建制度没有像在意大利那样被例外的城市发展所破坏的地方，到处都是农村在政治上榨取城市，那么，城市无论在什么地方都毫无例外地通过它的垄断价格，它的赋税制度，它的行会，它的直接的商业诈骗和它的高利贷在经济上剥削着农村。”① 这告诉我们，在政治上，由于城市是在封建主占有的土地上建立的，封建主对其有巨大的统治权力，城市居民要按封建主制定的制度行事。另外，商人凭借自己在经济上的优势，对乡村中的居民进行了残酷的剥削。即城乡的存在状态是，在政治上乡村统治城市，在经济上城市榨取乡村。

（二）第二阶段：城市战胜乡村，城乡尖锐对立

如果说在工场手工业初期，城市的力量还比较薄弱，城市与乡村是“分庭对抗”的。那么，随着第三次社会大分工的到来，最终使胜利的天平倾向了城市。在资本主义生产方式下，随着17、18世纪航运的发展和世界市场的开拓，分工和协作进一步分化，商业贸易出现，新的分工登上历史舞台，它在工场手工业中产生，在机器大工业中逐渐完成。这是继畜牧业、手工业之后的又一次具有重要意义的社会分工。由于社会分工的细化，商品交换更加频繁。但是农村人烟稀少，市场容量小，交通不便，增加了商人交换的成本。相比之下，城市满足了工业化的生产，商业在这里得到了长足的发展，城市最终战胜了乡村，人类社会从此由农业文明进入现代工业文明时代。恩格斯在《英国工人阶级状况》一书为我们描述了这一盛况：“于是村镇变成小城市，小城市变成大城市。城市愈大，搬到里面来就愈有利……这就决定

① 《资本论》第3卷，人民出版社2004年版，第905页。

了大工厂城市惊人迅速地成长。"① 这一浪潮从英国开始，席卷全球。资本主义的发展创立了巨大的城市，城市人口像气球一样膨胀起来。因而原先在农村生活的居民有机会从闭塞的、落后的环境中脱离出来。"正像它使农村从属于城市一样，它使未开化和半开化的国家从属于文明的国家，使农民的民族从属于资产阶级的民族，使东方从属于西方。"② 机器大生产的分工使城乡之间完全对立起来。一边是现代化的城市，一边是孤立和隔绝的农村。城市由于具有更大的集聚力、影响力和辐射力，从而对农村进行剥削。为了生存，一无所有的农民从农村挤向城市，进入工厂，受雇于资本家，成为被欺负、被压迫的被剥削者，资产阶级和无产阶级由此出现，城乡对立上升为阶级对立。

（三）第三阶段：城市乡村协调发展，城乡融合统一

这一阶段是生产力水平高度发达的阶段，这时社会分工更合理，城乡关系将日趋走向融合。马克思恩格斯深刻地分析，私有制的存在是城乡对立形成的制度原因，旧的社会分工是城乡对立形成的前提条件，但是"生产的资本主义形式和与之相适应的工人的经济关系，是同这种变革酵母及其目的——消灭旧分工——直接矛盾的。一种历史生产形式的矛盾的发展，是这种形式瓦解和改造的唯一的历史道路"③。所

---

① 《马克思恩格斯全集》第 2 卷，人民出版社 1957 年版，第 301 页。
② 《马克思恩格斯选集》第 1 卷，人民出版社 2012 年版，第 405 页。
③ 《马克思恩格斯全集》第 23 卷，人民出版社 1972 年版，第 535 页。

以，消灭资本主义私有制，建立无产阶级专政，实现合理的社会分工，城乡融合才是城乡关系发展的最终走向。他们做出这一重要判断后，并未具体地描绘城乡融合时期的状况。但是，我们仍然可以从他们的只言片语洞悉其对未来社会的美好憧憬。“将结合城市和乡村生活方式的优点而避免两者的偏颇和缺点”；“使社会全体成员的才能得到全面发展”；人类创造的文明成果将“成为全体人民都能享受的财富”。

二　工业革命推动了城市化的进程

工业革命始于18世纪60年代，以棉纺织业的技术革新为起点，以瓦特蒸汽机的发明和广泛使用为中枢，率先从英国开始，很快席卷包括法国、德国等主要资本主义国家。19世纪40年代初，英国已成为第一个完成工业革命的国家。其实早在15世纪晚期，英国就开始进入资本的原始积累阶段。由于英国毛纺织业的发展，羊毛的需求量大大增加，当时封建贵族和资本家强行圈占农民的土地养羊，农民失去了赖以生存的土地后，被迫流入城市，这就是历史上著名的“羊吃人”的圈地运动。圈地运动使传统的农业社会解体，自耕农被剥夺，资本主义的生产方式在农业中逐步确立起来。并且经过这一积累过程给工业革命提供了大批廉价劳动力，客观上促进了城市的发展。主要表现为城市数量的增加、城市人口的上升、城市交通基础设施的发达。

（一）城市数量大大增加

工业革命的发展，引起了一轮城市化的浪潮，以英国的城市化发展最为典型。英国是世界上城市化最早开始和最先完成的国家，18 世纪 60 年代以前，和其他国家一样，英国的城市数量不多，人口规模也不大，只有伦敦人口超过 5 万人以上，利兹、格拉斯哥等都还不值一提。但后来随着工业革命进入高潮，英国的发展远远超过其他国家，许多巨大的工业城市出现，如利物浦、曼彻斯特、伯明翰等。恩格斯在《英国工人阶级状况》谈到了郎卡郡的例子。棉纺织业在郎卡郡非常发达，可以说棉纺织业成就了郎卡郡，“把它从一个偏僻的很少开垦的沼泽地变成了热闹的熙熙攘攘的地方”①。人口的增长像魔杖挥动一下就可以变化一样，利物浦和曼彻斯特变成了人口 70 万的大城市。

（二）城市人口急速上升

在工业革命的推动下，资本主义大工业的发展，使农村人口向城市涌入，城市成为人口的聚集地，城市的人口规模以飞一般的速度增长。恩格斯指出：“大工业企业需要许多工人在一个建筑物里面共同劳动；这些工人必须住在近处，甚至在不大的工厂近旁，他们也会形成一个完整的村镇。手工业者、裁缝、鞋匠、面包师、泥瓦匠、木匠都搬到这里来了……”② 恩

① 《马克思恩格斯全集》第 2 卷，人民出版社 1957 年版，第 288 页。
② 同上书，第 300 页。

格斯还指出，从1801年到1831年，布莱得福德人口从29000人增加到77000人，哈里法克斯人口从63000人增加到110000人，哈德兹菲尔德人口从1.5万增加到3.4万，利兹人口从5.3万飙升至12.3万，而整个约克郡西部地区人口增加41.6万人。这只是冰山一角，除此之外还有不计其数的遍布全国的工厂城市。恩格斯讲到这样的城市是一个非常特别的东西，大规模的人口聚集，力量增加了100倍。“这一切是这样雄伟，这样壮丽，简直令人陶醉，使人还在踏上英国的土地以前就不能不对英国的伟大感到惊奇。”① 我们都知道，城市化发展的标志之一就是城市人口占总人口的比重，1851年，英国城市化水平超过50%，成了世界上第一个城市人口总数超过乡村人口总数的国家。19世纪60年代，英国的城市人口占全国人口的比重已经超过60%，1890年，这一数据上升到72%，到20世纪30年代，将近有80%的人口是城市人口，成为当时世界上城市化率最高的国家。②

（三）城市交通设施便利

工业革命直接推动了城市交通设施的发展和改善，恩格斯在《英国工人阶级状况》中从公路、铁路、水路、运河交通几个方面进行了详细的说明。1818—1829年这11年间，英格兰和威尔士修了1000英里的公路，建造了1000多座桥梁。原

① 《马克思恩格斯全集》第2卷，人民出版社1957年版，第303页。

② 曹中屏、田仲文：《近代世界与城市化》，天津人民出版社1992年版，第251页。

先是一片荒地的科克、里美黎克和克黎等郡之间，现在也是道路纵横，布满了公路网。1830 年，从利物浦到曼彻斯特的第一条铁路正式通车。从那时起，各个城市间又开辟了多条铁路干线，伦敦至伯明翰，伯明翰至利兹，利兹至赫尔，都有铁路相通，大城市之间都用铁路联系起来了。“蒸气不仅在陆路交通工具方面引起了革命，而且使水路交通工具具有了新的面貌。”① 第一条大运河布黎纪瓦特公爵运河在 1759 年开凿，这是由名叫詹姆斯·布林德利的人负责建设的，他是第一个在这方面重视起来的人，之后，又有许多运河开凿。第一艘轮船是英国在 1811 年建造的，到 1835 年，英国各个港口之间已经有 550 多艘轮船往来。英国发达的、便利的交通，加速了其工业的发展，不仅使城市发展，城市与城市之间联系加强，而且也为城乡之间的沟通提供了可能。同时也影响乡村的发展。很大程度上改变了乡村居民封闭、无知的状态。恩格斯指出：“这样一来，国内那些从前一直和整个世界隔绝的偏僻地区，现在全都往来通达了；尤其是威尔士那些讲克尔特语的地区、苏格兰高地和爱尔兰南方，不得不因此而去了解外部世界，并接受强加于它们的文明。”②

恩格斯不仅看到工业革命和城市化的进程带来的翻天覆地的变化，同时也看到了工业革命推动的城市化进程导致城乡的尖锐对立，引发了越来越多的社会问题。

第一，城乡差距拉大。

① 《马克思恩格斯全集》第 2 卷，人民出版社 1957 年版，第 295 页。

② 《马克思恩格斯全集》第 3 卷，人民出版社 2002 年版，第 543 页。

城乡差距作为城乡对立的一种表现形式，随着城市的出现而出现。“城市本身表明了人口、生产工具、资本、享乐和需求的集中，而在乡村所看到的却是完全相反的情况：孤立和分散。”① 城乡间的差距随着工业革命的发展越来越大，甚至尖锐对立起来。恩格斯写给奥·倍倍尔的信中，谈到了这一情况。他指出：“德国的工业革命正在开足马力地进行，而这个革命在法国和英国基本上已经结束。在那里，城市和乡村之间的分离、工业区和农业区之间的分离已经达到这样的程度，以致现在只是发生一些缓慢的变化。”②

第二，城市工人生活状况恶化。

在城市化的发展过程中，城市工人的生活水平不仅没有提高，生活环境反而不断恶化，他们的生活状况相当糟糕。在环境极差的贫民窟中，住房短缺、拥挤，疾病滋生、流行病蔓延，工人的死亡率极高。恩格斯曾经用 21 个月的时间，通过亲身观察和亲自交往来了解英国的无产阶级，用他看到、听到、读到的东西，对工人生活状态进行了详细的描写：生活环境方面，由于城市建筑拥挤，通风受到阻碍，由于人多而消耗着大量的氧气，“250 万人的肺和 25 万个火炉集中在三四平方德里的地面上”③，所以工人是永远不会享受到像乡间那样的清新空气；居住方面，“这里的街道通常是没有铺砌过的，坑坑洼洼的，肮脏的，到处是垃圾，没有排水沟，也没有污水

① 《马克思恩格斯选集》第 1 卷，人民出版社 2012 年版，第 184 页。
② 《马克思恩格斯全集》第 36 卷，人民出版社 1975 年版，第 251 页。
③ 《马克思恩格斯全集》第 2 卷，人民出版社 1957 年版，第 380 页。

沟，有的只是臭气熏天的死水洼”①；衣着方面，托马斯·卡莱尔形象地说，爱尔兰人穿的是“一身破烂的衣服，这种衣服脱下和穿上都十分困难”②；饮食方面，“食物一般都很坏，往往是几乎不能入口的”③，土豆皮、菜帮和烂水果是他们用以充饥的主要食物；身体健康方面，城市中患病的种类和比率都要远远超过农村，患神经系统疾病的、患胃病的、因肺部疾病而死的城市人口分别是农村人口的 4 倍、1 倍多和 2.5 倍。恩格斯说，“在这种条件下生活的人们，的确不能不下降到人类的最低阶段”④。

恩格斯认为，“一切最使我们厌恶和愤怒的东西在这里都是最近的产物，工业时代的产物”⑤。他认为只有把资本主义私有制消灭了，无产阶级占有并掌握了全部的生产资料，生产资料成为社会主义公有后，城乡之间的关系才能发生实质性的变化。

第三，农业可持续发展遭受损害。

马克思指出，首先，资本家在农业生产中，为了追求利润，会选择位置和质量都好的土地进行农业生产。这导致城市土地受到青睐，农村土地成为弃儿，大量的农村土地可能荒废掉，从而农业发展受到阻碍。其次，从人与自然的物质变换的角度来看，人与土地之间的物质变换被资本主义生产

① 《马克思恩格斯全集》第 2 卷，人民出版社 1957 年版，第 306 页。
② 同上书，第 350 页。
③ 同上书，第 367 页。
④ 同上书，第 342 页。
⑤ 同上书，第 335 页。

破坏了，这就使人以衣食形式消费掉的土地的组成部分不能再回到土地，从而使土地持久肥力的永恒的自然条件被破坏了。这种破坏，成为人与自然之间物质变换永远无法弥补的裂痕。生产力是提高了，劳动量也增大了，但这是以牺牲劳动本身为代价的。最后，“资本主义农业的任何进步，都不仅是掠夺劳动者技巧的进步，而且是掠夺土地技巧的进步，在一定时期内提高土地肥力的任何进步，同时也是破坏土地肥力持久源泉的进步”①。

第四，劳动方式的对立和劳动活动的畸形发展。

在马克思看来，大工业的发展使每一种新的生产杠杆都必然地转变为生产资料奴役生产者的新手段，这使“工人变成了机器的单纯的附属品，要求他做的只是极其简单、极其单调和极容易学会的操作”②。换句话说，劳动和人都被分割了。而农村居民在城乡对立中越来越愚昧、落后，他们精神发展的基础同时被破坏。“这种对立鲜明地反映出个人屈从于分工、屈从于他被迫从事的某种活动，这种屈从现象把一部分人变为受局限的城市动物，把另一部分人变为受局限的乡村动物，并且每天都不断地产生他们利益之间的对立。”③ 除此之外，恩格斯还谈到城市的发展使每一个人在追逐私人利益时人与人之间愈加冷漠孤僻。“在这种街头的拥挤中已经包含着某种丑恶的违反人性的东西”④，而在贫民窟里，工人已经堕落为对道

---

① 《资本论》第1卷，人民出版社2004年版，第578页。
② 《马克思恩格斯选集》第4卷，人民出版社2012年版，第407页。
③ 同上书，第184页。
④ 《马克思恩格斯全集》第2卷，人民出版社1957年版，第303页。

德所起的破坏作用比贫穷还要厉害得多，酗酒、纵欲和犯罪盛行。恩格斯说："在这些住宅里，只有那些日益退化的、在肉体上已经堕落的、失去人性的、在智力上和道德上已经沦为禽兽的人们才会感到舒适而有乐趣。"① 由此可见，城乡分离影响着人性应有的真善美。

三　城乡对立中孕育着城乡融合的萌芽

城乡对立属于城乡发展过程中特殊的一个阶段，它不会一直存在，属于历史范畴，生产力发展变化后，这种对立现象必然会发生改变。我们一提到城乡对立，给人们的条件反射就是它的弊端、缺陷和不好的一面，事实上，生产发展到哪一个阶段都要与当时的背景相结合去分析、去思考。如果没有城乡的分离，又怎么会有城市的繁荣发展，如果没有城乡的对立过程，又怎么会有社会的进步。"城乡之间的对立，贯穿着文明的全部历史直至现在。"② 资本主义国家的城市化进程使城乡关系尖锐对立，但随着生产力的进一步发展，西方一些较发达的资本主义国家中，乡村已经有了较大的进步。个别乡村经济条件、社会环境有很大改善，已经开始形成新型城镇。城市和乡村的联系日益密切，城乡关系出现了一定程度的改善。

---

① 《马克思恩格斯全集》第 2 卷，人民出版社 1957 年版，第 345 页。

② 《马克思恩格斯选集》第 1 卷，人民出版社 2012 年版，第 184 页。

（一）生产力的进一步发展储备了物质基础

众所周知，18世纪60年代的工业革命，使人类进入蒸汽时代，各种新的生产机器的运用，大幅度提升了劳动生产率。通过对工人数量的变化与完成工作的总量之间的关系的描述，恩格斯叙述工业革命后期在英国纺织工业中劳动生产率所取得的巨大进步。他指出在这些纺织工厂中，有60万工人，儿童和妇女的比例还超过一半以上，他们的工作效率要大大高于以前，完成的工作量是过去1.5亿人的工作。恩格斯说："全部工业革命、蒸汽力、用机器代替手工劳动并把劳动生产力增加千倍"①，是近百年来发生的最为重要的事情。马克思恩格斯还强调到，在不到一百年的统治中，资产阶级创造的生产力，超过过去世代所有生产力的总和。这些告诉我们，马克思恩格斯关注到资本主义生产的进步性，而生产力的高度发展，是推动城乡关系向融合阶段发展的前提和物质条件。在《在爱北斐特的演说》，恩格斯指出："你们就会发现人类社会拥有极其丰富的生产力，这些生产力只要合理地组织起来，妥善地加以调配，就可以给一切人带来最大的利益。"② 这句话也暗示着他们的观点，如果生产资料可以实现公有，那么就会实现各种合理利用生产力的方法，从而社会生产力的发展将难以估算，这将为城乡关系的发展和改善提供更有力的物质基础。

---

① 《马克思恩格斯选集》第3卷，人民出版社2012年版，第199页。

② 《马克思恩格斯全集》第2卷，人民出版社1957年版，第612页。

（二）生产力的进一步发展推进和带动了农业的进步

恩格斯看到城市化中科学技术的发展给农业生产带来的影响。他指出："使用机械辅助手段，特别是应用科学原理，是进步的动力。"① 他谈到使用机器之前最早的是自耕农土地生产，他们过着平静的、自给自足的生活。但是现在工业的发展，使大量劳动者涌向城市，许多土地被闲置，于是大佃农采用更合理的方法耕种土地，通过大规模经营和投资，改良土壤提高土地收益。与此同时，城市发展带来的辐射效应还体现在对农村精神面貌的改变："乡村变为城市，荒野变为开垦地等等，而且生产者也改变着，修炼出新的品质，通过生产而发展和改造着自身，造成新的力量和新的观念，造成新的交往方式，新的需要和新的语言。"②

（三）生产力的进一步发展使地域局限性逐渐消失

"城市彼此建立了联系，新的劳动工具从一个城市运往另一个城市，生产和交往之间的分工随即引起了各城市之间在生产上的新的分工，不久每一个城市都设立一个占优势的工业部门。最初的地域局限性开始逐渐消失"③。一些地区，城乡之间的界限并不明确，这让我们看到乡村城市化的希

---

① 《马克思恩格斯全集》第 3 卷，人民出版社 2002 年版，第 542 页。
② 《马克思恩格斯选集》第 2 卷，人民出版社 2012 年版，第 747 页。
③ 《马克思恩格斯选集》第 1 卷，人民出版社 2012 年版，第 187 页。

望。事实上，在西方一些城镇化建设较好的国家，实现了信息化的全国联网，城市与乡村实现了一体，城市看上去像是田园城市，乡村看上去像是小型的生活社区。由于信息网络的发展使空间更为宽广，城市与乡村的界限事实上已趋于模糊，最终城市与乡村达到一种“你中有我、我中有你”的亲密无间的状态。

（四）生产力的进一步发展产生了改变城乡关系面貌的主要力量——无产阶级

恩格斯认为，在资本主义生产方式下，工业革命发展起来的无产阶级只能被资产阶级利用。要消灭城乡对立，必须首先废除资本主义私有制，这一历史使命只能降临在无产阶级的头上。恩格斯认为：英国工业发展和城市发展导致了一个重要的结果就是“由于工业革命，产生了无产阶级”①。一方面，城市工业的发展，工人大规模地聚集在城市中，各种无形的影响使工人阶级意识到了自己的力量；另一方面，工人在机器大工业的工厂中做工，资本家为了追求高额利润，对其进行最大限度的剥削和压榨，使无产阶级不堪忍受其处境，有了反抗的意识。随着“他们力量的壮大，工业革命便孕育着一个由无产阶级进行的社会革命”②。在社会革命中，无产阶级将实现自身和全人类的解放，也同时推动城乡关系实质性的、根本性的变化。特别要提到的是，大批农业人口

① 《马克思恩格斯全集》第3卷，人民出版社2002年版，第546页。
② 《马克思恩格斯选集》第1卷，人民出版社2012年版，第300页。

涌入城市，在文明熏陶下，他们逐渐摆脱了愚昧无知的状态。资本主义“创立了巨大的城市，使城市人口比农村人口大大增加起来，因而使很大一部分居民脱离了农村生活的愚昧状态”①。这批思想开化的农民，也成为推动无产阶级队伍发展和壮大的力量。

总而言之，城乡关系的运行轨迹一定是遵循生产力与生产关系的运行发展规律变化发展的。马克思恩格斯坚持了正确的唯物史观，把城乡关系看作历史的一个范畴，是人类社会关系中重要的一种关系。因而，一方面，城乡分离和对立的出现是历史必然性、社会合理性和进步性的体现；另一方面，城乡分离也促使生产关系发生变革。生产力发展到一定水平，资本主义私有制的弊端将成为阻碍生产力发展的桎梏，废除资本主义私有制，消灭剥削阶级，城乡关系将继续向前发展。马克思恩格斯正是在此基础上，创造性地提出了城乡融合的思想，并认为这是人类历史发展的必然趋势。他们关于城乡“同一—分离对立—融合”的发展历程，既符合社会演变的历史规律，又体现了人类对理想社会的追求。因此，从生产发展、社会分工分析城乡关系的演变，真实地反映了城乡关系的变迁轨迹，也体现了他们城乡融合思想的科学性和价值性。

---

① 《马克思恩格斯选集》第1卷，人民出版社2012年版，第405页。

第二节 马克思恩格斯城乡融合思想产生的思想渊源

马克思恩格斯在著作中论述城乡关系这一问题时，多次提及法国空想社会主义者傅立叶、欧文的城乡结合的观点以及英国古典政治经济学家对城乡分工的认识。他们批判地吸收和借鉴前人对城乡关系的剖析，同时结合当时的城乡关系发展状况，逐渐形成了自己完整的城乡融合思想。

一 18 世纪末 19 世纪初空想社会主义者有关城乡结合的论述

18 世纪末到 19 世纪初的三大空想社会主义者并不是最早关注城乡问题的。早在 16 世纪初期，空想社会主义的奠基人托马斯·莫尔，在其著作《乌托邦》就构想过一个人人平等、分工合作、不存在私有制、生产资料公有、实行按需分配的城乡和谐的岛国。在这个岛国里，存在城乡差别，但是没有职业的农民，没有真正意义上的农村，所有人都会轮流下乡从事农业劳动，以保证全岛居民的日常生活，因其处于资本主义建立初期，城乡对立现象并不严重。这一时期莫尔的观点更多体现的是原始的、平均主义的社会主义，与 19 世纪初期在资产阶级社会条件下出现的社会主义学说是有本质的不同。到 19 世纪初期，随着工业革命的发展，资本主义日益强大，城乡之间的矛盾越发突出，城乡对立已成为一个备受大家关注的社会问题。这一时期颇具代表性的傅立叶、欧文不仅对资本主义制度进行了尖锐的批判，而且对当时的城乡对立问题进行了研究，并提出了解决措施和对未来社会的向往。

（一）傅立叶的“法郎吉”

沙利·傅立叶（1772—1837）生活在资本主义社会初期。他无情地批判资本主义社会的矛盾，也描绘了未来的和谐社会。在他的和谐社会里，由许多个基层组织“法郎吉”又叫“农工协作社”组成，通常一个“法郎吉”的人数为1620人，这个人数是傅立叶按人的性格计算出来的，他认为总共有810种性格的人，每个“法郎吉”里要有两个性格相同的人。在这个协作社里，人与人协调无间，没有社会对抗，也没有利益上的对立。他的“法郎吉”是以招股的方式形成的股份公司，公司里有劳动者，也有资本家，他们共同生产的收入在全体成员间分配，但是成员所得到的收入各不相同，投资的股东可以凭利息获得一部分收入。傅立叶说“法郎吉”是生产—消费团体，在这个团体里经营的首先是农业，同时也有各种工业，农业还可以实行多种经营，他反对大工业，协作社里的是小工业。在傅立叶看来，农业要比工业重要，在协作社里，工业只被认为是农业的附属和补充，是服从农业需要的，只居第二位。为了“谢利叶冬天有事可干，以填补农业引力的空白”，是他的“法郎吉”也进行工业生产的主要原因。[①]“法郎吉”内又分若干生产队（谢利叶），分担不同的生产劳动，每个成员可以参加几个甚至几十个谢利叶，并不固定在一个谢利叶里，可以时常调换劳动。他第一次宣布“劳动权”，提出在和谐社会下，劳动是快乐的、自由的思想。他认为，人类的情欲之一就是追求各种不同的爱好，自愿参加才符合人的情欲，才能保证人在愉悦的心情下从事自己喜欢的劳动。在每个“法郎吉”里，没有城乡差别，工业与农业相结合，和谐社会由很多个“法郎吉”组成，各个“法郎吉”是相互联系的。所以，他认为在这样的一个理想社会，不存在城乡对立。

按照恩格斯的说法，傅立叶不是共产主义者，他是“社会主义奠基人”之一。在他的空想社会主义体系中，没有考虑彻底消灭私有制，也没有幻想实行按需分配原则的共产主义公社。

（二）欧文的劳动公社

罗伯特·欧文（1771—1858），1771 年出生于威尔士一个小资产阶级家庭。在当地小学受过初等教育后，他从十岁起独立谋生。最早在一家商店里当学徒，后来又到斯坦福特、伦敦等地当过店员。十八岁那年，开始自己经营商业。二十岁就成为一家纺织厂的经理。他白手起家，很快就富裕起来。他是一位慈善的工厂主，用他自己的话说，他的任务是“寻求改善

---

① 《傅立叶选集》第 1 卷，赵俊欣译，商务印书馆 1982 年版，第 249 页。

贫民和劳动阶级的生活并使雇主获得利益的方法”[①]。1824 年，欧文抱着建立示范性公社的目的前往美国，在那里同他的信徒们一起建立了新和谐劳动公社。

欧文把新和谐社会的基层组织叫公社，同傅立叶一样，欧文十分重视公社的人数和规模。他把这些拥有一定人数和规模的公社叫作“社会分子”。不过，对于公社社员的数量以多少为适宜，欧文自己在不同的著作中，提出过不同的数字，从 300 人到 3000 人不等。他详细地描述了当时的建设场景，每个劳动公社都有一大片土地和公共建筑物。公共建筑物中有大礼堂、公共食堂、医院、学校以及住宅。四周是花园、田野和各种作坊。在公社里，成员彼此团结互助。欧文按照年龄给他们分配各种社会职务，全部成员都必须劳动，公社中采取“按需分配”的原则进行分配。欧文认为，在当时的社会里，劳动者要么只从事农业劳动，要么只从事工业劳动。这种划分不利于劳动者经济和精神的发展。在欧文的理想公社里，工业劳动和农业劳动相结合，同傅立叶一样，他也略微偏重后者。但是欧文已经认识到大工业起着主要的作用。欧文说，全体社员的权利和义务一律平等，以从事农业为主，同时兼营工业，这种公社的特点是亦工亦农，城市生活和乡村生活的优点结合在一起。公社里每个人尽可能地调换工作，体力劳动和脑力劳动协调结合，人将获得全面的发展，因而也将消灭城乡之间的矛盾。在这种制度下，“新村将兼有大城市的一切便利条件，

① 《欧文选集》下，何光来、秦果显译，商务印书馆 1965 年版，第 188 页。

然而却没有大城市的无数祸害和不便。新村还将保持乡村的一切优点，但又没有目前偏僻地区所具有的种种不利条件”①。

傅立叶与欧文都是以发展新型农业共同体来解决城乡对立，实现城乡结合。与傅立叶不同的是，欧文是共产主义者，他主张废除私有制，主张人人都有劳动的平等权利和义务。马克思和恩格斯在《共产党宣言》积极地评价了空想社会主义者对未来社会的一些观点和主张："消灭城乡对立、消灭家庭、消灭私人营利、消灭雇佣劳动、提倡社会和谐、把国家变成纯粹的生产管理机构。"② 然而遗憾的是，欧文同其他空想主义者一样，他具有小资产阶级的特点。恩格斯在《英国工人阶级状况》指出了欧文的社会主义的严重缺陷。这些缺陷是：他对待资产阶级宽容，他的性格"驯顺温和"，他的原则"抽象"，他不理解历史的发展，他反对工人阶级的"愤怒"即对阶级斗争持否定态度，他宣扬"慈善和博爱"③。由于他把这一理想社会寄托在资本家身上，未能看到无产阶级才是摧毁现存剥削制度、构建理想社会的新生力量，他只能是伟大空想家。

二　英国古典政治经济学家对城乡分工发展的认识

英国古典政治经济学家代表人物詹姆斯·斯图亚特、亚当·斯密、大卫·李嘉图，生活在资本主义发展的上升时期。

① 《欧文选集》第1卷，柯象峰等译，商务印书馆1979年版，第262—263页。
② 《马克思恩格斯选集》第1卷，人民出版社2012年版，第432页。
③ 同上书，第128页。

这一时期，资本主义生产由工场手工业向机器大工业过渡，工业化的进程和城市化的发展加速了。他们三位就是在现代资产阶级社会的基础上，“以发达的资产阶级关系为前提”①，对城乡关系以及城乡对立问题进行了深入的分析。

（一）斯图亚特的城乡互惠原则

詹姆斯·斯图亚特（1712—1780），英国著名的经济学家，他的代表作是《政治经济学原理研究》，在书中，他最早最清楚地阐明了城乡分工是如何产生的。他指出，随着生产力的发展，物质产品越来越丰富，农业剩余出现，随之而来的问题就是如何处理农业剩余。如果农民手里存有农业剩余品，结果就会使农民减少或者不再劳动，这样是没有任何价值的。要想办法解决这一矛盾，斯图亚特认为可以把一部分农业人口抽离出去从事非农业，这样可以生产出农民的日常生活必需品，从而使农业剩余与其进行等价交换。这被称为城乡分工的首要原理，也有人称为城乡互惠原则，即在社会中，有从事农业的人，也有从事制造业的人，彼此用各自的劳动产品同对方交换来满足不同的需求。② 简而言之，斯图亚特从生产力的角度，说明了随着农业有了剩余产品，劳动力（又叫自由人手）随之从农业部门游离到工业部门，工业与农业分离，城乡分工也出现。这里斯图亚特把农民和自由人手、农业与工业的分离等

① 《马克思恩格斯选集》第2卷，人民出版社2012年版，第6页。

② James Steuart, *An Inquiry into the Principles of Political Economy*. Volume 1, London: Routledge/Thoemmes Press, 1992, p. 28.

同于城乡分工。他从生产力发展的角度来说明城乡分工，这是一种唯物主义的观点，值得肯定。同时他把发生让渡的农业剩余品叫作“有用的”农业品，把没有发生让渡的划归“滥用的”类别。“有用的”农业劳动是有价值的，“滥用的”农业劳动只是自己的生存资料，是谋生的手段。商品交换发展的前提是农业和自由人手的彻底分离，是商品交换发展的前提，而频繁地出售生活必需品就是这种商品交换发展的标志。① 马克思认为：“生活必需品的经常出售，取决于城乡之间的关系。”② 这也说明了马克思提到的“一切发达的、以商品交换为媒介的分工的基础都是城乡的分离”③。

（二）亚当·斯密对农业与工商业之间的关系和城乡对立的论述

亚当·斯密（1723—1790）的《国富论》被称为“经济学《圣经》”，世人称亚当·斯密为“现代经济学之父”。在讨论城乡问题时，斯密比斯图亚特更进一步，直接从城市和乡村这两个实体的相互关系入手。在《国民财富的性质和原因的研究》，斯密分析了农村与城市中农业与工商业之间的关系。他认为，斯图亚特提到的城乡互惠原则，城乡商品的交换，是分工的结果，这种结果无论对从事农业还是从事工业的人来说都有益处。农村居民通过这种交换，可以用较小量的自身劳动生

---

① James Steuart, *An Inquiry into the Principles of Political Economy*. Volume 1, London: Routledge/Thoemmes Press, 1992, p. 396.

② 《马克思恩格斯全集》第30卷，人民出版社1995年版，第143页。

③ 《马克思恩格斯选集》第2卷，人民出版社2012年版，第215页。

产获得需要的制造品，城市居民也是一样。同时，斯密还指出了工商业发展对农业的进步作用，表现在三方面：一是城市工业发展需要农村的原生产物，这种巨大市场的存在，为农村的开发和进一步的发展提供了便利的条件；二是一些都市商人利用自己手中的钱财，投资到土地上，从事资本主义的农业经营；三是工商业向农村的转移，也逐渐使农村发生了新的变化，有好政府、有秩序、有个人的自由和安全。①

亚当·斯密同时也对城乡分工产生的城乡对立现象做了描述，在论述罗马帝国崩溃后都市的勃兴与进步中，他谈到了乡村农民的生活状态和城乡孤立发展两个方面。"此时，乡村耕作者，依然受贵族的各种迫害。……在贱奴状态下受领主钳制的贫穷农民，稍有储蓄，必掩藏唯谨，免得领主看见，攫为己有，而且一有机会，即逃往都市。当时的法律规定，只要农民逃往都市，一年不为领主所获，即可永享自由。"② "一个城市不但在其邻近各农村都很贫乏很衰落，而且与它所通商的各个农村也都很贫乏很衰落的情况下，仍可发达起来，日臻于富强。"③

尽管斯密关注到了英国当时城乡对立的情况，但同时，他也看到了英国产业革命的发展，使资本家在追求更高利润的同时，把目光转移到农村，资本在农村的注入为农村发展带来了契机，这一契机也使城市和乡村在产业化程度、工资水平等方

---

① ［英］亚当·斯密：《国民财富的性质和原因的研究》，郭大力、王亚楠译，人民出版社 1972 年版，第 371 页。

② 同上书，第 366 页。

③ 同上书，第 367 页。

面的差距越来越小。这一分析结果，为马克思后来分析的“城市战胜农村”奠定了基础。

（三）李嘉图关于资本主义生产方式确立后城乡差距的论述

大卫·李嘉图（1772—1823），古典经济学理论的完成者，最有影响力的古典经济学家。他生活在英国产业革命迅速发展的时代，这一时代社会生产力突飞猛进，资本主义生产方式得以确立。马克思指出，“李嘉图则完全站在现代工业的观点上来看待相关问题”①。李嘉图在其代表作《政治经济学及赋税原理》论述了关于工业化进程中城乡差距的问题。他认为：第一，农业部门存在收益递减规律。简而言之，存在这样几种情况，一是陆续在同一块土地上投入，会出现单位产出下降的情况；二是如果从较好的耕地转向贫瘠的土地，同样的投入产出会较少，或者同样的产出必将加大投入。所以说在同等条件下，土地边际收益递减。第二，城市工业则呈收益递增趋势。从当下来看，城市发展是蒸蒸日上的，代表着经济社会的前进方向。由此李嘉图得出：一方面是收益递减的农业，必将衰落的农村；另一方面是收益递增的工业，日益繁荣的城市。城乡之间的差距是必然的，城市对农村的统治也是必然的。由于李嘉图进入政治经济学领域时，正值英国准备制定《谷物法》期。《谷物法》的产生，反映的是工业资产阶级和土地贵

① 《马克思恩格斯全集》第33卷，人民出版社2004年版，第34页。

族之间的斗争，如果《谷物法》通过，维护的是大地主的利益，但是却威胁到工业资本家的利益，这本身就是英国城乡分工的发展及其内部存在的城乡对立和斗争的结果。正因为如此，马克思说，“城乡分离和城乡对立贯穿人类文明史，直至19世纪的反谷物法同盟”①。

综上所述，18世纪末19世纪初空想社会主义代表傅立叶和欧文，看到在资本主义制度下，城乡出现尖锐对立，二者间的差距不断拉大。他们无情地批判了资本主义制度形成的这种不健康的、畸形的城乡关系，并设计和构想了未来城乡关系的美好图景，同时也提出了实现城乡融合的现实条件。然而令人遗憾的是，对于如何达成这一理想目标，他们把希望寄托在资本家身上，看不到无产阶级才是未来历史舞台上起变革作用的力量，因此，他们提出的主张也只能是空想。尽管空想社会主义者提出解决城乡矛盾的方案最终沦为空想，但是这种理论努力本身是值得肯定的。他们关于城乡结合的论述成为马克思恩格斯城乡融合思想的重要思想来源。斯图亚特和斯密从生产力的角度考察资本主义的城乡分工，讲到了城市和农村的分立发展，以及城市支配农村的阶段。而李嘉图则以英国资本主义生产方式确立为前提，研究城乡分工更为彻底的发展。马克思恩格斯深受启发，在此研究基础上，从中世纪的城市入手，根据生产力决定生产关系这一基本原理，紧紧抓住城市和乡村的矛盾运动，进一步论证城乡发展的产生前提、发展过程和最终结

① 《马克思恩格斯选集》第1卷，人民出版社2012年版，第184页。

果，从而超越了英国古典政治经济学的城乡分工理论。概言之，马克思恩格斯是在批判和吸收前人思想的基础上，提出了自己的城乡融合思想的。

第三节　马克思恩格斯城乡融合思想的发展过程

悉心研读相关文本内容，按照其阐述顺序，可以发现马克思恩格斯对城乡融合思想的认识有一个逐渐深入和不断完善的过程，根据其内容和特点，大致可划分为萌芽、产生、形成三个时期。

一　城乡融合思想的萌芽时期

马克思恩格斯最初是从政治经济领域、社会发展领域关注到城乡融合问题的。这主要体现在马克思所写文章《区乡制度改革和〈科隆日报〉》以及恩格斯的《英国工人阶级状况》等著作中。这一时期马克思恩格斯关于城乡融合思想主要体现在以下两个方面。

（一）马克思对“城乡权利平等”观点的支持

马克思于1841年博士毕业之后，1842年4月开始为《莱茵报》撰稿，并于同年10月至次年3月，成为《莱茵报》主编，开始接触社会经济问题，发表一系列的文章，抨击普鲁士专制政府，其中最著名的是1842年11月发表的《区乡制度改革和〈科隆日报〉》。当时普鲁士政府想建立封建贵族的等级制度，它的途径是通过地方管理机构，对原有的一些制度进行变革，取消城市的区和农村的乡在法律上的平等权利，从而使封建贵族的特权得以恢复，这一行动遭到了莱茵省资产阶级和进步人士的强烈反对，由此以《科隆日报》和《莱茵报》为代表的两种不同的意见，展开极其激烈的辩论。《科隆日报》发表文章攻击区乡权利平等，妄图把城乡之间的平等与“共产主义的愚蠢梦想”联系起来，不断鼓吹形式平等代替权利平等的论调。“它是否认为通过区乡分开的条例合法地确定的城市和农村的不平等是权利平等的一种形式？它是否打算今后还用它的篇幅当作单纯的形式问题来发表这一类主张呢？”①而由马克思任主编的《莱茵报》针对这一观点，予以反驳。就是在这一背景下，马克思针对这一事件写了文章《区乡制度改革和〈科隆日报〉》进行辩驳。他提出：“《莱茵报》要求制定城市和农村平等的区乡条例，并且在所引文章中明确指出这种平等就是‘城市的区和农村的乡的权利平等’。”②这表明城乡问题已经引起了他的关注。在后来的著作《对民主主义者莱茵区域委员会的审判》中，他进一步指出了城乡对立的问题：“这一套旧政权机构的相应的社会基础是享有特权的贵族土地占有制及其农奴和半农奴、小规模的宗法式的或者在行会基础上组织起来的工业、彼此隔绝的等级、城市和乡村之

① 《马克思恩格斯全集》第1卷，人民出版社1995年版，第311页。

② 同上书，第312页。

间的尖锐对立，而首先是乡村对城市的统治。”①

（二）恩格斯描述了工业革命带来的城乡发展的巨大变化

恩格斯首次关注城乡问题是在《英国工人阶级状况》这部著作中，该书的写作以英国当时的社会状况，特别是以深入实地调查工人阶级的悲惨境遇为背景。恩格斯对英国工人阶级状况进行调查和研究，不是好奇，也不仅是同情，而是看到了无产者生活状况的严重性，把他们看成革命的力量，列宁指出：“恩格斯第一个说明了无产阶级不只是一个受苦的阶级，而且它所处的那种可耻的经济地位，无可遏止地推动它前进，使它去争取本身的最终解放。而战斗的无产阶级是能够自己帮助自己的。”② 说明这时候，他已经充分认识到无产阶级是解放自身和全人类的力量。

他也关注英国的城乡在工业革命的作用下，发生了巨大变化。在导言中，他谈到了工业革命之前，农民过着平静、庸碌而舒适的生活，与城市隔离，“连紧靠着城市住了一辈子的老年人也从来没有进过城”③，他们的物质生活状态是很好的，不需过度劳动但仍可满足所需，身体健康，环境清新。工业革命的到来，使英国产生了非常特别的东西即城市，人们陶醉于城市的美丽与壮观，甚至觉得这种变化是如此伟大，让人惊叹不已。城市的集聚和便利，连环带动了各个行业也发展起来。

---

① 《马克思恩格斯全集》第6卷，人民出版社1961年版，第301页。
② 《列宁全集》第2卷，人民出版社1959年版，第6页。
③ 《马克思恩格斯全集》第2卷，人民出版社1957年版，第282页。

与此同时，恩格斯也描述了工业革命后，机器的使用，科技的发展，把农民吸引到城里去工作，但是工作的状态极其恶劣（前面已有论述，不再重复）。这里，恩格斯主要立足于对资本主义社会里工人生存条件悲惨之状的现实批判，看到了城乡对立带来的局限性。可见，这一时期，他既看到了英国资本主义的发展产生的城市文明，也明确地指出了工业革命破坏了原有的城乡和谐，城乡对立尖锐，并且看到了城乡对立带来的后果，诸如生存环境的恶化、人与人之间的冷漠等。对这一时期的城乡关系变化的考察，尽管只是从一个社会现象入手研究，但为以后城乡融合思想的形成积累了经验，奠定了基础。

我们可以看出，这一时期关于城乡问题的论述中，马克思恩格斯并非明确地把关注点放在这一问题上，也没有对其展开深入的论述，只是在讨论其他问题时开始关注城乡问题，但他们在这一时期所提的观点和主张，也可看出城乡融合主张的雏形，为其思想的形成奠定了基础。

二　城乡融合思想的产生时期

这一时期马克思恩格斯通过自身的努力，完成了从唯心主义向唯物主义的转变，并开始创立科学社会主义。他们运用唯物史观的方法论剖析了城乡产生分离和对立的根源，提出了实现城乡融合的设想等，这主要体现在《德意志意识形态》《哲学的贫困》《共产主义原理》《共产党宣言》等著作中。

（一）阐述了城乡分离和对立的根源

《德意志意识形态》被理论界认为是马克思主义走向成熟的标志性代表作。在这本著作中，他们从生产力与生产关系的角度系统地阐述了历史唯物主义的基本原理，第一次明确地指出生产力、分工的进一步发展是城乡分离和对立的根源，导致城乡对立的概念出现。历史唯物主义认为生产力决定生产关系，生产力是人类社会发展的最根本因素。随着生产力的发展，社会出现自然分工，即最早的两性分工。受摩尔根著作《古代社会》的启发，马克思认为，“最初的分工是男女之间为了生育子女而发生的分工”①，这一时期的分工还不能引起城乡二者的分离。在“一个民族内部的分工，首先引起工商业劳动同农业劳动的分离，从而也引起城乡的分离和城乡利益的对立”②。这里的分工，指的是脑力劳动和体力劳动的分工，是人类有意识的、自觉性的分工，即马克思所指出的：“物质劳动和精神劳动的最大的一次分工，就是城市和乡村的分离。”③社会分工导致城乡出现对立，导致代表城市利益和乡村利益的对立出现。所以，在马克思这里，生产力是导致城乡分离和对立的根本原因，而社会分工是城乡分离和对立的直接原因。

因此，马克思得出结论，分工水平的高低不同，导致所有制的各种不同形式，而每一种不同形式，所对应的城乡关系的

---

① 《马克思恩格斯选集》第4卷，人民出版社2012年版，第75页。
② 《马克思恩格斯选集》第1卷，人民出版社2012年版，第147页。
③ 同上书，第184页。

阶段也是不一样的。部落所有制时期，生产力不发达，还没有真正的社会分工，城市和乡村还没有分离。古典时代的公社所有制时期，第二次社会大分工产生，手工业从农业中分离出来，与之相一致的是城乡分离由此开始，城乡对立出现了。封建的所有制时期，农业生产兴盛，将人类带入一个农业文明的繁荣时代，商业也已从工业中分离出来了，但是这一时期，因农业的繁荣发展，农村发展成熟而强大，城市还处于弱势。马克思还论述了由于分工程度的不同，导致人出现异化现象，片面发展，城市动物和乡村动物出现。“城乡之间的对立是个人屈从于分工、屈从于他被迫从事的某种活动的最鲜明的反映，这种屈从把一部分人变为受局限的城市动物，把另一部分人变为受局限的乡村动物，并且每天都重新产生二者利益之间的对立。”① 同时，在这部著作中，马克思也明确地给出如何才能解决城乡对立这一社会问题的答案：“城乡之间的对立只有在私有制的范围内才能存在”②，私有制是城乡对立的根源，只有无产阶级联合起来，通过革命，夺取政权，才能为消灭城乡对立创造条件。同时还提到消除城乡对立的物质条件，即生产力的高度发展。

（二）提出实现城乡融合的科学设想

恩格斯于 1847 年 10 月底至 11 月写成《共产主义原理》，它的中心思想就是概括了共产主义的本质，强调共产主义是无

① 《马克思恩格斯选集》第 1 卷，人民出版社 2012 年版，第 185 页。

② 同上书，第 184 页。

产阶级解放条件的学说。《共产主义原理》以问答式呈现给读者，共论述了关于科学共产主义的25个问题。非常清晰地告诉人们，共产主义是什么，无产阶级的使命，从资本主义怎样过渡到共产主义，等等。但是恩格斯在给马克思的信中谈到问答形式不太合适，要做出改变的意见。在此基础上，马克思恩格斯执笔共同创作了共产主义运动的第一个纲领性文件——《共产党宣言》，第一次系统完整地阐述了马克思主义学说，标志着无产阶级解放运动有了科学理论的指导。这部著作主要对无产阶级斗争的性质、条件和目的进行了科学的分析，揭示了资本主义必然灭亡的规律，阐明了共产主义胜利的必然性。

这两部著作中都用一定的篇幅对城乡关系进行了论述，《共产党宣言》用叙述史的方式肯定了资产阶级在它统治时期所创造的巨大生产力，同时它创立了巨大的城市，使人口集中，生产资料集中，政治集中，最终使农村屈服于城市。两部著作都就废除私有制的途径和措施做了说明，它们指出，通过生产力高度发展，有计划地利用生产力，消除旧的分工，对所有儿童实行公共的和免费的教育，把教育与物质生产结合起来，城乡融合，工业与农业结合等，达到消灭城乡对立，社会全体成员的才能得到全面发展的结果。

此外，还必须提到《哲学的贫困》，这是马克思发表的第一部经济学著作，也是对《德意志意识形态》中基本思想的进一步发展。1880年马克思在谈到《哲学的贫困》一书时说："阅读《哲学的贫困》以及马克思和恩格斯于1848年发表的《共产党宣言》，可以作为研究《资本论》和现代其他社会主义者的著作的入门……”① 这部著作首次提出“城乡关系”的概念。马克思指出：“城乡关系一改变，整个社会也跟着改变。”城乡关系是人类社会关系中最基本的关系，占有重要的地位和作用。

总而言之，这一时期，马克思恩格斯提出了“城乡对立”“城乡融合”“城乡关系”等概念，并且从宏观上给出了实现城乡融合的途径和措施，对城乡关系的发展做出了科学的预测，即城乡融合。从脉络上厘清了城乡发展的未来趋势，表明马克思恩格斯城乡融合思想的产生。

三　城乡融合思想的形成时期

马克思恩格斯城乡融合思想在这一时期进入形成期，原因在于马克思恩格斯对城乡关系进行了系统分析之后，并没有继续空想或预想城乡融合的美好蓝图，而是转向了新的视角。马克思从经济学的角度来研究，从当时正在发展着的资本主义现状以及出现的具体问题中探讨城乡对立的消除问题，避免了空想，与“乌托邦”式的幻想有质的不同。在探讨住宅问题时，恩格斯说：“其中最重要的问题之一就是消灭城乡对立。既然我们不必为未来社会的组织臆造种种空想方案，探讨这个问题也就是完全多余的了。”② 马克思也是同样的态度：“但是关于这种对立，我们不在这里多谈。”③ 马克思恩格斯在这一时期

---

① 《马克思恩格斯全集》第25卷，人民出版社2001年版，第425页。

② 《马克思恩格斯选集》第3卷，人民出版社2012年版，第205页。

③ 《资本论》第1卷，人民出版社2004年版，第408页。

的代表著作有《资本论》《反杜林论》《家族、私有制和国家的起源》《论住宅问题》等。

（一）对《资本论》中城乡关系问题的论述

马克思所著《资本论》第一卷出版于1867年，第二卷、第三卷分别出版于1885年、1894年，后两卷是恩格斯整理出版的。这是一部关于马克思主义的政治经济学著作，在这部巨著中，马克思考察了资本与劳动之间的全部关系，揭示了资本主义社会的经济运行规律，得出了资本主义制度必然灭亡的结论。城乡关系在《资本论》涉及不多，不是其研究的主线，但研究资本主义生产关系及其规律必然要涉及城乡问题。事实上，《资本论》从另一个角度揭露了资本积累所造成的无产阶级贫困化的严重状况以及环境恶化、生态失衡等问题，生动地揭示了资产阶级与无产阶级的矛盾和无产阶级埋葬这一制度的历史使命。从内容上来说，《资本论》涉及的城乡关系问题主要在第一卷和第三卷中。其中第一卷中，主要分布在第4章“分工和工场手工业”，第13章“机器和大工业”，第23章“资本主义积累的一般规律”，第24章“所谓原始积累”。第三卷中主要分布在第20章“关于商人资本的历史考察”，第47章“资本主义地租的起源”等。可以看出，马克思对城乡问题的论述具有一定的分散性，通过梳理原著，主要包括以下几方面内容。

1. 城乡关系与人口过剩之间的关系

马克思用一定的篇幅谈到资本主义社会的相对过剩人口问

题，他认为过剩人口具有三种形式，其中与城乡发展有关的属于第二种形式即潜在的形式。他认为农村大量潜在剩余人口的存在，在城市的吸引力下，源源不断地供应给城市，使城市会出现人口相对过剩的情况。“一部分农村人口经常准备着转入城市无产阶级或制造业无产阶级的队伍，经常等待着有利于这种转化的条件（这里所说的制造业是指一切非农业的产业）。因此，相对过剩人口的这一源泉是长流不息的。”① 而且，这样的一种过剩导致工资水平不断下降，工人生活状况不断恶化。

2. 资本主义制度下城市工人的生活状况

在《资本论》第一卷中，马克思以当时工业和城市发展都比较快的英国为背景，依据英国官方公布的信息，深刻地描述并揭露了资本主义生产方式下城市工人极度恶劣的生存条件。“生产资料越是大量集中，工人也就越要相应地聚集在同一空间，因此，资本主义的积累越迅速，工人的居住状况就越悲惨。”② 工人生活环境的恶劣体现在物质和精神两方面，从物质方面来说，首先他们居住的地方拥挤到不适合人居住的地步，这种居住状况导致工人的住所成为发生和传播疾病的中心所在。《资本论》提到这样一句话：“即使把伦敦和纽卡斯尔的许多地区的生活说成是地狱生活，也不算过分。”③ 精神方面更受摧残，西蒙医生说，“在灾祸达到较严重的程度时，几乎必然会使人不顾任何体面，造成肉体和肉体机能如此龌龊的

① 《资本论》第1卷，人民出版社2004年版，第740页。

② 同上书，第757页。

③ 同上书，第759页。

混杂，如此毫无掩饰的性的裸露，以致使人像野兽而不像人。受这种影响会使人堕落，时间越久，堕落越深”①。他们的孩子就在这样的一种生活状况下成长，打架、酗酒、猥亵等，这样的孩子将来会有什么样的品行可想而知。

3. 城乡发展中生态环境被破坏

资本主义制度下，工业城市的形成成为不可阻挡的历史潮流，城市对乡村具有了绝对的统治地位。一方面，技术进步导致人口、生产集中，城市规模扩大；另一方面，生态环境被破坏，人们的生存空间被侵害。城市发展有优势，它的集聚效应带来的便利和对社会的推动作用不用质疑，但是同样的，它的发展是以破坏或者牺牲一些自然的东西为代价的。“破坏了人和土地之间的物质变换，从而破坏土地持久肥力的永恒的自然条件。”②

此外，马克思在《〈政治经济学批判〉导言》详细地分析了城乡分离对资本主义生产过程生产、分配、交换的影响作用。对生产和分配的影响：经济越发展，交换越频繁，生产的规模就越大，社会生产分类就越细致。因为资本积累的多少不同，城乡人口分配的不同等，生产也就跟着分配发生变动。对交换的影响：“生产的发展和结构决定交换的深度、广度和方式。”③ 对流通的影响，他指出：“简单货币流通是表面的和形式的，这种性质正是表现在：决定流通量的，如价格的涨落，

① 《资本论》第1卷，人民出版社2004年版，第759页。

② 同上书，第578页。

③ 《马克思恩格斯选集》第2卷，人民出版社2012年版，第699页。

流通的商品量，货币流通速度，同时进行的买和卖的次数等一切要素，都依赖于商品世界的形态变化的过程，而后者又依赖于生产方式的总的性质、城乡关系、人口数、运输工具的发展，依赖于分工的粗细、信用等等”①。因此，马克思认为，以商品交换为基础的分工导致城市和乡村的分离，社会的全部经济史过程就是城乡对立的运动过程。

（二）对城乡融合的实现途径进行了深入探讨

恩格斯在这一时期主要以论战的形式展开对城乡关系思想的阐述。《论住宅问题》主要是在住宅问题上批判蒲鲁东主义小资产阶级的改良方案，恩格斯认为，在资本主义制度下是无法解决住宅缺乏的问题的，只有消灭了阶级差别，消灭了城乡差别，才能从根本上解决这个问题。恩格斯认为城乡对立的消除不是空想，而是现实提出了需求，工业、农业和公共卫生事业的发展需要，同时提出人口尽可能平均分配和工业与农业结合等城乡融合的实现条件。

恩格斯在《反杜林论》彻底驳斥了杜林反动的理论体系，有针对性地阐述了马克思主义的基本观点。在第三编“社会主义”中，恩格斯就杜林所说的城市和乡村的分离是不可避免的进行了批判，详尽地论述了城乡对立造成的人的片面畸形的发展，并且谈到了城乡融合的实现在于废除旧的分工，大工业在全国尽可能平均分布，变换工种，城乡融合等措施。同时

① 《马克思恩格斯全集》第31卷，人民出版社1998年版，第499页。

也谈到了城乡融合的实现是一个长期的过程。

（三）对城乡关系的历史发展进行了叙述

《家族、私有制和国家的起源》写于 1884 年，恩格斯运用历史唯物史观的方法揭示了家庭、私有制、阶级和国家产生的历史条件。在第九部分“野蛮时代和文明时代”中描述了分工发展与城乡发展的演变情况。最初，分工只是存在于两性之间，随着生产的发展，分工导致两大对立阶级的出现，在野蛮时代的高级阶段，手工业从农业中分离出来，城市出现，加剧了城市与乡村的对立，进入文明时代，城市和乡村的对立作为整个社会分工的基础固定下来。

此外，马克思也关注到了农业大规模经营的问题，在《论土地国有化》探讨了在农业中广泛使用现代方法，实行大规模经营，可以使生产日益增长，最终消灭阶级差别，实现城乡融合。

纵观马克思恩格斯城乡融合思想的整个发展历程，可以说，他们对城乡关系的探讨，立足于现实，始终坚持唯物主义的分析方法、辩证的分析方法、实践的分析方法，尤为可贵的是，他们超越前人，始终站在无产阶级的立场上，代表着大多数人的利益，他们认为在资本主义制度下城乡对立是阶级问题，因此，要想彻底解决这一问题，只有消灭资本主义私有制。正是在此基础之上，他们科学地揭示了城乡融合思想的萌芽、产生和形成的发展过程，形成了一套相对完整的理论体系。这一切决定了这一思想具有实践性、阶级性、科学性。

第二章

马克思恩格斯城乡融合思想的主要内容阐释

马克思恩格斯并未在其论著中系统而集中地论述过城乡关系问题，当然其城乡融合思想更是零星、散乱的。但是通过研读其文本，进行归纳汇总，我们还是可以找到其城乡融合思想的痕迹，可以看到他们对这一概念的不同概括和理解以及这一思想所包含的丰富内容。

第一节　马克思恩格斯对城乡融合的基本概括

一　“城市乡村化”与“乡村城市化”

马克思在1857年所著的《政治经济学批判》写道：“古典时代的历史是城市的历史；亚细亚的历史是城市和乡村的一

种无差别的统一；中世纪（日耳曼时代）是从乡村这个历史的舞台出发的，然后，它的进一步发展是在城市和乡村的对立中进行的；现代的［历史］是乡村城市化，而不像在古代那样，是城市乡村化。”① 马克思在这段话中，提出了“城市乡村化”与“乡村城市化”，同时也归纳出城乡关系的演进阶段和基本特点。大致分为两个阶段：一个是前资本主义时期，主要包括古典古代和中世纪两个时期，这一阶段城乡关系体现的特点是“城市乡村化”；另一个是资本主义时期，包括工场手工业城市时期和大机器工业城市时期，这一阶段城乡关系表现出的特点是“乡村城市化”。

前资本主义时期，城乡关系主要体现的是城市附属于乡村。乡村是人们生产和生活的主要形态，城市只能在乡村的夹缝中生存。城市的雏形是城堡，而其主要的功能是安全防范。恩格斯是这样描述城市的：“用石墙、城楼、雉堞围绕着石造或砖造房屋的城市，已经成为部落或部落联盟的中心。”② 虽然城楼与墙壁并不等于城市，但是从某种程度上讲，城楼的出现，是城市兴起的一个重要标志。从此之后，人类聚居的形式发生了变化，在城墙的防护下，城楼里孕育着新的社会关系。马克思所指的古典古代，主要指古希腊罗马时期。古希腊罗马所建立的国家是以城邦的形式出现的，可能一个城市或者极其狭小的领地便构成一个城邦国家。罗马帝国当时工商业贸易比较发达，通过此形成强大的军事力量，从而征服广大农村，造

① 《马克思恩格斯全集》第46卷，人民出版社1979年版，第480页。

② 《马克思恩格斯选集》第4卷，人民出版社2012年版，第179页。

成罗马城当时的畸形发展。但这一时期的城市是以“土地财产和农业为基础的城市”。进入中世纪，城市市民结成城市联盟，团结起来共同反对农村的剥削者和压迫者即贵族，保护自己的生活。因而，“从中世纪的农奴中产生了初期城市的城市市民，从这个市民等级中发展出最初的资产阶级分子”[①]。总的来说，这一时期城市的地位还没有完全确立起来，在政治上和宗教上地位超过农村，但是在经济上还处于从属地位，乡村领主剥削城市商人阶级，城市在经济上还被乡村统治。城乡关系是一种“城市乡村化”的状态。

资本主义时期，随着工场手工业的发展，城市在城乡对抗中，逐渐取得了与乡村抗衡的力量。资本主义工业的推动作用是巨大的，使人口和资本不断向城市积聚，这一时期，成千上万的农民脱离了祖祖辈辈耕种的土地，来到城市成为产业工人，城市的人口因此剧增，城市数量增加，城市力量得到增强。英国学者戈登·柴尔德在《城市革命》这样说：“从历史上——或者说从史前史上——把城市作为导致社会进化的一个新的经济阶段的一次‘革命’的结果与象征而提出。”[②] 马克思以织布业为例，列举了当时一些小乡村在工业发展的带动下扩张为城市的现象。“织布业多半在没有行会组织的乡村和小市镇上经营，这些地方逐渐变为城市，而且很快就成为每个国家最繁荣的城市。”[③] 当然，马克思也注意到资本的发展和积

① 《马克思恩格斯选集》第1卷，人民出版社2012年版，第401页。

② V. Gordon Childe, “The Urban Revolution”, *the Town Planning Review*, Vol. 21, No. 1, 1950, pp. 3－17.

③ 《马克思恩格斯选集》第1卷，人民出版社2012年版，第189页。

聚过程也是一个牺牲和付出代价的过程。一些人的需要得到满足，就要损害另一些人的利益。农村的资本和自由劳动力被剥削，为供给城市发展做出巨大的贡献，也正因为此，这一时期城乡矛盾激化非常严重，城乡差距逐步扩大，乡村逐步城市化。尽管城市得到了一定程度的发展，但是新兴的城市根基并不牢固，容易被破坏，所以在与乡村的对抗中它还处于弱势。正如马克思恩格斯所提到的那样："工场手工业一般离开保护是不行的，因为只要其他国家发生任何最微小的变动都足以使它失去市场而遭到破产。"①

随之而来的机器大工业时期，改变了这一状况，城市得到了空前的发展。城市的高速发展浪潮，随着产业革命从英国开始迅速席卷全球，工业文明战胜了农耕文明，人类社会进入了工业文明时代，整个人类由农村时代迈进城市时代。马克思恩格斯在《德意志意识形态》指出："它（大工业）建立了现代的大工业城市——它们的出现如雨后春笋——来代替自然形成的城市。凡是它渗入的地方，它就破坏手工业和工业的一切旧阶段。它使城市最终战胜了乡村。"② 城市在产业革命的影响下发生了根本性的变化，不仅体现在经济上，而且还体现在政治方面。越来越多的工人挤进城市，城市工厂的规模日益增大，社会经济发展迅速，城市成为经济发展的中心，地位完全超越了农村，乡村渐渐处于从属地位。随着城市的不断发展，公共的政治机构随之建立。"它（资产阶级）在现代的代议制

---

① 《马克思恩格斯选集》第1卷，人民出版社2012年版，第192页。

② 同上书，第194页。

国家里夺得了独占的政治统治。现代的国家政权不过是管理资产阶级的共同事务的委员会罢了。”① 由此可见，大机器工业的发展，使城市与乡村之间的距离不断拉大，城市不仅仅是自己在发展，而且是在掠夺乡村中发展自己，使乡村彻底沦为城市的“奴隶”，“乡村城市化”的格局最终形成。“乡村城市化”实际上就是在空间上，城市不断侵占、挤压农村，在生产方式上，社会化大生产方式逐渐取代小农自给自足的生产方式，工业文明最终战胜农业文明的变迁过程。城市最终成为这一时代的主角登上历史舞台。

总之，在马克思看来，“城市乡村化”和“乡村城市化”只是根据城乡发展的实际情况和阶段性特征的简单划分而已。本身是一个整体，城市、乡村是部分、是元素。从整个城乡发展来看，马克思一直强调的是整体最佳，这个整体的功能并非等同于城市和乡村功能相加之和，而是二者之间的一种相互融合发展，这就是后来他们谈到的城乡融合。所谓城乡融合就是，避免城市和乡村各自的缺点，将二者的优点结合起来，即工业与农业结合，城市与乡村协调发展，从而形成一种既利于城市又利于乡村的文明生活。主要特征是：健康的生活环境、发达的经济生活、完善的基础设施和和谐的人际关系。因此可以说，“城市乡村化”“乡村城市化”只是城乡融合的前期阶段，他们共同的特点都是要从本质上消灭城乡对立，而非消灭城市和乡村的具体形态。

---

① 《马克思恩格斯选集》第1卷，人民出版社2012年版，第402页。

二 “城乡融合”

在《共产主义原理》，恩格斯首次提出“城乡融合”。他指出，“由社会全体成员组成的共同的联合体来共同地和有计划地利用生产力；把生产发展到能够满足所有人的需要的规模；彻底消灭阶级和阶级对立；通过消除旧的分工，通过产业教育、变换工种、所有人共同享受大家创造出来的福利，通过城乡的融合，使社会全体成员的才能得到全面的发展”①。在这里，我们可以看到他是从未来城乡发展的趋势这个角度来提城乡融合的。并且他对“城乡融合”的概念也有理解，所谓“城乡融合”，就是指“把城市和农村生活方式的优点结合起来，避免二者的片面性和缺点”②。这一概念与我们现今所提到的城乡一体化有异曲同工之处。此后，恩格斯在1876年所写的《反杜林论》，对如何消灭城乡对立、实现城乡融合有进一步的论述。他指出：“城市和乡村的对立的消灭不仅是可能的，而且已经成为工业生产本身的直接需要，同样也已经成为农业生产和公共卫生事业的需要。只有通过城市和乡村的融合，现在的空气、水和土地的污染才能排除，只有通过这种融合，才能使目前城市中病弱群众的粪便不致引起疾病，而被用作植物的肥料。”③《共产主义原理》还提出了共产主义社会的重要特征：“城乡之间的对立也将消失。从事农业和工业的将

① 《马克思恩格斯选集》第1卷，人民出版社2012年版，第308页。
② 同上书，第305页。
③ 《马克思恩格斯选集》第3卷，人民出版社2012年版，第684页。

是同一些人，而不再是两个不同的阶级，单从纯粹物质方面的原因来看，这也是共产主义联合体的必要条件。”① 从这些论述中，可以看出，恩格斯认为的城乡融合不仅是未来城乡关系的理想状态，而且还是实现共产主义社会的必要条件。

以上恩格斯关于城乡融合的论述揭示了以下内涵：第一，消灭城乡对立取决于物质基础，这里物质基础有待进一步讨论。第二，城乡融合在经济发展水平相当高的条件下是可能的，而且现在已成了物质生产的直接需要。第三，城乡融合能解决城市发展中存在的环境问题，实现经济、社会、生态环境的协同发展。第四，实现城乡融合的途径是消除旧的分工、合理利用生产力、产业教育等。第五，城乡融合的目标是阶级消灭、全体成员的才能得到全面发展。

三　马克思恩格斯城乡关系思想

马克思恩格斯认为，在人类历史的发展过程中，随着生产力的发展，城乡发展依次经历了三个阶段：第一阶段，城市从乡村中诞生，乡村是城市的母体，在整个人类系统中乡村占据着统治地位，城市和乡村之间是互相包容的关系，二者还没有完全分开，没有什么差别。恩格斯在《家庭、私有制和国家的起源》指出城乡混沌同一的关系贯穿着人类早期社会的蒙昧时代、野蛮时代的高级阶段。第二阶段，社会分工发展深化，城市与乡村产生分离和对立。工业革命的到来，城市化进

---

① 《马克思恩格斯选集》第1卷，人民出版社2012年版，第308页。

程大大加速，城市逐渐在人类社会中发挥着主导作用。同时在经济、政治、文化等方面，城市与农村的差异也愈加明显，城乡对立等现象逐渐显露，这一阶段城市与乡村处于对立状态，而导致近代城乡尖锐对立的根本原因就是资本主义私有制下的大工业。第三阶段，城市和乡村之间的依存度大大加强，在社会生产力高度发展的基础上，城市与乡村逐步走向融合。最终，城市与乡村通过协调合作，实现城乡融合发展。以上论述在本书中概括为“马克思恩格斯城乡关系思想”，这一思想一方面告诉我们城乡有其内在的发展规律和趋势；另一方面也显示了实现城乡融合这一前景的过程是渐进的、曲折的、长期的。

可以说，在马克思恩格斯的著作中，这些内容是显而易见的，将其归纳为“马克思恩格斯城乡关系思想”是无可争议的。马克思恩格斯生活在资本主义经济发展的上升时期，因而在著作中，他们用大量的笔墨，分析了资本主义工业化、城市化带来的城乡分离和对立的弊病和后果，并且阐述了在资本主义私有制的范围内，是无法消除这一现象的。马克思恩格斯的眼界并没有停留在此，而是通过对这一现象的观察和对整个社会发展的规律性认识，预测到城乡对立之后必将走向城乡融合。在不同著作中，他们对城乡融合这一问题是进行过阐述和论证的，尽管这些论述是比较零散的，但通过对其内容的整理，仍可找到逻辑线索。从城乡融合的角度归纳，其内容还是极为丰富的，这一思想不仅明确地告诉我们人类社会城乡发展的历史趋势，而且还详尽地阐述了城乡融合实现的可能性、必要性、最终目标、前提条件和实现途径。今天我们所提的城乡一体化是马克思恩格斯概括的“城乡融合”，是迈向城乡融合的必经之路。因而马克思恩格斯城乡融合思想对于今天我国城乡一体化发展有很大的指导和借鉴意义。

具体而言，尽管在著作中马克思恩格斯并没有就城乡融合做过多的剖析，但仍然论述了当前已经出现的实现城乡融合的现实性和可能性，并不只是乌托邦式的勾勒。因为目前现实的发展已经提出了这样的需求，无论是在工业生产方面，还是在农业生产和环境卫生方面。他们认为通过城乡融合可以使大工业按照自身的规律发展，可以解决由于城乡对立带来的污染问题，可以从根本上解决贫民窟工人的住宅问题，当然最终也可以使人的全面发展有现实的基础。他们还具体探析了实现城乡融合的途径，从生产力的角度，指出“由全社会成员组成的共同联合体来共同地和有计划地利用生产力……通过消除旧的分工，通过产业教育、变换工种、所有人共同享受大家创造出来的福利”①。要“把农业和工业结合起来，促使城乡对立逐步消灭”②。而“消灭城市和乡村的分离的条件则是大工业在全国的尽可能均衡的分布”③。这些告诉我们，在未来实现了生产资料的社会主义公有制之后，要重视对城乡生产力的合理布局，重视城市的中心地位和在引领农业发展方面的重要作用，在扬弃的基础上实现城乡更高级的综合。从生产关系的角度看，他们指出城乡对立最终要消灭还是一个重大的社会问

① 《马克思恩格斯选集》第1卷，人民出版社2012年版，第308页。

② 同上书，第422页。

③ 《马克思恩格斯选集》第3卷，人民出版社2012年版，第684页。

题。“只有在私有制的范围内，城乡之间的对立才能存在”，生产资料的私有制使乡村落后，城市畸形发展，城乡利益冲突，阶级矛盾不可调和。可见，马克思恩格斯提到的城乡融合，在资本主义社会是不可能实现的，这是对实现城乡融合制度条件的表述。马克思恩格斯城乡融合思想的侧重点是论述关于社会生产力高度发达的社会中的城乡关系思想，是对社会发展到共产主义社会时的一种设想。在生产力大力发展的基础上，实现生产发展的规模达到能满足全体社会成员的需求，不再区分城市和乡村居民，大家共同享受社会创造出来的文明成果，全体成员的才能得到全面发展。

由此可见，在马克思恩格斯的城乡关系思想中是包含城乡融合思想的。马克思恩格斯城乡融合思想不仅内容丰富，而且具有严谨的理论逻辑。

第二节　城乡融合的最终目标

马克思恩格斯在揭示城乡发展规律的基础上指出，未来共产主义社会，城乡关系是在新的基础上的平衡、协调，即实现城乡融合，而不再是固化的分裂和对立。他们看到了资本主义工业发展加剧了城乡对立，注意到了这一时期人的片面、畸形的发展，同时也看到人类征服自然的能力不断增强，造成人类生存的自然环境严重破坏，以及对土地酿成的无法挽回的损失。他们指出，城乡融合的根本目标就是实现人自由而全面的发展和人与自然的和谐共处。

一　社会全体成员的才能得到全面发展

恩格斯在《共产主义原理》明确指出："通过城乡的融合，使社会全体成员的才能得到全面发展。"① 这说明恩格斯认为城乡发展的程度与人的发展程度有着内在的必然的联系。处于人类早期的城乡同一阶段，人的发展依赖自然，人类在这一阶段不具备推动其自身发展的动力和条件。城乡发展到对立阶段，特别是在资本主义工业时期，马克思恩格斯描述了城乡分离和对立造成了人片面畸形的发展。对此，他们做了深刻而尖锐的批判。而在未来社会，城乡融合阶段与人的自由全面发展联系在一起。因为到了共产主义社会，全体成员共同占有生产资料，进行有计划的生产，需要这种全新的、全面发展的人来进行社会生产。这里，我们主要阐述从城乡对立阶段人的片面畸形发展到城乡融合阶段人将会实现自由全面发展的内容。

（一）城乡对立导致人片面而畸形的发展

马克思恩格斯认为，城乡尖锐对立导致人的分裂、城市居民和乡村居民的分裂。原因在于社会分工，"就个人自身来考察个人，个人就是受分工支配的，分工使他变成片面的人，使

① 《马克思恩格斯选集》第1卷，人民出版社2012年版，第308页。

他畸形发展，使他受到限制”[①]。具体表现为以下三个方面。

第一，资本主义大工业的发展使每一种新的生产杠杆都必然地转变为生产资料奴役生产者的新手段，这使“工人变成了机器的单纯的附属品，要求他做的只是极其简单、极其单调和极容易学会的操作”[②]。换句话说，劳动和人都被分割了，个人沦为机器的奴役，被迫从事某种固定的职业。这里包含两层意思，一方面，人的活动对他来说是一种奴役，是一种不受自身驾驭并且还要被活动控制的异己力量。这种异己力量具有社会的普遍性，不只针对某一些人。受剥削的工人被奴役，甚至剥削工人的人，也因分工而被自己从事的工作所奴役，“精神空虚的资产者为他自己的资本和利润欲所奴役；法学家为他的僵化的法律观念所奴役……哪怕这种专业纯属无所事事，情况也是这样”[③]。另一方面，城市工人被迫束缚在某一固定的工作岗位上，从事的只是单调的、重复的、呆板的动作。这种劳动活动“把工人变成畸形物，工人的多种多样的生产志趣和生产才能被压抑，人为地培植工人片面的技巧……个体本身也被分割开来，成为某种局部劳动的自动的工具”[④]。结果只能是对他们某一方面的技能训练，而人整个的物质基础和精神基础的发展受到了极大的摧残和损害。

第二，“这种屈从把一部分人变为受局限的城市动物，把

---

① 《马克思恩格斯全集》第3卷，人民出版社1960年版，第514页。
② 《马克思恩格斯选集》第1卷，人民出版社2012年版，第407页。
③ 《马克思恩格斯选集》第3卷，人民出版社2012年版，第679页。
④ 《马克思恩格斯全集》第23卷，人民出版社1979年版，第399页。

另一部分人变为受局限的乡村动物”①。这句话包含两个意思：一方面，社会劳动分工把人固定在某一个岗位上，或是进行体力的运动，或是从事脑力的发展，这造成了人体、脑劳动的分离，从而城乡居民失去了全面发展的机会。另一方面，城乡对立和劳动分工还使城乡居民的活动区域也受限在一定范围内。其将城市居民局限于城市区域内活动，而农村居民局限于落后的农村地区，从事小规模的农业耕种，被束缚在一小块土地上。这正如马克思恩格斯所说：“任何人都有自己一定的特殊的活动范围，这个范围是强加于他的，他不能超出这个范围。”② 这就意味着，只要他想生存下去，就应该是这样的人。

第三，恩格斯还谈到城乡的对立发展使每一个人在追逐私人利益时人与人之间愈加冷漠，个人愈加孤僻。“在这种街头的拥挤中已经包含着某种丑恶的违反人性的东西。”③ 而在贫民窟里，工人已经堕落为对道德所起的破坏作用比贫穷还要厉害得多，酗酒、纵欲和犯罪盛行。恩格斯说：“在这些住宅里，只有那些日益退化的、在肉体上已经堕落的、失去人性的、在智力上和道德上已经沦为禽兽的人们才会感到舒适而有乐趣。”④ 由此可见，城乡的分离和对立使人性应有的真善美被扭曲。

---

① 《马克思恩格斯选集》第1卷，人民出版社2012年版，第185页。

② 同上书，第165页。

③ 《马克思恩格斯全集》第2卷，人民出版社1957年版，第303页。

④ 同上书，第345页。

（二）城乡融合阶段人自由全面发展

城乡进入融合阶段，是未来共产主义社会的特征。对于它的研究，马克思恩格斯主要是根据城乡发展及人类社会的发展规律来预测的。他们认为，人的发展在经历了“物的依赖关系”阶段后会步入人的自由全面发展阶段，这是人的发展的最高阶段。

马克思是极为关注人的发展问题的，这一问题也是其研究的核心论题，他在多本著作中对此进行过论述。马克思在《资本论》进一步指出，全面发展的人，就是“把不同社会职能当作互相交替的活动方式的全面发展的个人”①。这实际上包括了三个层次的意思，第一个层次指人可以适应不同的劳动需求，在不同的社会职能中互相交替劳动；第二个层次是这种交替变换使人的能力得到自由充分的发展；第三个层次是全体成员的才能得到全面的发展。马克思认为第三个层次要在共产主义社会才能实现，是“建立在个人全面发展和他们共同的、社会的生产能力成为他们的社会财富这一基础上的自由个性”②。此时，摆脱了物化的束缚，劳动者在劳动中不再固定在狭隘的分工位置上，而是可以驾驭一切自然力，也就是说既懂得按照自然界的一切物种尺度，又懂得按照内在尺度来进行积极的生产。在这种性质的劳动中，人类劳动告别了它的传统形态，变成了“真正自由的劳动”。马克思在《德意志意识形

---

① 《马克思恩格斯文集》第5卷，人民出版社2009年版，第561页。

② 《马克思恩格斯选集》第30卷，人民出版社1995年版，第107页。

态》强调了这一观点："在共产主义社会里，任何人都没有特殊的活动范围，而是都可以在任何部门内发展，社会调节着整个生产，因而使我有可能随自己的兴趣今天干这事，明天干那事，上午打猎，下午捕鱼，傍晚从事畜牧，晚饭后从事批判，这样就不会使我老是一个猎人、渔夫、牧人或批判者。"① 到那时，每个人不再因分工受限于某一特定的职业领域，都可以按自己的喜好，自由地选择自己喜欢的活动，人成为自由自为的主体。劳动不再是繁重枯燥，而是快乐的享受，是创造的乐趣。正如恩格斯在《反杜林论》给我们描述的消灭分工之后的生产组织形式，在这种生产组织中，一方面，每个人都必须承担维持人类生存必要条件的那部分劳动；另一方面，每一个人都有获得全面发展自己体能和智能的机会，这样，"生产劳动就不再是奴役人的手段，而成了解放人的手段，因此，生产劳动就从一种负担变成一种快乐"②。这时，"人以一种全面的方式，就是说，作为一个总体的人，占有自己的全面的本质"③。这就是人的最高发展阶段。也只有到了这一阶段，社会"三大差别"将完全消灭，人在自由王国里自由翱翔。

二　人与自然的和谐相处

人与自然的关系问题作为一个哲学命题，一直也是马克思恩格斯非常关注的。人是自然界的一部分，人离不开自然，人

① 《马克思恩格斯选集》第1卷，人民出版社2012年版，第165页。
② 《马克思恩格斯文集》第9卷，人民出版社2009年版，第310页。
③ 《1844年经济学哲学手稿》，人民出版社2000年版，第85页。

需要通过自然来生存、生活。所以，这个问题不仅仅是一个简单的自然发展问题，而且是一个深刻的社会发展问题。即人如何看待自然，如何在自然面前活动。

在人类早期，人类依赖自然生存，同自然界的斗争只是一种本能。到了工业文明时代，人类开始改造自然，征服自然。人类试图成为自然界的主宰，向自然界无度地索取，这时其与自然处于一种对立的状态。现在我们已经感受到了自然对人类的报复，恩格斯指出："每一次胜利，起初确实取得了我们预期的结果，但是往后和再往后却发生完全不同的，出乎意料的影响，常常是最初的结果又消失了。"① 如同我们在享受工业文明带来的物质财富和精神财富的同时，也面临着生态失衡、环境污染等问题，这在一定程度上破坏了人类生存的基础。这使人类重新思考这一命题，恩格斯指出："我们对自然界的整个支配作用，就在于我们比其他一切生物强，能够认识和正确运用自然规律。"② 人类在无数次与自然的较量中，逐渐认识到人与自然是统一的，人来源于自然，人类对自然的损害也就是对自身的损害。所以平衡与自然界的关系，人类才能生存得更好。城乡关系论题同样涉及这一问题，正因为如此，马克思对于城市的发展造成人与自然的不平衡，进行了尖锐的批判，指出了在未来城乡融合阶段，人与自然是和谐发展的。

---

① 《马克思恩格斯选集》第3卷，人民出版社2012年版，第998页。

② 同上。

（一）城乡对立造成人与自然物质变换断裂

马克思认为，人、劳动、自然，三者之间的关系是这样的：人是主体，劳动是中介，自然是作用对象。人类通过劳动作用于自然界，获得物质财富，从而实现不断循环的过程。劳动是中介，马克思在《资本论》说：“劳动首先是人和自然之间的过程，是人以自身的活动来中介、调整和控制人与自然之间的物质变换的过程。”[①] 这告诉我们，人类的劳动只是改变物质的形态，而财富的产生还需由天然形成，由某种物质发生形态变化而来。人类在获得财富的劳动中，本身是要依靠自然力的帮助的。威廉·配第说：“劳动是财富之父，土地是财富之母。”[②] 这就是说，劳动和自然界一起创造了财富。马克思认为，城乡对立导致的人与自然物质变换的断裂，打破了原有的平衡。对此，马克思深刻地揭示了造成这种变换断裂的制度障碍。资本主义社会下的劳动过程，是资本家只顾赚钱，不惜牺牲甚至破坏自然，这主要体现在以下三个方面。

1. 人类劳动造成与土地之间物质变换的断裂

资本主义生产方式的发展，造成对劳动力的掠夺和对土地资源的破坏。19 世纪农业化学的创始人，著名的德国学者尤斯图斯·冯·李比希，在其论著《化学在农业和生理学上的应用》指出，如果农民不把从土壤里拿走的养分归还土壤，

---

① 《马克思恩格斯文集》第 5 卷，人民出版社 2009 年版，第 7 页。

② 《马克思恩格斯文集》第 1 卷，人民出版社 2009 年版，第 6 页。

那么什么土地都是一样，总有一天会颗粒无收，这是因为在土壤中这些营养物质是非常有限的，这个情况已经由化学验证了，这就是著名的“归还原理”。马克思恩格斯非常赞同李比希的这一观点，他们在《论住宅问题》多次引用这一原理，论述消灭城乡对立并非空想。他们指出：“李比希在他论农业化学的著作中比任何人都更坚决地要求这样做，他在这些著作中一贯坚持的第一个要求就是人应当把取自土地的东西还给土地，并证明说城市特别是大城市的存在只能阻碍这一点的实现。”① 城市对农业的发展造成破坏。

2. 城市居民与其生活环境之间的断裂

资本主义工业生产，带来的最大的变化就是城市的发展，表现在城市人口越来越多，城市集聚性增强，人口数量的增多，打破了原有的生活环境变换的良性循环，挑战着城市的容纳能力与功能。如果没有做好相应的准备，导致的直接结果就是“城市病”的出现。所以，在很多大城市，工人的居住条件就是这样的：“这里的街道通常是没有铺砌过的，肮脏的，坑坑洼洼的，到处是垃圾，也没有排水沟，没有污水沟，有的只是臭气熏天的死水洼。”②

3. 工业生产与自然资源之间的断裂

恩格斯以蒸汽机为例指出，由于运作蒸汽机需要比较纯净的水资源，所以资本家在把一个地方的水变成污水之后，又转

① 《马克思恩格斯选集》第3卷，人民出版社2012年版，第264页。
② 《马克思恩格斯全集》第2卷，人民出版社1957年版，第306页。

向另一个地方，往往是由城市转向乡村，把乡村工厂变成城市工厂，地方发达了，但是却造成工业生产和自然资源之间的恶性循环。

我们从以上论述得出，在资本主义生产方式下，城乡居民的生产、生态、生活等一切要素因城乡对立造成的物质变换的断裂而陷入了畸形发展的困境。发现问题，就要解决问题。马克思恩格斯指出："只有通过城市和乡村的融合，现在的空气、水和土地的污染才能排除，只有通过这种融合，才能使目前城市中病弱的大众把粪便用于促进植物的生长，而不是任其引起疾病。"①

（二）城乡融合使人与自然和谐共处

马克思恩格斯通过分析和批判城乡对立阶段造成的人与自然间的断裂关系，指出了城乡融合阶段的历史要求是要修复这一断裂，改善二者的关系，使人与自然达到和谐。"自然界，就它自身不是人的身体而言，是人的无机的身体。人靠自然界生活，这就是说，自然界是人为了不致死亡而必须与之处于持续不断地交互作用过程的、人的身体。"② 最初，人类对自然界一无所知，自然界的一切变化在人看来都是可怕的、无法控制的、受自然界支配的。随着生产力的发展，进入城乡对立的阶段，尤其在机器大工业的广泛应用后，人类开始全面地支配自然界，从自然中获取一切维护和发展人生活和生产的资料，

① 《马克思恩格斯选集》第3卷，人民出版社2012年版，第684页。
② 《马克思恩格斯选集》第1卷，人民出版社2012年版，第55页。

但同时也使人与自然之间的关系更为紧张。在马克思恩格斯看来，要从这一困境中解脱出来，只有进入城乡融合的阶段，才能实现人与自然的和谐发展。同时马克思恩格斯还注意到要重视科学技术在人类与自然和谐发展中的作用。自然科学技术在提高了人们改造自然能力的同时，还可以使人类学会正确处理人与自然的关系。所以，马克思恩格斯进一步指出："自然科学却通过工业日益在实践上进入人的生活，改造人的生活，并为人的解放作准备。"① 换言之，工业化、城市化、科技化所形成的一切优秀成果，最终都将成为人类与自然、城市与乡村和谐发展的基础。

第三节　城乡融合的前提条件

马克思恩格斯的著述中有不少地方提到了消灭城乡对立、实现城乡融合的必然性和可能性。他们认为城乡对立的消失是生产力发展的必然结果，如生产力带来了资本主义大工业的发展，但同时消除城乡对立的因素已在其内部产生，处于萌芽状态。这一点在《反杜林论》有明确体现："那些将要消灭旧的分工以及城市和乡村的分离并且将使全部生产发生变革的革命因素已经在现代大工业的生产条件中处于萌芽状态。"② 而且，

① 《马克思恩格斯文集》第1卷，人民出版社2009年版，第193页。
② 《马克思恩格斯选集》第3卷，人民出版社2012年版，第685页。

从大工业本身来看，在某种程度上城乡对立已经阻碍了其发展，恩格斯明确说过，城乡对立的消灭，已经成为工业生产的直接需要。只有消灭城乡对立，城乡之间的能源、水力、土地等资源配置才能得以统筹，才可能解决其带来的污染问题。他们以伦敦为例来说明这一问题的严重性，他们注意到消灭城乡对立已有现实基础，伦敦一地每天都要花很大的精力和费用，处理大量的粪便，而且还必须配备庞大的设施才能完成这一行为。恩格斯也断言，在人的发展方面，人们想从他们以往历史行为所造成的困境中完全解放出来，就只有在消除城乡对立后才能实现。他认为，必须使人口在全国范围内平均分布，工业和农业生产紧密联系，才能实现人的全面发展。通过以上论述可以看出，马克思恩格斯指出了消灭城乡对立的可能性和必然性，并给人们呈现了一条有理有据的道路。

但是我们要明白，消灭城乡对立，实现城乡融合是可能的、必然的，这并不意味着任何时候任何地点都可以实现，即使具备了多方面的条件，实现这一目标还需要一个长期的过程。首先需要满足两个前提条件：一是私有制的消灭，二是生产力的高度发展。

一　私有制的消灭为城乡融合提供制度条件

在唯物史观的指导下，马克思恩格斯指出：城市与乡村分离的历史前提是生产力发展进而推动的社会分工的进步。但是，资本主义私有制则使城乡形成了统治与被统治、剥削与被剥削的利益对立关系，并且使二者长期处于严重的失衡状态中。可以说，城乡产生差别在一定程度上来看是社会分工所导致的，但城乡对立却并不是社会分工所必然引起的，其根源是私有制的出现。城乡间的对立在私有制发展到资本主义阶段后表现为阶级利益之间的对立，并且不可调和。

在资本主义社会初期，“圈地运动”使城市与乡村的分离和对立表现在经济、政治和社会关系等各个方面。之后资本主义的大工业，使得逃亡的农奴、一无所有的农民不断流入大城市，大机器工业进一步引起工业与农业的完全分离，造成城市繁荣、乡村孤立的局面。这是一段血与火的历史，这段历史造成工业对于农业的掠夺和工业文明对农业文明的胜利。城乡对立和分割的延续正是由这种建立在生产资料私有制基础之上的社会分工所导致的。正如马克思恩格斯指出的那样，“城市和乡村的分离还可以看作资本和地产的分离，看作资本不依赖于地产而存在和发展的开始”①。作为全国的政治经济文化中心，城市越来越占优势，具有巨大的吸引力，人口、生产资料、资本都集中在这里，而在乡村，隔绝和分散成为其代名词。虽然“城市资本主义竭力提供一切现代科学的方法来发展农业技术，但是生产者的社会地位仍旧和以前一样悲惨，城市资本不能有系统、有计划地把城市文化输入农村”②。

换个角度来讲，当人类社会发展到一定历史阶段就会产生城乡对立，并且这种对立随着生产力的发展而逐渐消亡。但是，生产资料的私人占有已成为在资本主义条件下进一步发展

① 《马克思恩格斯选集》第1卷，人民出版社2012年版，第185页。

② 《列宁全集》第4卷，人民出版社1984年版，第126页。

社会生产力的枷锁，相应地，也成为城乡关系变革的障碍。这一点在资本主义生产方式下已有充分的证明。“由于大工业和机器设备、交通工具、世界贸易发展的巨大规模使这一切越来越不可能为个别资本家所利用……总之，由于工业、农业、交换的共同管理将成为工业、农业和交换本身的物质必然性的日子日益逼近，所以，私有财产一定要被废除。”① 马克思恩格斯强调，由工业发展所必然引起的，用以改造整个社会制度的最简明扼要的方法，是废除私有制。恩格斯还认为，城乡对立在资本主义社会是不能被消灭的，相反，它必然只会日益尖锐化。因此，必须废除资本主义私有制，实行生产资料的社会所有，才能消除城乡对立，实现城乡融合。

当然，马克思恩格斯在谈到这一问题时，也预测到了其具有渐进性的特点。因为生产关系的变革要受生产力发展水平的制约，是一个自然缓慢的过程。“正像不能一下子就把现有的生产力扩大到实行财产公有所必要的程度一样。”② 在总结19世纪50年代法国工人斗争时，马克思曾经明确提出，法国的工人阶级在革命进程中如不能把作为中间势力的国民大众即农民和小资产阶级发动起来一起反对资本主义制度，反对资本统治，不能在革命进程中迫使他们承认无产阶级是他们的先锋队并且向它靠拢前，工人运动是不能前进一步，不能丝毫触动资产阶级制度的。1894年恩格斯曾指出，农民作为人口、生产和政治力量的非常重要的因素而一直存在着，社

① 《马克思恩格斯选集》第1卷，人民出版社2012年版，第291页。

② 同上书，第304页。

会主义工人政党首先必须从城市走向农村，必须成为农村中的一股力量才能夺取政权。所以，消灭私有制，需要无产阶级先创建民主的国家制度，由此逐步建立起无产阶级自己的政治统治。无产阶级夺取政权后，利用国家机器，一步步占有所有生产资料，把全部生产工具集中在自己手中，消灭一切剥削，最大限度地占有生产的总量。对此，马克思恩格斯也强调首先要实现土地国有化。他们认为，消灭私有制过程中的最关键一环是土地国有化问题。作为一切财富的源泉的地产，现在成了一个大问题，这个问题的解决与否将决定工人阶级的未来。显然，这一点对于城乡融合的实现具有重要意义。然后采取一系列的措施将社会全部的资本、工业、农业集中在国家手里，有计划地进行集中生产，从而使物质财富极大丰富，满足全体社会成员的需要。城乡对立存在的基础和条件是私有制，只有把社会变成全部生产资料的主人，才会彻底废除私有制，消除城乡对立。恩格斯对此满怀激情地展望，随着私有制的废除，“断定说人们只有在消除城乡对立后才能从他们以往历史所铸造的枷锁中完全解放出来，这完全不是空想”①。总之，废除私有制、建立公有制为生产力的全面解放开辟了道路，为共产主义和城乡融合的实现创造了物质条件，就这一点来说，是与下一个条件相通的。

---

① 《马克思恩格斯选集》第3卷，人民出版社2012年版，第264页。

二　生产力的高度发展为城乡融合提供物质条件

马克思恩格斯指出，社会统一的首要条件之一是消灭城乡之间的对立，这一条件取决于许多物质条件。他们又认为，要想消除城乡之间的对立，就必须要以高度发达的生产力为前提，并且同时要合理、有计划地协调生产力。因为，正是由于生产力有所发展但又发展不充足最终导致了城乡的分离和对立。显然，这里的物质条件包括生产力的发展水平。可以说生产力发展水平极度低下时，城乡处于混沌体的状态，近代以来，尤其是资本主义时期，生产力获得的快速发展堪称奇迹，从世界历史来看，资本主义在它不到百年的时间内所创造的生产力，远远超过其他任何时代所创造的生产力。资本主义大工业创造了世界市场，把所有的资本都集中起来变为工业资本，使每个人的需求的满足都依赖于整个世界。在这个过程中，城市表现出它推动生产力发展的强大作用，对此，列宁是这样评价城市的历史作用和地位的："城市是人民的经济、政治和精神生活的中心，是进步的主要动力。"[①] 然而，城市在创造出巨大的社会生产力的同时，正悄然地改变着城乡关系。城市日益繁荣，充满生机和活力，但是乡村却日益落后、粗野、贫困，二者的尖锐对立变得越来越突出。马克思恩格斯认识到了这一点，并断言这种状态不会一直存在下去，他们指出，只是在工农业发展程度还不够高的社会阶段，才会出现乡村农业人

① 《列宁全集》第23卷，人民出版社1990年版，第358页。

口的相对分散和大城市人口的过分集中。这实质上暗示着“城市统治乡村”以及城乡之间发展不平衡的时代不会永久地存在下去。将来随着社会生产力的发展，把一个人的生产力提高到能生产出足够多个人消费的产品时，城市工业就能留出足够的人力，给乡村农业提供比此前更大更强的力量；科学也终将更大规模地像在工业中一样更为广泛地应用于农业。因此，从物质条件的角度来看，城乡融合实现的主要条件是社会生产力的高度发展。只要生产力高度发展了，就可以实现工农业之间的高度联合，从而消灭城市与乡村两极分化的局面；只要生产力高度发展了，人就可以不再为生存需要而从事自己不愿意的工作，不再有任何对个人生活资料的忧虑，从而消除劳动异化，于是，从事农业生产和工业生产的将是同样一些人，城乡真正融为一体；只要生产力高度发展了，在将来的共产主义社会，就有可能实现“按需分配”，最终实现人的全面自由发展。由此可见，马克思恩格斯在城乡关系的问题上，始终坚持生产力标准。他们认识到，生产力水平的高低直接或间接地对社会的经济、政治制度和人们的观念形态起着决定作用，是人类社会发展的最终决定力量。

这里还需注意的一个问题是如何看待当前有些发达资本主义国家成为城乡融合的典范，而作为社会主义公有制国家的中国，城乡之间的对立和矛盾却很尖锐。原因何在？一方面，我们承认，当今一些发达资本主义国家，城乡之间的差距明显缩小，城与乡之间的鸿沟已经难以寻觅，这主要得益于在这些国家，工业化基本完成之后农业实现了产业化经营，在高端农业科技的支持下，农业劳动生产率大幅度提高，工农之间、城乡之间的有机结合得到进一步的发展。这正是社会生产力逐步走向均衡的结果，而这也恰恰印证了城乡融合的实现是社会生产力高度发展的结果。另一方面，我们不难发现，在这些发达国家中城乡对立的矛盾仍然存在，并没有完全消除。比如，发达国家的农业与工业相比，仍很脆弱。更多的时候，农业还要靠国家的政策来扶持，大城市仍然对农村形成剥削，并时时强化着这种从属关系。对于这个问题，恰恰说明私有制的废除只是城乡对立消灭的必要条件，而非充分条件。我国是社会主义公有制国家，但生产力发展水平还不够高，处于社会主义初级阶段，尽管这些年在经济等方面取得了令世界惊叹的奇迹，但远远没有达到“物质极大丰富”的地步，公有制的确立，只是为城乡融合提供了“物质入口”，所以这一阶段出现城乡之间的差距和对立也就不可避免。因此在现阶段，我们仍要大力推动社会生产力的发展，尤其是农村生产力。十一届三中全会之后，虽然农村生产力有一定程度的发展，但其各个方面的发展还远远滞后于城市，城乡差距逐步拉大。所以我们要从多方面进行努力，一是要加快农村综合改革，二是要加大投入农村生产力要素的力度，三是要研发高新农业技术，进一步加强农业科技进步对农业发展的推动力。这样一方面可以生产出丰富的物质产品满足全体社会成员的物质需求；另一方面，也使每个社会成员都能有充分的空余时间去汲取人类历史上遗留下来的宝贵文化，诸如科学、艺术、社交方式等一切对自身真正有价值的东西，并且不仅仅只是去汲取，还要把这些以前统治阶级的独占品变成为全社会的共同财富。如此，城市和农村人口才会获得同等的发展机会和发展条件，城乡之间的差距才会逐步缩小，才有可能推动城乡融合发展。

第四节　城乡融合的主要途径

通过前面的分析，我们得出城乡融合是可以实现的，是历史发展的必然趋势。但是通过怎样的途径可能到达这一阶段呢？这个问题在马克思恩格斯的著作中并没有很直接地说明，但是，通过他们对城乡尖锐对立，城市、农村发展等问题的论述中，还是能够找到一些线索的。笔者认为马克思恩格斯提出城乡融合的基本途径主要有：充分发挥城市的中心作用，“把工业和农业结合起来”，农业的大规模经营，“电力、水力的使用是强有力的杠杆”，教育与生产劳动相结合，“城市和乡村生活方式的优点结合”等。

一　充分发挥城市的中心作用

随着资本主义社会的发展，城市逐渐成为经济贸易、政治联盟和文化活动的中心，人才、资本、信息、资源都集聚在这里，形成巨大的规模效应。马克思恩格斯看到了城市所代表的先进生产力，特别强调用城市工业的优势，来促进乡村社会的发展，从而促进城乡融合。

（一）要充分发挥城市的工业对农村经济的拉动作用

资本主义生产方式从根本上确立了城市在经济上的统治地位，因此，城市应该起引领和辐射的作用。只有依赖于工商业繁荣的内地或沿海城市，才能建立这样一整套的工业体系，只有建立一整套完备的工业体系，才能雇到受过良好训练的工人，买到廉价的机器和原材料，用好新发明的辅助工具，修筑优质的道路，才能把一切工业部门紧密地联系起来。这是早已被经济学家们所阐明的原理。城市作为经济文明的集中体现和经济信息集散的中心，它的不断发展，会使更多的工业转移到农村，需要更多的农村劳动力，同时这种转移也使生产要素在城乡之间达到有效配置，从而推动工业生产在全国范围内均衡分布。

（二）城市对农村和农业的发展有带动作用

在农业的提高和乡村的改善方面，城市具有不可替代的作用，正如恩格斯在《德国农民战争》指出的那样，“城市的繁荣也把农业从中世纪的简陋状态下解脱出来。不仅耕地面积扩大了，而且染料植物以及其他输入的植物品种也种植起来了，这些植物需要比较细心的栽培，对整个农业起了很好的影响”①。马克思在《资本论》分析农业和大工业之间的关系时也认识到，在农业领域内大工业所起的最具革命性的作用

① 《马克思恩格斯全集》第7卷，人民出版社1959年版，第387页。

就是消灭农民——旧社会的堡垒，并以雇佣工人取代之。这样，农村中的社会对立和社会变革的需要，就和城市一致了。科学在工艺上的自觉应用代替了之前最陈旧和最不合理的经营。

（三）城市对农民整体素质的提高也有很大的影响作用

城市文化与农村文化相比，其优势是很明显的，只有吸引农村居民到城市中去工作生活，让城市居民和农村居民融合起来，才能提高乡村居民的素质，才能削弱这种优势的不平衡性。一方面，农民进入城市后，受城市文明的熏陶，逐渐摆脱落后愚昧的状况；另一方面，在城市文明的巨大影响力和辐射作用下，在城市文化的不断影响下，城市逐步成为提高劳动者整体素质的有利场所。“如果说城市工人比农村工人发展快，这只是由于他的劳动方式使他生活在社会之中，而土地耕种者的劳动方式则使他直接和自然打交道。”① 大城市在推动社会意识的发展和工人快速进步方面起到了极大的作用。

二 “把农业和工业结合起来”

城乡发展使在城市工厂的劳动力非常集中，而广大农村的劳动力趋于孤立、分散的状态，这直接导致了农业与工业脱节，二者很难结合在一起。马克思恩格斯认识到，消灭城乡对立、促使城乡融合的重要途径之一就是把工农业生产相结合。

① 《资本论》第3卷，人民出版社2004年版，第909页。

逐步消灭城乡之间的差别就应把农业和工业结合起来，这是在最先进的国家里采取的有效方法。因为如果要使农村人口从他们数千年来几乎一成不变地栖息在里面的那种孤立和愚昧的状态中挣脱出来，就必须使工业和农业生产发生密切的内部联系，并使交通工具随着由此而产生的需要扩充起来。如何使工业与农业发生紧密的联系，马克思恩格斯指出要注意两个方面。

（一）“共同地和有计划地利用生产力”

第一，要在先进物质基础上，推动工业和农业实现联合。这就意味着，必须是在工业和农业生产资料由全社会共同占有的前提下，使工农业生产内部发生紧密的联系。马克思恩格斯在《共产党宣言》中明确提出：“把农业和工业结合起来，促使城乡对立逐步消灭。”[①] 在农村，只有将土地集中国有，才能避免资本家对其的掠夺式开发、耕作。通过有计划地进行农业的现代化生产，才能避免工农业的对立。正如马克思在《论土地国有化》指出的那样，一切生产部门，包括农业、矿业、工业等，都将用最为合理的方式逐步组织起来。全国性的、集中的生产资料将会成为自由的、平等的生产者的各联合体所构成的社会的全国性的基础，所有生产者将会按照共同的合理的方式进行社会劳动。在整个国家，要实现大工业尽可能平衡地分布，只有通过全国统一的生产计划把工业同农业结合

① 《马克思恩格斯选集》第1卷，人民出版社2012年版，第422页。

起来，有计划地利用生产力。代表着先进生产力的大工业不断发展，从而为消除城乡对立创造着条件。但是由于大工业集聚于城市，结果不仅造成城乡发展的不均衡，而且也给自身的发展带来隐患。要实现工业在全国的分布最适合它自身的发展，就必须建立一个统一的、有计划的、能协调配置自己的生产力的社会。因此，只有打破“工业只能布局于城市”的观点和现实，统筹城乡产业，才能消除城市工业的高度发展和农村工业极端低下的境况。乡村并不必然只能从事农业，工业也并不只能布局于城市。“大工业告诉我们，为了技术上的目的，把或多或少的到处都可以制造出来的分子运动转变为质量运动，这样大工业在很大程度上使工业生产摆脱地方的局限性。”①

第二，合理利用生产力。马克思恩格斯指出，社会生产力的发展程度在一定时期内是有限的。要想发挥社会生产力的最大效率，实现推进城乡融合的目的，就只有合理地利用生产力。马克思恩格斯提出，由社会全体成员组成联合共同体，通过科学、合理的计划与安排，使城市规模控制在一定的范围，尽可能合理地布局工业，这样城市与农村得到相互补充，城市与农村的物质断裂的问题也会得到缓解与消除。同时城市也可以很好地辐射、带动农村发展，农村则可以为城市提供充足的原材料以及良好的生活环境。这样就可以避免恩格斯在《反杜林论》指出的：“要消灭这种新的恶性循环，要消灭这个不断重新产生的现代工业的矛盾……只有按照一个统一的大的计

① 《马克思恩格斯选集》第3卷，人民出版社2012年版，第683页。

划协调地配置自己的生产力的社会……”① 在这里我们可以看到，恩格斯想通过计划的办法来消除资本主义大工业发展带来的盲目性以及导致大城市生成的诸多问题。如果不这样，资本主义生产的无政府状态将使大工业发展与大城市的产生这两者形成“恶性循环”。

（二）“人口在全国尽可能平均地分布”

恩格斯在《英国工人阶级状况》，通过自己的深入、细致的调查，客观地记录了 19 世纪中叶，英国各大城市里工人的悲惨境遇。以此来控诉资本主义的罪恶，唤起工人阶级的反抗意识。但是通过对工人生活片断的描述和记录，从侧面反映了人口汇集于大城市生活，给当时的城市造成的诸如拥挤、住房短缺、环境污染、疾病蔓延等社会问题。我们可以看一下恩格斯笔下记录的英国当时的城市情况，每一个大城市都有一个或几个挤满了工人阶级的贫民窟，并且很多人住在一个不大的空间里，那里肮脏、臭气熏天、拥挤。由于人口突然涌进大城市，导致住房短缺，再加上住房环境的恶劣，使城市成为疾病蔓延的天堂。恩格斯引用了当时的调查报告：“曼彻斯特和利物浦的流行病所引起的死亡率，一般说来比农业区高 2 倍；城市中患神经系统疾病的比农村中多 4 倍等等。”② 毋庸置疑，数量庞大的人口集中在有限的城市空间里，割裂了人与自然的天然联系，影响人的身心健康发

---

① 《马克思恩格斯选集》第 3 卷，人民出版社 2012 年版，第 683 页。

② 《马克思恩格斯全集》第 2 卷，人民出版社 1957 年版，第 392 页。

展，因此，需要调节人口在全国的分布。强调人口在城市与乡村的合理分布，可以避免上述情况的发生，有利于城市与乡村的互动交流，同时可以让城市居民享受到农村的田园生活，也可以让农村居民接受城市先进文化的洗礼，实现人与社会，人与自然和谐发展。这样的社会，才是符合人类本质要求的社会。

所以马克思恩格斯曾设想通过让人口流动起来，也就是让人口平均地分布于全国各地的办法来逐步消灭城乡之间的差距。马克思认为，相对于传统农业社会中，农村与世隔绝，人口流动性很低的状况而言，资本主义条件下的社会化大生产促进了人口的全面流动，而交通运输领域的革新更是进一步加速了人口的大规模迁移和流动。总之，不同地区、不同产业间的劳动力人口自由迁移和流动能够起到拉平地区收入和产业差别的作用，从而有利于城乡差别的缩小。恩格斯在其著作《马尔克》还提出了农民在本地农村办工业的设想，他认为，未来的大农业和大工业，会产生很多的多余农业劳动力，只有让这部分人就在农村中从事工业劳动，才能解决他们“不致没有工作，或不会被迫涌入城市”的问题。同时，马克思恩格斯提出建立工农联盟，发挥城市工人阶级的领导核心作用，也就是要让中心城市成为所在地区农村生产者的精神指导，使城市工人成为农村生产者利益的天然代表者。具体来说，就是使工人阶级在资本主义的生产方式下成为城市的主体，同样，使农业无产者成为乡村的主体。由于城市与乡村长期处于对立状态。因此，在资本主义生产方式下，二者难以联合在一起。作为无产阶级的天然的、强大的同盟者，农业无产者虽然有巨大的潜力，而且人数众多，但是处于劣势。如果无产阶级能够在工业无产者与农业无产者之间建立起工农联盟，不仅可以使工农业无产者加快流动，建立紧密的联系，还可以使他们的利益得到维护。这样，城市和乡村之间的对立状况会逐渐好转，城乡之间的联系得到加强，工业与农业的结合会随之不断加强，为实现城市与乡村的融合创造条件。

三　农业的大规模经营

农村农业的发展是城乡融合推动过程中重要的一环。马克思恩格斯也注意到了这一点，他们特别强调农业的基础地位和作用，在此基础上，也提出了未来农业要走大规模经营的现代化道路。

（一）农业生产是人类生存和“历史活动”的首要前提

为了生活，首先，要生产物质生活本身所需要的东西，即衣食住行以及其他必需品。因此，人类的第一项历史活动就是生产满足这些需要的生活资料。其次，用在农产品生产上的劳动时间越少，那么用在其他社会生产上的时间就会越多。因此，超过劳动者个人需要的农业劳动生产率就成为一切社会的基础。再次，工业和农业之间的发展程度很大程度上受农业劳动生产率高低的影响。最后，农业劳动生产率还决定着农业人口流向城市的速度和规模。从这些论述中，我们可以看出，马克思恩格斯非常注重农业的劳动生产率的提高这一问题。

（二）农业必须进行现代化和规模化经营

马克思恩格斯重点考察了英、美等西方国家农业发展和农业现代化的过程，形成了自己在这方面的理论和思想。农业的现代化就是农业的商品化过程，意味着农业商品在市场和交换中进行，并不断提高农业劳动生产率的过程。恩格斯也认为改造小农的生产方式进行大规模的农业经营已成为一种历史必然。在谈及欧洲农业发展时，恩格斯曾指出："1680 年，小农业还是一种常见的生产方式，而大地产只是个别的，尽管不断增加，但总还是个别的。今天，大规模使用机器耕种土地已成了一种常规，而且日益成了唯一可行的农业生产方式。"① 列宁后来也指出："资本主义前生产方式的规律，是生产过程在原有规模上、原有基础上的重复。相反地，资本主义生产的规律，是生产方式的经常改造和生产规模的无限扩大。……资本主义企业必然超出村社、地方市场、地区和国家的界限。"② 这实际上指的是资本主义生产方式的优越性必然席卷包括农业在内的一切领域。资本主义向农业扩张，"使农业合理化第一次有可能按社会化方式经营，有利于生产力的发展，有利于社会关系的发展，有利于更高级的新形态的各种要素的创造"③。而且，农业生产实现规模化经营也是可能的。当无产阶级夺取政权，在农业中采用全民的、集体的、有组织的劳动，通过合

① 《马克思恩格斯全集》第 38 卷，人民出版社 1972 年版，第 309 页。
② 《列宁选集》第 1 卷，人民出版社 2012 年版，第 192 页。
③ 《资本论》第 3 卷，人民出版社 1998 年版，第 697 页。

作社组合成大规模经济组织，在农业生产中采用“大规模的生产，资本的积聚，劳动的结合，分工，机器，改良的方法，化学力和其他自然力的应用”①，充分发挥大规模经营的优越性，这样，农业生产才会逐步实现现代化，进一步提升农村生产力，从而有效促进城乡的融合。这样，一方面大大提高农业生产的效率，农业将会获得前所未有的发展；另一方面，农业生产力的提高，会节约大量的农业劳动力，从而用于其他生产或服务部门，社会生产力将得到充分发展。

四　“电力、水力的使用是强有力的杠杆”

现代科学技术的发展深刻地改变了世界的城乡关系，极大地推动了新型城乡关系的构建，推动了世界城乡一体化的发展，这已成为共识。马克思恩格斯在 19 世纪中叶就注意到了这一问题，并从加强城乡关系推进城乡融合方面进行了论述。马克思恩格斯指出科学技术本身就是生产力，它的进步推动着城乡关系的不断发展。

第一，科技的发展推动了城市化的进程，蒸汽机广泛应用于棉纺织业，推动了现代工业的迅猛发展，城市化的进程大大加快。西方主要国家如英国、法国、德国等相继进入工业革命阶段，许多工业城市出现，城乡关系的面貌由此发生了巨大变化。第二，马克思恩格斯还相信，科学技术现在在大工业中起作用，将来一定会在农业中起作用，而且一定会广泛地运用于

① 《马克思恩格斯选集》第 2 卷，人民出版社 2012 年版，第 42 页。

农业，推动着农业向前发展。“科学终于也将大规模地像工业中一样彻底地应用于农业”①。应当在农业中广泛采用一切现代方法，如灌溉、蒸汽犁、排水、化学处理等。到那时，科技对城乡关系的发展将会产生更为深远的影响。第三，电气化的发明与发展，也把城乡连接了起来。马克思恩格斯指出：“电的这一发现使工业几乎彻底摆脱地方条件所规定的一切界限，并且，使极遥远的水力的利用成为可能，如果在最初它只是对城市有利，那么到最后它终将成为消除城乡对立的最强有力的杠杆。”②“我们必须让农民看到，电气化将把城乡连接起来，在电气化这种现代最高技术的基础上组织工业生产，就能消灭城乡间的悬殊现象，提高农村的文化水平，甚至消除穷乡僻壤那种粗野、贫困、落后、愚昧、疾病丛生的状态。”③ 这些论述明确地告诉我们，马克思恩格斯非常重视实现城乡融合中科学技术发展的促进作用。

五　教育与生产劳动相结合

关于马克思的教育与生产劳动相结合的思想，我们可以在《共产党宣言》《临时中央委员会就若干问题给代表的指示》《资本论》（第 1 卷）和《哥达纲领批判》四部著作中找到相关论述。马克思恩格斯主要是针对旧的社会分工所造成的三大差别即城乡差别、工农差别、脑力劳动与体力劳动的差别来阐

① 《马克思恩格斯选集》第 4 卷，人民出版社 2012 年版，第 460 页。
② 同上书，第 556 页。
③ 《列宁全集》第 38 卷，人民出版社 1986 年版，第 117 页。

述的，可以概括为以下几个方面。

（一）马克思恩格斯特别重视教育在人的全面发展中所起的作用

在旧式分工下，每个人只能在生产过程中熟悉某一个部门的某一个岗位，只能发展他某一方面的才能，而其他方面才能受到限制。可以说，旧式分工使人片面而畸形地发展。恩格斯指出："教育将使他们摆脱现在这种分工给每个人造成的片面性。"① 通过教育，使青年熟悉整个生产系统的流程，根据自己的爱好、特长与社会需求轮流转换工作部门，从而获得全面发展的机会。

（二）马克思恩格斯还重视教育与生产劳动的结合

马克思恩格斯认为，提高社会生产的方法之一是将教育与生产劳动相结合。在《资本论》，马克思分析了大机器工业生产的特点，认为只有把传统的、狭窄的手工业劳动分工消除，才能发展现代工业。同时恩格斯也指出："工业和农业提高到上面说过的水平，单靠机械和化学的辅助手段是不够的，还必须相应地发展使用这些手段的人的能力。"② 这告诉我们，随着科学技术在生产实践中的进一步应用，大工业的本性决定了劳动的变换和工人的全面流动性。这就需要把教育与生产劳动结合起来，因为现代工业生产依靠的是科学

① 《马克思恩格斯选集》第1卷，人民出版社2012年版，第308页。
② 同上书，第307页。

进步和技术革新，依靠人的智力的发展。1866 年，马克思在《临时中央委员会就若干问题给代表的指示》指出：现代进步的趋势之一是男女儿童参加生产，要想有效地抵制生产中对儿童和少年的摧残，必须将教育与生产劳动相结合，这也同时可以抵制工人在资本主义制度下被降低为资本的简单工具。列宁也指出："在按照各种年龄严格调节劳动时间并且采取其他保护儿童的预防措施的条件下，改造现代社会最强有力的手段之一是生产劳动和教育的早期结合。"①

（三）马克思还指出了教育同生产劳动相结合的具体形式

马克思主张通过综合技术教育来实施二者的结合，他指出："把有报酬的生产劳动、综合技术教育、智育结合起来。"② 科技快速发展的现代社会，知识的更新速度非常快，这就要求每一个人都要进行终身学习，接受终身教育。只有这样，才能使自己的劳动能力得到增强，符合现代生产的要求，特别要注意加强职业教育。此外，一些相关学校的开办也证明，在大工业基础上自然发展起来的一个要素是综合技术学校和农业学校，另一个要素是职业学校，工人的子女在这种学校里，受到一些有关工艺学的实际操作的教育。马克思说，使人获得一定劳动部门的技能和技艺，成为发达的和专门的劳动力，是现代教育的重要职能。总之，使旧的生产方式发生彻底变革，消灭旧的分工，消灭三大差别的必要前提，就要求每个

① 《列宁全集》第 59 卷，人民出版社 1990 年版，第 163 页。

② 《马克思恩格斯全集》第 16 卷，人民出版社 1964 年版，第 218 页。

人在现代大生产下，都具有较高的受教育水平和职业能力。

六　“城市和乡村生活方式的优点结合”

恩格斯在《共产主义原理》明确指出：“公民公社将从事工业生产和农业生产，将把城市和农村生活方式的优点结合起来，避免二者的片面性和缺点。”[①] 这告诉我们，城市生活与乡村生活具有内在的互补性，“城乡融合”就是将两者的优点结合，只有使农业人口和非农业人口在文化和生活条件上日益接近，才能使人类所创造的一切文明成果为全体人民所享有。

但是如前文所言，资本主义社会将城市人卷入现代文明的快车道，而将农村居民扔在了站台上。随着现代工业文明的快速前行，城乡居民之间的差距越来越大。城市作为政治、经济、文化中心，建造了巨大的工业厂房和集贸市场，复杂的大型交通网络与之相配。越来越多的人口挤进城市，为满足成千上万人的生活，各种基础设施如住房、医院、学校、供水、供电公司都得逐步完善，城市日益显示出它的优越性。尤其在全球化的今天，知识、信息在这里被创造、被传播、被分享。

与城市的一切先进设施和文化相比，农村是落后的，传统的，古老的，信息闭塞，居民素质低下，所有这一切都使农村成为“愚昧”“落后”的代名词。人们不愿意回到农村，削尖脑袋挤进城市，就是为了享受城市的文明成果。但是，城市的快速发展也带来了诸多弊端和矛盾，问题日积月累，无法解

① 《马克思恩格斯选集》第1卷，人民出版社2012年版，第305页。

决。一些发达国家在20世纪70年代出现了“逆城市化”现象，即许多居住在城市的经济条件优越的市民，纷纷离开市区迁往郊区或农村，许多企业也另谋发展，使中心城市出现“空洞化”现象。这从另一个角度说明了农村生活也有吸引人之处。舒适的生活，清新的空气，单纯的人际交往，人与自然和谐相处，这些正是城市居民所向往的，也是他们所缺乏的。著名的英国城市学者埃比尼泽·霍华德在1898年出版的《明日的田园城市》提出了“田园城市”的规划思想，其核心思想就是主张通过规划设计城市，让城市既保留农村的田园风光，又有城市文明的先进功能。1919年英国“田园城市和城镇规划协会”与霍华德协商，把“田园城市”定义为：“田园城市是为安排健康的生活和工业而设计的城镇；其规模要有可能满足各种社会生活，但不能太大；被乡村带包围；全部土地归公众所有或者托人为社区代管。”这一思想的提出，影响深远，今天很多国家在城市规划布局、城市群、卫星城市、城市绿化带等理论与实践方面都与之有关。著名的美国城市地理学家芒福德也指出：“城与乡，不能截然分开；城与乡，应该有机地结合起来。如果要问城市与乡村哪一个更重要的话，应当说自然环境比人工环境更重要。”① 因而，马克思和恩格斯强调要充分发挥城市与乡村各自的优势，优势互补，实现城乡的融合。城乡不断融合，才能使城乡居民获得城市与乡村保留下来的有价值的成果。列宁也指出，为了大体上让全体居民都享

---

① ［美］刘易斯·芒福德：《城市文化》，转引自郝寿义、安虎森《区域经济学》，经济科学出版社1999年版，第404页。

受到几世纪以来的科学艺术宝藏，为了消灭农村人口与城市文化无缘的情况，为了消灭乡村生活的愚昧、落后状态，我们完全有必要努力实现城乡融合。

综上所述，马克思恩格斯对于城乡融合思想的论述从时间上是从古代到资本主义再到社会主义、共产主义时期；从程度上是从城乡同一到分离出现及对立激化，再到城乡融合阶段。他们对于城乡融合思想的阐述，既显示了城乡发展的演变过程，又指明了实现这一目标的渐变性。总结其思想，主要包括两大方面：第一，人类社会城乡发展走向融合是历史的必然。在这一过程中，城乡对立并非永恒的自然现象，只是一种社会历史现象。城乡对立的存在会随着私有制的废除而消灭。但这一过程并非空想，工业生产和农业生产方面已提出了要求，我们需明白的是实现城乡融合不可能一蹴而就，而是一个长期的过程。第二，马克思恩格斯已经就实现城乡融合，提出了各种措施。诸如充分发挥城市的中心作用，“把工业与农业结合起来”，农业的大规模经营，“电力、水力的使用是强有力的杠杆”，教育与生产劳动相结合，“城市和乡村生活方式的优点结合”等。将这些基本措施有步骤地付诸实施，城乡融合的实现就不会是遥远的未来。

第三章

马克思恩格斯城乡融合思想的历史贡献和时代局限

马克思恩格斯在研究城乡关系的过程中，逐步形成了马克思恩格斯城乡融合思想。这一思想既是对空想社会主义城乡结合思想、英国古典学派城乡分工理论的批判、继承与超越，又是对当时资本主义社会城乡尖锐对立问题的反映。作为现实观照下的思想，它既有一定的历史贡献，也存在着相应的时代局限。

第一节　马克思恩格斯城乡融合思想的历史贡献

马克思恩格斯城乡融合思想是马克思恩格斯城乡关系思想的重要组成部分，在马克思主义思想体系中具有非常重要的地位。这一思想一诞生，就发挥着巨大的影响作用，具体而言，主要表现在以下几个方面。

一　构建了城乡融合思想的基本框架

马克思恩格斯城乡融合思想是运用唯物史观，在研究资本主义社会以及如何变革资本主义社会制度的同时，吸收了以往城乡研究的优秀成果，科学地揭示了城乡融合思想的产生、形成和发展过程，形成了一套相对完整的理论体系。这是一个内容翔实、逻辑清晰的理论体系，既包括城乡关系的历史形成根源、现实发展状况，又包括城乡关系的未来发展趋势；既包括城乡对立的合理性、进步性，又包括消灭城乡对立、实现城乡融合的基本途径。在他们的一些经典著作中，可以明确地找到在某些方面相对集中的论述，如马克思恩格斯合著的《德意志意识形态》对城乡对立产生的根源问题的阐述；《共产主义原理》对城乡融合实现目标的归纳；《论住宅问题》《反杜林论》对如何消灭城乡对立的基本途径的解说。可以说，马克思恩格斯城乡融合思想是马克思主义城乡关系思想形成的标志，使人们对城市、乡村、城乡关系问题的认识建立在唯物史观的基础上，从而实现了自身的理论价值。同时，马克思恩格斯城乡融合思想作为马克思主义城乡关系理论的重要一环，奠定了其在马克思主义城乡关系理论中的地位。之后的马克思主义者都是在马克思恩格斯的立场、观点和方法的基础上，结合当时的具体实践，丰富和发展城乡关系思想的。

在本书中，我们一直探讨的是马克思恩格斯的城乡融合思想，把他们二人看作一体来研究的，但是这并不意味着他们两人的观点或者侧重点完全一致，这里我们对马克思和恩格斯在构建城乡融合思想的基本框架中各自的贡献做一个简单的说明。事实上，在关注城乡关系的内容这一问题上，除了他们的合著，以恩格斯为作者的著作是多于马克思的，如《英国工人阶级状况》《论住宅问题》《反杜林论》《家庭、私有制和国家的起源》等著作都是恩格斯所著，而马克思后期主要转到了《资本论》的创作过程中。

从他们二者的著作来看，恩格斯大量地研究了当时资本主义条件下城市工人阶级的生活状况，所以他的论述主要是对一些实际问题的思考和应对，从而揭示其背后的实质。如《英国工人阶级状况》一书，恩格斯对资本主义生产方式的一系列经济现象做了精辟的阐述，通过对无产阶级的生活境况的描述，研究了英国的经济和政治制度，第一次揭示了无产阶级的作用。恩格斯在《论住宅问题》，通过批判德国资产阶级和小资产阶级社会改良主义者的错误观点，阐明了住宅缺乏现象是资本主义剥削实质的一个表现，要想解决这一问题，必须消灭城乡对立。恩格斯在《反杜林论》科学地探讨了社会主义社会消灭生产过剩经济危机的必然性，预见到未来社会将合理配置和利用生产力发展生产，消灭城乡对立。从这些研究中可以看出，恩格斯更注重从当时迫切需要解决的具体问题中研究城乡对立消灭的可能性、必然性和实现的途径。他在构建框架方面所做的贡献和努力是对城乡融合思想包含的每个方面具体内容的填充。而马克思在前期的研究中主要是对城乡对立产生的深层次问题进行探讨，比如《德意志意识形态》对城乡对立的根源问题的探讨；《共产党宣言》提出了城乡融合的目标，即人的自由全面发展的问题。后期在《资本论》主要揭示了城市和乡村的分离是以商品交换为基础的分工所导致的，社会的全部经济史过程就是城乡对立的运动过程。从研究路径来看，马克思更侧重于从脉络上厘清城乡发展的情况，以及对这一思想的总体把握，主要是从形式上不断完善这一思想包含哪几个大的方面。可以说，他们在构建城乡融合思想的基本框架中，发挥了各自的优势和专长。形式与内容的统一，使城乡融合思想更有立体感和可操作性。但这里要特别说明的是，这并不就意味着马克思与恩格斯是孤立地研究此问题的，实际上恩格斯早就说过，他所出版的很多著作都与马克思做过交流和沟通，很多论述都是马克思的观点。在《反杜林论》，恩格斯专门说“本书所阐述的世界观，绝大部分是由马克思确立和阐发的，而只有极小的部分是属于我的，所以，我的这种阐述不可能在他不了解的情况下进行，这在我们相互之间是不言而喻的。在付印之前，我曾把全部原稿念给他听……在各种专业上互相帮助，这早就成了我们的习惯”①。

二 揭示了城乡融合的发展规律

马克思恩格斯城乡融合思想以城乡形态的演变为主要内容，重点通过研究城市形态的演变分析城乡形态的发展变化，其中阐述了关于城市文明进步、农村落后发展、城乡融合的大

① 《马克思恩格斯选集》第3卷，人民出版社2012年版，第383页。

量观点。从另一个角度来看，这一思想还贯穿了消灭阶级对抗、实现人自由全面发展的人文关怀。在马克思恩格斯的城乡融合思想中，揭示出了城乡发展的基本规律和具体规律，这不仅对后来经典作家的城乡发展理论产生了重要影响，而且对我国城乡一体化发展、构建和谐城乡关系有巨大的理论价值。

（一）城乡融合体现的基本规律

马克思恩格斯用唯物史观分析城乡发展的规律，并指出城乡关系发展的未来趋势是城乡融合。他们认为城乡形态的发展变化过程经历了城乡同一—城乡分离和对立—城乡融合三个阶段。马克思恩格斯运用唯物史观分析，认为城乡发展是一个自然的过程，有其自身的发展规律，这是不以人的意志为转移的，同是也是一个历史的过程，是各种因素相互作用的结果。

无论哪种社会形态，城乡关系的变迁都是生产力与生产关系矛盾运动的结果。首先，城乡发展是生产力水平发展到一定历史阶段的产物。由于生产力的发展，城市从农村中孕育产生；因生产力发展不充足，所以表现在城乡关系上就是城乡分离与对立；而要化解城乡对立实现城乡融合，还需生产力不断向高水平发展。城乡关系一旦建立，便成为客观的社会存在，具有自身相对独立的运动变化的演进规律。其次，城乡发展的演变并非只是一种纯自然的现象，它还与人的行为、社会制度、经济制度等深度关联，是一个人与之互动与创造的历史过程。城、乡、城乡关系不是从来就有的，而是人类及其相关要素建构的文明成果，是人的本质力量对象化的产物。因而城乡关系是一种利益分配关系，一旦普遍建立，其政策制定和思维方式就会倾向于特定的受益支持人群。资本主义私有制下，生产资料掌握在资本家手中，城乡发展就向着有利于资本家及城市人口的方向来延续，所以实质上是一种不平等的资源和利益分配关系。因而在资本主义工业化时期，城乡对立程度加深。马克思恩格斯指出在私有制的范围内是无法消除城乡对立的。我国是社会主义公有制社会，城乡关系在本质上是平等的，这在我国经济发展中不断得以体现。当然在我国现阶段也存在着诸如城乡差距、城乡发展不平衡等现象，但我们要认识到，导致这现象出现的原因是多方面的，城乡二元体制的长期存在，重城轻乡的观念障碍，利益协调困难，工业化的发展程度不够都是造成城乡差距及城乡发展不平衡的因素。当前我们正在努力创造条件，逐步消除这种状况。

（二）城乡融合发展的具体规律

从马克思恩格斯对城乡融合趋势的论述和当前世界城乡发展的经验来看，城乡走向一体、走向融合的过程中，还体现出一些具体的规律。

1. 城市化发展的规律

城市在城乡发展的历史舞台中，无论是过去还是现在，无论是国外还是国内，都是焦点，是主角。一部城市发展史几乎就是一部人类文明史。恩格斯说，城市是希腊人由野蛮进入文明时代的遗产之一。美国城市学家乔尔·科特金说，城市是人类最伟大的成就。从全球来看，城市化在未来仍然有广阔的发展空间，21 世纪仍然是城市化的世界。

首先，城市化与工业化发展相适应的规律。

马克思恩格斯论述城市产生、城乡对立发展的根源，分析了工业革命在城市发展中所起到的巨大作用。人口的聚集以及城市发展正是这种生产方式变革的结果。从世界城市化的历史经验来看，城市化发展水平确实要与工业化发展水平相适应，才能获得更好的发展。城市化是在一定动力推动下发展的，而工业化就是这一动力所在。工业化每有一次变革，城市化就会大踏步向前推进一步。英国作为最早进行工业革命的国家，其城市化的进程非常迅速，一大批城市快速成长起来，成为最早完成城市化的国家。1850 年前后，英国的城市人口就已超过乡村人口。到 20 世纪 30 年代，英国的城市化率已达到 80%，基本上实现了高度城市化。德国、法国以及美国等国家的城市化发展，尽管在时间上各有差异，但都是在工业革命中随着人口、资本、工厂的迅速集中而形成的。而到今天，主要发达国家正在经历着第三次产业革命，信息化推动城市化的发展，这使得这些国家的城市化水平向更高方向努力，从原先的关注人口数量和城市数量转到人口布局、城市文化等方面。从发展的速度来看，工业化加速发展时，也是城市化高速发展时。从发展中国家来看，它们的城市化发展带有很强的被动性，似乎没有工业化做基础。如巴西，其最早的城市是在服务于殖民经济的过程中发展起来的。由于内外环境的不同，在实现城市化的时候，表现出城市化超前于工业化的发展。这是否就能否定这一规律呢？其实不然，多数发展中国家由于走的是一条城市化与工业化不协调发展的道路，尽管现在这些国家城市化率很高，但却存在着严重的问题，如城市管理混乱、大量贫民窟的存在、疾病横生、犯罪率持续升高等，这些问题不断侵害着城市的发展空间，影响着城市和整个国家的健康发展，导致城市无法发挥其应有的集聚效应。所以，要从根本上解决这些问题，关键还在于处理好工业化和城市化的关系，通过政策使工业化和城市化适度同步发展。就我国而言，城市化发展水平也落后于工业化发展，在国内外发展形势不利的情况下，我们要在调整产业结构，提升新的增长点方面做出努力，以此加快推进城市化发展、推动农业人口市民化。

其次，大城市优先发展的规律。

在城乡关系发展中，马克思恩格斯充分肯定城市的先导作用，特别是大工业革命时期，城市发挥了巨大作用。在城乡发展中，城市无疑是工业发展水平和先进生产力的代表，因而他们强调要充分发挥城市的中心和辐射效应。城市发展使各种要素都集聚在一起，并使各要素可以在城乡间自由流动达到有效配置；城市发展还使其功能由最初只在经济方面发挥作用转变为包括经济在内的政治、文化的中心；城市发展也使交通发达，商业繁荣，地域局限性逐渐消失，形成世界市场；城市发展对农业和农村的发展也起了带动作用，同时通过人口的流动把城市文化传播到农村，提高了农民的素质。由此可以得出，整个人类社会因城市的发展而彻底改变。因而，各个国家在发展过程中，都是优先发展大城市。这不仅是文明的标志，也是富裕的象征。大城市优先发展的表现之一就是大城市人口增长的速度特别快。美国是在19世纪60年代到20世纪20年代实现了高度城市化。实现城市化的都是人口聚集度高的城市，如纽约、宾夕法尼亚、芝加哥等。日本东京1994年总人口达2650万，人口数量一直在世界超大城市中占有领先的位置。发展中国家也是如此，据联合国估计，2015年，全球超过800万人口的大城市将会达33座，仅亚洲就会占到70%，达22座。大城市发展会使其所在国家在全球的经济竞争中处于优势地位。如纽约不仅是美国最大的商业贸易中心，还是世界最大的经济、贸易、金融中心。英国的伦敦、日本的东京还有中国香港等城市，都在对本国经济乃至全球经济发挥着重大的作用。虽然我们要控制大城市发展的规模，但是从一定时期来看，大城市的发展仍然有很大的空间。

2. 城乡互动发展的规律

由于社会分工的发展，城市从乡村中产生，并成为乡村的对立面与乡村并存发展。马克思恩格斯认为城市与乡村之间是相互依存和相互促进的。一开始，城市依赖于乡村而发展，处于弱势。随着经济的不断发展，生产力水平的提高，城市逐渐成为城乡发展舞台上的宠儿。乡村在这一过程中渐渐沦为为城市提供廉价劳动力和工业原料的输送地，为城市工业的发展提供了资本的积累。但马克思恩格斯也看到了城乡要协调发展，才能实现城乡的最终融合。马克思恩格斯阐述实现城乡融合的目标时，非常明确地多次提及“把工业与农业结合起来”。城乡经济互动发展的规律，告诉我们要使工农业有机地结合，才有可能缩短城乡之间的距离。这一观点，正适合于我国今天的城乡一体化发展实践。城乡一体化发展战略的实施，一定要彻底改变过去“重城市、轻农村”“城乡二元”的做法，构建城市也可以有农业、乡村也可以有工业的经济发展模式，使城乡优势互补、资源共享。除此之外，城乡互动还体现在城市与乡村人口的自由流动。马克思恩格斯曾设想使人口尽可能分布于全国，从而渐渐消灭城乡间的差别。这一想法，虽然不完全适合当前我国的国情，但是其包含一个实质，那就是要让人口自由流动起来。这为我国目前城镇化的主要任务，即有序推进农业人口市民化，从而实现城乡一体化找到了理论依据。长期以来，基于我国城乡二元的户籍管理制度，使农村人口局限在土地上，不能自由地流向城市，去享受社会发展的成果。近年来，我们一直在推进户籍制度的改革，为实现人口自由流动进行最大的努力。从国外城乡发展的情况来看，也证实了这一点。如在一些城乡发展比较发达的国家，出现了“逆城市化”现象，人们由大城市向人员松散、环境优美的郊区或乡村迁移；很多工厂企业也相继离开城市向城市边缘和乡村转移。“逆城市化”现象在美国和西欧表现明显，如在 20 世纪 60 年代，美国 6 个 100 万以上人口的大城市，总人口减少了 140 万。20 个 50 万到 100 万人口的大城市减少了 4 个。70 年代到 80 年代，许多城市总人口都呈下降的趋势。其他国家，这一现象仍在持续进行中。“逆城市化”现象原因之一在于大城市出现拥挤、环境恶化、就业困难、生活质量下降等问题，从另一个侧面说明了大城市要发展，乡村也要随之发展。二者必须同步发展，一旦偏离城乡互动发展的轨道，就会后患无穷。

3. “科学技术”在城乡中应用的规律

在论述如何消除城乡对立，缩小城乡差别时，马克思恩格斯深入地分析了科学技术对城乡发展起到的巨大影响作用。恩格斯在致爱德华·伯恩斯坦的信中指出，电工技术革命是一次巨大的革命。“电的利用为我们开辟一条道路，使一切形式的能——热、机械运动、电、磁、光——互相转化，并在工业中加以利用。……这一发现使工业几乎彻底摆脱地方条件所规定的一切界限，并且，使极遥远的水力的利用成为可能，如果在最初它只是对城市有利，那么到最后它终将成为消除城乡对立的力的杠杆。”① “蒸汽机、现代化的机器、大规模的殖民、铁路和轮船、世界贸易……把每个人的生产力提高到能生产出够两个人、三个人、四个人、五个人或六个人消费的产品；那时，城市工业就能腾出足够的人员，给农业提供同此前完全不同的力量，科学终于也将大规模地像在工业中一样彻底地应用于农业。”② 这一发现告诉我们，一方面，科学技术的发展，蒸汽机、电的发明和使用使城乡产生矛盾从而发生对立；另一方面，这也与科学技术的使用不足，即生产力还不够发达有着必然联系。这里，马克思恩格斯明确地指出城乡融合目标的实现一定要利用科学技术发展的规律。目前，我国正处于建成全面小康社会的决胜时期，但城乡差别却很大，根源还在于我国生产力水平不够发达。邓小平同志很早就提出：“科学技术是

---

① 《马克思恩格斯选集》第4卷，人民出版社2012年版，第556页。

② 同上书，第460页。

第一生产力。”今天，随着信息网络技术的迅猛发展，互联网以内容丰富、覆盖面广、传播速度快而发挥着不可替代的作用。通过信息网络把城市的优越的东西延伸到农村，通过信息网络提升农村农民掌握科技的能力，最大限度地为农村农民提供便利和优质的服务。因此，今天我们更要重视科学技术，通过“科学技术”的支持，尽快“缩小城乡差别”。

马克思恩格斯所揭示的城乡发展的普遍规律以及具体规律，直到今天仍然是适用的，因而是必须遵循的。城乡融合是城乡发展的必然趋势，是人类所追求的最终价值目标，同样，我国城乡发展也以此为目标。基于此，在实现进一步的城乡发展进程中，我们既要尊重城乡发展自身运动变化的普遍规律，同时还要尊重中国独特的城镇化发展规律。普遍规律对中国未来的城镇化及城乡发展进程一定具有重要的借鉴价值，但是必须考虑中国特殊的国情。我国的城镇化从 1978 年开始，目前正处于快速发展中，在一个拥有 13 亿人口的发展中大国实现城镇化，人类发展史上没有先例。若要走出一条新路，只有尊重中国的实际情况，依据客观事实。目前城镇化积累的深层次矛盾已经凸显，严重制约了未来的经济增长，甚至有可能引发社会危机。我们要摸清方法和实践路径，分头并进，逐个击破。不要揠苗助长，应要水到渠成；不要急于求成，应要积极稳妥。总之，马克思恩格斯城乡融合思想揭示的规律，指引着我国的城镇化及城乡一体化向着正确的方向前行，也将有利于坚定我国推进城乡一体化的信心。

三　丰富了马克思主义理论的基本内容

作为当代世界上最有影响、最具生命力的理论体系，马克思主义理论是周密而完整的。列宁在其所著的《马克思主义的三个来源和三个组成部分》指出，马克思主义包括哲学、政治经济学和科学社会主义三大组成部分。马克思主义哲学包括辩证唯物论和历史唯物论，是科学的世界观和方法论，是马克思主义全部学说的方法论基础。列宁这样评价："马克思的哲学是完备的哲学唯物主义，它把伟大的认识工具给了人类，特别是给了工人阶级。"① 马克思主义政治经济学主要是分析和批判了资本主义社会的生产方式，在此基础上提出了剩余价值理论，这一理论是"马克思经济理论的基石"②。而马克思主义科学社会主义是关于无产阶级解放和人自由全面发展的科学，它是马克思恩格斯利用哲学、政治经济学的知识，在对资本主义社会进行研究并总结了工人运动的新经验的基础上提出的。"马克思的天才就在于他最先从这里得出了全世界历史所揭示的结论，并且彻底地贯彻了这个结论。这个结论就是'阶级斗争学说'。"

马克思恩格斯城乡融合思想中有很多内容丰富了马克思主义理论。主要体现在：第一，马克思恩格斯运用生产力与生产关系的辩证运动，分析城乡变化发展的过程。他们指出城乡对

---

① 《列宁选集》第2卷，人民出版社1995年版，第311页。

② 同上书，第312页。

立的出现是生产力发展的结果，是生产力水平不够高的体现，当然也预测了生产力的高度发展将是城乡融合实现的物质条件，目前城乡发展的实践印证了其唯物史观的科学性。第二，丰富了人的自由全面发展的论述。人的发展理论在马克思主义理论体系中占有非常重要的地位，同样贯穿于城乡发展的全过程。人是社会中的人，城乡发展属于社会发展，谈论城乡问题一定是绕不开人的。因而，马克思恩格斯提到城乡发展导致大批农民挤进城市，进入工厂劳动。他们对工人生活和工作的实际状况进行了大量的研究，对生产工具的使用和依赖，使劳动和人被分割。工人成为机器的附庸、冷漠的人和道德低下的人等。他们的发展是不自由的、片面的、畸形的。当然，他们也预测到在共产主义社会，消灭了资本主义私有制后，城乡发展的高级阶段即城乡融合阶段，人会得到自由全面的发展，并对实现这一目标的条件、途径和措施做了详尽的说明。第三，丰富了科学社会主义的内容，工人阶级一方面受资本家的欺压和剥削；另一方面在城市政治、经济、文化发展的感染和熏陶下，社会意识觉醒，认识到自己的力量，逐渐成长起来，最终成为资本主义的掘墓人。

马克思恩格斯城乡融合思想自创立到现在已经过去一百多年了，在今天看来，仍被证明是科学的内容。这都是因为马克思恩格斯城乡融合思想坚持了阶级性、实践性、人文性这三大原则。

（一）马克思恩格斯城乡融合思想具有阶级性

在马克思恩格斯看来，阶级观点是科学认识和正确把握阶级社会历史的一把“钥匙”，对城乡关系问题的研究也是如此。马克思恩格斯城乡融合思想的理论来源中，英国古典政治经济学派是资产阶级的代表，他们站在工业资产阶级的立场上，对当时的城乡关系进行研究。所以他们不可能了解资本主义生产方式的本质，当然也不会总结出社会发展的客观规律，也就不能阐明资本主义最终灭亡的历史趋势，因而他们永远也找不到实现社会变革的阶级力量。在他们看来，资本主义制度是永恒的制度。他们所理解的制度，是不可能从根本上提出消灭城乡对立的途径的。空想社会主义者对资本主义产生的各种弊病和灾难充满义愤，对资本主义制度也进行了无情的批判。圣西门认为无政府状态是“一切灾难中最严重的灾难”；傅立叶称雇佣劳动制度为“恢复奴隶制度”，认为资本主义工厂是“温和的监狱”；欧文猛烈地抨击资本主义的私有制，把私有制看作阶级之间纷争的一切根源。但是由于受自身立场、世界观的限制，他们停留在对资本主义表面现象的观察，不能真正认识资本主义产生、发展和灭亡的规律，从而不可能从根本上触及资本主义制度本身。尽管他们也预见到一种新的社会制度必然会取代资本主义制度，但却不能找到实行这一变革的阶级力量。因而他们主张阶级调和论，把实现理想社会的愿望寄托于统治阶级的帮助，希望通过和平改良的方式实现社会主义。

马克思恩格斯城乡融合思想与上述思想有本质上的区别。马克思恩格斯在青年时代就确立了一生在理论上和实践上奋斗的中心问题，即全人类的解放。《共产党宣言》指出，无产阶级的运动是绝大多数人的、为绝大多数人谋利益的独立的运动，而过去的一切运动都是少数人的或者为少数人谋利益的运动。他们在研究城乡关系时，始终站在无产阶级的立场上，代表着绝大多数劳动人民的利益。他们深刻揭露了资本家剥削工人的秘密，揭示了资产阶级与无产阶级对立的经济根源。无产阶级在资本主义的生产过程中，逐渐意识到自己的历史地位，渐渐由自在的阶级转变为自为的阶级，自觉地组织起来为本阶级和人类的解放奋斗。马克思恩格斯坚持城乡对立是阶级问题，因此，只有消灭生产资料的资本主义私有制，才能彻底解决这一问题。

（二）马克思恩格斯城乡融合思想具有实践性

马克思恩格斯城乡融合思想体现了理论研究同城乡实践发展的紧密结合。这一思想不是脱离实践的“纸上谈兵”，而是较为全面地反映了马克思恩格斯那个时代的城乡发展实践，人们可以从中了解到当时城乡发展中出现的诸多现实问题。

他们认为对城乡经济问题研究，一定要立足于客观现实，回答现实生活提出的问题。任何闭门造车、凭空想象都是错误的，不可取的。在当时纷繁复杂、矛盾交织的社会现实面前，分析当时出现“城市病”、环境污染、城市繁荣、乡村落后等现象的实质原因，从而可以为认识和把握城乡发展的规律做正确的指导。马克思曾指出：“研究必须充分地占有材料，分析它的各种发展形势，探寻这些形式的内在联系。只有这项工作完成以后，现实的运动才能适当地叙述出来。”[①] 强调其实践性，还在于它是否经受住实践的检验，是否根据实践的发展和时代变化加以丰富和发展。1872 年出版的德文版《共产党宣言》序言指出：“这些原理的实际应用，正如《宣言》所说的，随时随地都要以当时的历史条件为转移。”[②] 因此，实践性还必须不断创新，与时代的发展同步，面对新情况，解决新问题。马克思恩格斯城乡融合思想之所以把其研究提高到一个新水平和新高度，一个重要的原因就在于对实践的深刻理解和把握。

（三）马克思恩格斯城乡融合思想具有人文性

人是社会历史发展的主体，这是马克思全部思想的根本命题。马克思在《1844 年经济学哲学手稿》就提出：“历史本身是自然史的即自然界成为人这一过程的一个现实部分”，社会的历史运动不过是“作为既定的主体的人的现实的历史”[③]。人文性实质上是高度关注人类的生存状态，对人以及整个人类社会的过去、现在和未来发展趋势的深切关怀。在马克思看来，人文关怀的最高境界是人类真正实现了自由而全面的发展。作为如此重要的一个命题，马克思恩格斯在整个研究中，处处体现着人文关怀。他们从一开始就关注人的发展问题，特别注意到了资本主义大机器工业导致城乡对立，农民从农村涌

① 《资本论》第 1 卷，人民出版社 2004 年版，第 21 页。

② 《马克思恩格斯选集》第 1 卷，人民出版社 1979 年版，第 376 页。

③ 《马克思恩格斯全集》第 42 卷，人民出版社 1979 年版，第 128、159 页。

入城市，成为工人，异化为“城市动物”与“乡村动物”。同时他们关注到城市中人与人之间的疏远、冷漠、孤僻等，以及在城市贫民窟中人们酗酒、纵欲和犯罪盛行，道德水平下降等人性问题。马克思恩格斯在城乡关系问题中预测未来共产主义社会，实现人自由而全面的发展是城乡融合的目标之一。

正因为马克思恩格斯在城乡融合思想中坚持了这些原则，才能很好地丰富马克思主义理论的基本内容。

四 创立了城乡关系思想研究的科学方法

马克思恩格斯在分析和研究城乡关系，形成城乡融合思想的过程中，突破了以往学派在此问题研究上的局限。空想社会主义者尖锐地批判了资本主义社会的城乡关系，但他们屏蔽了当时的社会制度，只是从道德层面上设计城乡关系的未来图景，感性地提出对未来生活的一种向往。古典政治经济学家看到了资本主义社会城乡关系的一些现象，并总结出了相关规律，但他们对资本主义的本质认识不彻底，或者说带有时代局限性，认为资本主义是永恒不变的社会制度。因而尽管他们的思想具有一定的可取性，但未突破时代和阶级的局限，在方法论上都滑向了唯心主义。马克思恩格斯正是在批判地继承了这两大学派方法论的基础上，创立了城乡关系思想研究的科学方法。

（一）坚持唯物主义的分析方法

唯物主义的分析方法就是唯物主义地看待社会，主张物质是第一性的，意识是第二性的，集中体现的是物质存在与意识的辩证关系。在这一方法指导下，马克思恩格斯从物质生活资料的生产出发，立足于资本主义国家如英国、德国等城乡发展的情况，从生产力与生产关系的辩证统一中研究城乡关系的产生、形成和现状。他们认为生产力发展是导致城乡对立产生的根源，同时认为生产力的进一步发展是城乡走向融合的充分必要条件。在坚持尊重城乡发展自身规律的基础上，他们也揭示了人类活动的能动性，指出社会制度对城乡发展的影响和制约作用，即资本主义的私有制使城乡对立达到极其尖锐的程度，要想消除城乡对立就必须消灭资本主义私有制。唯物主义的分析方法告诉我们，在城乡发展的过程中，既要正确把握城乡发展的规律性，又要根据不同国家的国情，制定出相应的制度和政策，这样才能寻找到好的路径，确保城乡发展扎实有序推进。

（二）坚持辩证的分析方法

辩证的分析方法，是矛盾分析法、发展分析法和过程分析法的统一体。作为辩证法根本方法的矛盾分析法，通过分析矛盾着的事物双方的相互运动，把握事物发展过程中主要矛盾及其矛盾的主要方面，从而找到解决矛盾的根本方法。马克思恩格斯在研究城乡关系及其衍生的各种关系时始终坚持矛盾分析法，为未来实现城乡融合提供了方法论基础。矛盾运动是社会历史发展的根本动力，矛盾着的双方是既相互依赖又相互排斥的，是一个矛盾体的两方面，在一定的条件下又是可以相互转化的。城市和农村就是人类社会的一个矛盾体，从人类居住的空间形态来看，不是城市就是农村。二者又是相互依存的，城市从农村中分离，其发展也离不开农村，城市因有农村而成为城市。但是二者的经济利益长期处于对立和冲突中，城市越快速发展，农村越衰败落后。城市的发展是建立在对乡村的剥削与掠夺基础上的，并且造成了人的异化。但这并不是绝对的，他们认为城乡的分离和对立是城乡发展的必经阶段，这一阶段也孕育了积极的因素，城市发展促进了社会进步，使周围的农村也受益，农村也得到了相应的发展。当然，农村内部也孕育着城市工业的萌芽。所以马克思恩格斯认为，城与乡既是矛盾和对立的双方，也是可以相互转化的。城市和农村能够在发展中既保留城市的高度繁荣又保留农村的舒适与自然，即马克思恩格斯提到的城乡融合。这是矛盾的双方相互渗透、相互转化的结果。

发展分析法也是辩证法的具体体现。发展分析法认为社会生活中的一切事物都是发展的、运动的、变化的，会随着时间、地点和条件的推移而发生不断的变化。城乡关系问题的研究也是如此，马克思恩格斯就是把这一问题看作一个历史过程来研究的。城乡二者之间是不断发展的变化过程，是一个“城乡同一—城乡分离和对立—城乡融合”的过程，这是从一个“质变”到另一个“质变”的过程，也是一个否定之否定后螺旋式上升的过程。正因为此，所以目前城乡发展不平衡、城乡差距扩大的状况并不会停滞不前、就此止步。发展分析法在马克思恩格斯城乡融合思想里得到了科学的演绎，目前我国城乡发展中面临的诸多问题如城乡居民收入差距扩大、“城市病”出现、农村空心化等问题，都可以运用马克思主义的发展分析法来分析，用发展的眼光看问题，用发展的方法研究和解决问题。

过程分析法是指把人类社会的历史过程看成前进性与曲折性、连续性与非连续性相统一的方法。马克思恩格斯肯定了城乡发展是一个过程，而且揭示了城乡发展过程并非一帆风顺，而是充满着“反复”。

（三）坚持系统分析的方法

系统分析法就是在分析一个事物时，要从整体上把握，关注整体与部分、部分之间以及整体与外在环境之间都存在相互关系，综合分析和研究事物，揭示事物的发展演变的方法论。系统，从哲学层面讲，整体性是其本质特征。马克思恩格斯从资本主义国家城乡发展的实践出发，首先把城乡发展放在整个社会发展中去考察，他们认为城乡关系是整个社会发展中最重要的关系，城乡关系的变化可以改变整个社会的发展。其次，他们也分析了系统内部各要素之间和系统之间的内在联系，如城市和乡村作为一个系统，城市内部、乡村内部、城乡与整个社会环境之间都存在内在联系，并科学揭示了影响城乡系统发展的根本原因以及规律。这推动着城乡发展不断地由欠缺、不足走向完满。

（四）坚持实践分析的方法

实践分析法就是从人的实践活动出发来研究社会、解释社会的方法。马克思主义与唯心主义的根本不同，就在于他们从现实的经验出发，而不是凭空从思想上构建理论体系，从“批判旧世界中去发现新世界”，从实践本身出发去发现历史的规律，始终站在现实的基础上，从社会实践出发来解释理论的形成。马克思主义的科学之处就在于，其看到了实践在社会生活中的重要意义，人类通过实践创造出整个社会。“历史不过是追求着自己目的的人的活动而已。”① 从根本上讲，社会发展本质上是一个实践问题。所有社会领域进行的活动都是有意识的，所有目标的实现都是通过人们的活动实现的，是“人们自己的社会行动的规律”②。社会发展的多样性、必然性必须在具体的实践活动中开展。

马克思恩格斯在进行城乡融合思想的理论研究时，就坚持这一分析方法。他们深入基层社会，考察英国、德国等国家城乡发展的状况，关注工人的生活状况，积极参加各种斗争与革命，从当地资本主义城乡发展的实际出发，研究其发展的内在本质，并从实践中推断发展的趋势。所以他们的理论来源于实践，他们的城乡融合思想并非是空洞的，而是科学和有操作性的。也正因为此，马克思恩格斯的城乡融合思想直到今天仍然经得起实践的检验，并且对当今的中国城乡发展仍然有重要的指导意义。因此，立足于人的实践活动来研究城乡发展，是“唯一的唯物主义

① 《马克思恩格斯文集》第1卷，人民出版社2009年版，第295页。
② 《马克思恩格斯文集》第3卷，人民出版社2009年版，第564页。

的方法，因而也是唯一科学的方法”①。

综上所述，马克思主义对城乡关系的分析和研究是多视角的，从不同角度分析和研究城乡发展使用不同的方法，只有这样才能准确把握城乡发展的复杂性和多面性。可以说，马克思恩格斯运用唯物辩证的多种方法给我们提供了认识和解决城乡问题的科学指导。

第二节　马克思恩格斯城乡融合思想的时代局限

马克思恩格斯在批判继承前人研究成果的基础上形成了自己的城乡融合思想，虽然他们在许多领域的创新超越了前人，但是，处于19世纪的马克思恩格斯，在当时经济发展水平较低，社会经济结构较为简单的情况下，其研究在某些方面仍没有超出历史条件的限制，就今天的城乡发展来看，还存在着一定的时代局限。

一　没有对城乡融合进行全面系统的研究

马克思恩格斯所处的时代正值资本主义自由发展时期，这一时期资本主义经济发展取得了巨大成就，但是，这一成就的取得是建立在资产阶级对无产阶级剥削和残酷压榨的基础上

① 《马克思恩格斯全集》第23卷，人民出版社1972年版，第410页。

的。因此，他们主要是站在工人阶级立场上，把推翻资产阶级统治和建立理想社会作为时代任务。这一时期的任务决定了他们研究资本主义经济运行的目的是为了从经济发展中寻找规律，以指导无产阶级革命，推翻资产阶级统治，建立未来的共产主义社会。因此，他们没有将城乡关系作为重点对象进行研究。

马克思恩格斯对城乡关系的研究，只是散见在他们的各种著作中，并没有进行集中的阐述。在他们的众多著作中，对城乡关系问题的研究较多集中在《德意志意识形态》《共产主义原理》《论住宅问题》《反杜林论》《资本论》。在这些著作中，对城乡问题的论述也是夹杂在其他内容中进行的，而且也只是某一方面的阐述。如《德意志意识形态》，主要是在正面阐述唯物史观以及科学共产主义理论，同时批判费尔巴哈的唯心史观及其根源时，从生产力与生产关系的角度来探寻城市出现、城乡分离的根源。而《论住宅问题》是恩格斯在住宅问题上批判蒲鲁东主义小资产阶级的错误观点，阐明无产阶级必须夺取国家政权和建立无产阶级专政才能为解决住宅问题创造前提社会条件。恩格斯认为，在资本主义制度下是无法解决住宅缺乏问题的，只有将来到了共产主义社会，随着生产力的高度发展，消灭了阶级差别，消灭了城乡对立，使住宅和一切生产资料归社会公有，这个问题才能从根本上解决，并就如何消灭城乡对立提出了基本途径。即便是在这些著作中，他们对城乡问题的论述也不是很多，以至于今天我们去追寻他们的观点时，仍然是带着一种挖掘、整理的态度进行归纳、总结。也因为这一内容的零散，所以学者们对其整个思想体系的把握仍然不够。当然，马克思恩格斯对城乡融合思想的整个构成，基本内容之间的内在逻辑关系等就更没有做出一个系统的阐述，这就是其局限之处，也是本书写作的初衷和难点。

二 马克思恩格斯提到的一些观点有待进一步思考

毋庸置疑，坚持马克思恩格斯城乡融合思想的指导并不意味着照搬其结论与具体措施。马克思恩格斯并不是天生的“马克思主义者”。他们来到人世间，也和别人一样，展现在他们面前的是一个已经存在的现实世界。他们感受到的也是已经存在的精神天地，他们接受的也是来自家庭、学校和社会的教育，所以他们的思想一定是受当时的社会历史条件限定的。除此之外，还需要考虑到两方面的情况：一方面，他们研究的是当时社会状况下，资本主义经济发展过程中城乡出现的一些问题；另一方面，他们研究的是英、美等欧洲国家的情况。这些国家走的是一条工业化与城市化同步发展的道路。虽然他们城市化进程的时间、水平、速度各有差异，但是工业化与城市化基本是同步的，这也是这些国家城市化道路最主要的特征之一。目前，全球城乡发展的时代背景与马克思恩格斯当年的设想已有相当大的差别，各个国家城乡发展的历史进程具有特殊性，不能照搬。任何具体的措施都应随着环境的变化而改变。《共产党宣言》1872 年德文版的序言中，马克思恩格斯写道：由于最近 25 年来，大工业和工人阶级政党组织的巨大发展，尤其是巴黎公社的实践经验，使得“这个纲领现在有些地方已经过时了”①。所以，从今天来看，无论是时间还是空间都发生了很大的变化，对于他们提出的一些观点以及探讨实现城乡融合的某些具体措施和途径还需进一步思考。

思考之一：根据马克思恩格斯的设想，伴随着生产力的高度发展，在消灭了资本主义私有制之后，生产资料的公有制社会就已经消灭了城乡对立和差别，共产主义社会达到了城乡融合。在中国，进入社会主义社会以后，已经是公有制社会了，但只是消除了城乡间的对立性质，即城乡之间成为平等的关系。城乡差别与城乡矛盾仍然存在，而且，也不可能完全消除这种差别与矛盾。因为城市和乡村是两个不同的社会共同体，二者的差别是一种客观的存在。同时，我们也看到，有些发达国家已经实现了高度城市化，城乡差别越来越小。如英国现在在家庭拥有电视机、自来水的使用、入学等方面在城乡人口中基本实现了全覆盖，较为完善的社会保障体系也在城乡间实现了无差别的全覆盖。现代的城市生活方式和文化已经深入到英国城市和乡村的每一个角落。再如美国，20 世纪 50 年代以后，随着技术的进一步革新和信息网络时代的来临，美国郊区人口不断上升，农业结构快速变化，到 1990 年时，美国农村的农业份额已低于 20%，制造业和服务业成为支柱产业，城市与乡村经济上的差别越来越

① 《马克思恩格斯选集》第 1 卷，人民出版社 2012 年版，第 377 页。

小，生活方式渐渐融为一体。这些发达国家都是私有制国家，他们城乡的高度融合以及城乡发展的实际情况，都值得我们对马克思恩格斯提出的实现城乡融合的制度条件进行再思考。

思考之二：马克思恩格斯提出了“城乡未来发展的趋势是城乡融合”的命题，这是从城乡发展的方向来谈的，也是从规律上来谈的，属于宏观的、粗线条的论述。但是在城乡发展的进程中，还有另一个标准，即城市化发展水平的高低与否也体现着世界各国城乡的发展程度和趋势。这个标准是从城市的产生、发展和推进程度的角度来划分的。从时间上来看，世界城市化进程大体可以划分为三个发展阶段：一是工业革命前城市化发展阶段，二是工业革命后世界局部城市化发展阶段，三是世界城市化发展阶段。第一阶段的城市化发展建立在传统农业基础上，这时农业比较发达，手工业和商业很少，因而人类这一时期的城市化进程是非常缓慢的。从 5500 年前城市文明开始算起，到 18 世纪中叶工业革命兴起，城市化水平仅增长 3 个百分点，世界城市人口只有 250 万人。① 第二阶段是在早期工业化基础上的世界局部城市化阶段。这一阶段工业化生产效率大大提高，人口迅速向城市聚集，城市占有更多空间，人类真正进入城市化发展时期。但是因其只发生在局部地区，所以，城市化进程并不迅速。从 18 世纪 50 年代到 20 世纪 50

① 新玉言主编：《国外城镇化比较研究与经验启示》，国家行政学院出版社 2013 年版，第 2 页。

年代的200年间，世界城市化水平仅提高了26个百分点。[①] 第三阶段是从第二次世界大战之后到现在。这一时期城市化速度大大加快。从1945年到2008年的六十多年，世界城市化水平从27%提高到50%，[②] 人类从此正式进入了繁荣的城市时代。可以说，从世界城市化发展的阶段来研究，每一阶段会有不同的特征，也会有不同的问题需要解决，认识这些特征和问题可以为各国正确制定城市化发展战略提供基础。由于城市化速度过快或过慢都可能影响其经济的增长和社会的协调发展，因而从世界城市化发展的速度来研究，也可以为各国城市化发展速度做参考。马克思恩格斯由于时代的局限和当时研究的侧重点，并未从这个角度来研究城乡融合问题，存在一定的局限。

思考之三：在实现城乡融合的途径和措施方面，马克思恩格斯进行了较为丰富的论述。具体措施在上文已有阐述，这里不再重复。但是从当前世界各国城乡发展的情况来看，还有一些措施是马克思恩格斯没有考虑到的。如政府在城市化中应起到调控引导的作用，公众参与以及重视法律在城市化发展中的规范作用等。

首先，城市化的过程就是社会大变革的过程，涉及各方面，如三大产业结构调整、城乡的合理布局、区域协调发展等。政府必须进行适度调控和引导，城乡才能健康、有序

---

① 新玉言主编：《国外城镇化比较研究与经验启示》，国家行政学院出版社2013年版，第3页。

② 同上。

发展。主要原因是城市人口的聚集，客观上会造成很多公共问题。大量人口的集中居住，在加大公共服务需求的同时，也带来了集中排放污染等社会问题，这些需要政府出面协调才可以解决。过去发达国家和发展中国家的实际情况证明了这一点，这些国家由于对城市化进程放任自流，导致自身出现不同程度的“城市病”，但后来政府进行各种政策干预，甚至有的国家政府直接参与到城市的发展和改造计划中去，有效缓解了各种社会问题。因此，要实现城市化的可持续发展，政府必须在城市规划编制、基础设施建设、城市发展方向、城乡统筹协调、社会治安维护等方面发挥重要作用。

其次，在城乡统筹发展的过程中，城乡各项举措的发展都与民众的切身利益息息相关，因而尊重民众的意愿，吸纳公众参与决策，发挥其主体的作用是城乡健康发展不可缺少的环节。以英国城市学家埃比尼泽·霍华德为代表发起的“田园城市运动”，韩国的“新村运动”和日本的“造村运动”等，都在公众参与的情况下，为城乡统筹发展提供了强大的社会动力，取得了不错的效果。它们成功的经验表明，在城乡协调发展中，要充分保证社会民众的讨论、参与和支持，这是一项社会全民推动的运动。

最后，无论哪个国家想有效推进城乡一体化的发展，都离不开相关的法律规范，都要通过立法，为城乡有序发展提供法律依据与行动方向。在第二次世界大战之后，发达国家十分重视法律在城乡融合中的规范和调节作用。英国制定了《城乡规划法案》，后来的实施很成功，它明确了区域规划在法律上的地位与规范，从而理顺了城市与乡村的规划关系。统筹规划城乡区域，一方面，城市得以合理布局，重点发展哪儿，优先发展什么都得到了明确的规划，不仅开发时有较好的效益，而且为未来的发展留下充分的空间。另一方面，也有效制止了城乡中间地带如近城郊区的无序混乱的开发建设活动。日本相继出台了《国家首都区域发展法》《新工业城市建设法》《全国综合发展规划》等法律和法规。发达国家的经验表明，由现在城乡不平衡发展到城乡协调发展，把整个国家资源由城市向农村倾斜，其内容复杂，涉及多方主体的关系，这一过程必须要依法进行。

上述的这些途径，马克思恩格斯都未考虑。尽管他们也注意到了规划问题，但是他们的重点在于批判资本家追求利润、剥削工人方面，并非从政府的角度来谈，而民众的参与和法律的规范作用等措施，马克思恩格斯确实未能涉及，因而，在探讨城乡融合实现的途径方面还给我们留下了思考的空间。

综上所述，站在新的时代起点上观瞻，马克思恩格斯的城乡融合思想与他们生活的历史时代密切相关，与我们今天的城乡发展理论相比存在着差异。但就其整体和实质来说，其思想的科学性是不容置疑的，他们指明的方向是正确的。在他们没有经历当今时代的情况下，我们也无须苛求他们的城乡融合思想与现代的城乡关系理论相一致。马克思主义最重要的理论品质就是与时俱进，一个真正的马克思主义者不仅仅止于理解和说明马克思主义，更要结合实际，灵活运用并发展马克思主义。马克思恩格斯城乡融合思想的基本立场、观点和方法，仍是当前我们研究和探讨城乡关系发展问题的理论立足点和出发点，对我们今天研究城乡一体化起到指导和启示作用。

第四章

马克思恩格斯城乡融合思想在新中国的运用与发展历程

在人类历史发展的长河中，马克思恩格斯认为，城乡大致要经历以下三个发展阶段：城乡混沌一体阶段、城乡分离对立阶段、城乡融合阶段，这是人类社会城乡关系遵循的一般规律。但是，怎么做才能通往城乡融合的道路，马克思恩格斯并没有明确的阐述。在21世纪的今天，中国共产党领导全国人民向着小康社会目标前进的过程中，仍然面临着这一历史课题。其实，自从新中国成立以来，中国共产党领导集体在社会主义改造和建设过程中，一直在马克思恩格斯城乡融合思想的指导下，进行着探索实践与发展，本章就此内容进行简单的梳理。

第一节　新中国成立初期统筹兼顾的城乡关系思想

1949 年中华人民共和国成立后，国家一贫如洗、举步维艰。国外国内环境考验着新生的人民政权。从国际上来说，面临着西方帝国主义国家的政治、经济封锁。从国内来看，新中国的经济面临重建，在城市，大量工厂倒闭、大批工人失业、劳资关系极其紧张。而在农村，自然灾害频繁发生，农村土地抛荒严重，农村粮食匮乏，农民生活困苦。在这种一穷二白、内忧外患的环境中，以毛泽东同志为核心的第一代党的领导集体，结合当时的国情，认真思考如何处理工业和农业的关系，如何协调好城乡的发展，进而提出了以城市为中心，以农业为基础，统筹兼顾的城乡关系思想。

一　城市和农业在城乡关系中的不同地位

（一）以城市为中心

新中国成立前夕，1949 年 3 月 5 日，党的七届二中全会召开，明确提出新中国成立之后工作重心要从农村转移到城市上来。会上，毛泽东明确指出："从一九二七年到现在，我们的工作重点是在乡村，在乡村聚集力量，用乡村包围城市，然后取得城市。采取这样一种工作方式的时期现在已经完结。从现在起，开始了由乡村到城市并由城市领导乡村的时期。党的工作重点由乡村移到了城市。”① 1949 年中共中央政治局会议上毛泽东再一次明确了这一问题：“在城乡关系中，哪一个是中心呢？从有城市的时候起，城市就是中心。”② 从这些论述，我们可以看到，毛泽东在这一问题上的态度是非常明确的，在这种思想指导下，全面加强城市工作势在必行。但是由于我们党在新中国进行社会主义经济建设的经验极其缺乏，在具体实践中，特别缺少管理城市和建设城市的经验，基本上是照搬苏联模式。1953 年开始的“一五”计划期间，我国进行了大规模的工业建设，在重点建设苏联援建的 156 个项目的同时，还新建和扩建了部分城市，大大推动了城市化的发展，1952 年到 1957 年新增加城市 22 个。③ 这一时期，城镇人口大大增加，从 1952 年到 1957 年，城镇人口净增 2786 万，其中由农村迁移到城市的人口每年约 300 万。④ 可以说，这一时期，城市得到了极大的发展，城乡人口自由流动，建立了良好的城乡关系。

以城市为中心还表现在坚持城市对乡村的领导地位上。周恩来同志在谈论财经形势和国际经济关系时指出：“城市和乡村，工业和农业都是辩证的两方面，决不能取消和忽略任何一

① 《毛泽东选集》第 4 卷，人民出版社 1991 年版，第 1426 页。

② 《毛泽东文集》第 6 卷，人民出版社 1999 年版，第 25 页。

③ 陈立：《中国国家战略问题报告》，中国社会科学出版社 2002 年版，第 99 页。

④ 陆学艺、李培林：《中国社会发展报告》，辽宁人民出版社 1991 年版，第 284 页。

方面。但是，也需要强调城市领导乡村，工业领导农业。”[1]这种领导不仅表现在政治上、经济上，还表现在文化中。党和政府在这一时期特别关注农村的发展，在农村的新民主主义教育和农民文化教育水平的提高方面，给予了一定的支持和重视。与此同时，向农村提供农业技术服务，支援农村的基础设施建设。

（二）农业是基础

1. 农业是国民经济基础地位的阐述更为完整

20世纪50年代，毛泽东同志阐释农业的重要性和倡导全党重视发展农业，提出了“农业是国民经济的基础”这一正确的论断。1957年，在省市自治区党委书记会议上的讲话中，毛泽东对此做了较为全面的阐述：一、农业不仅关系农村人口的吃饭问题，还关系城市人口的吃饭、吃油、吃肉问题，同时与其他日用品问题也有很大关联。“全党一定要重视农业。农业关系国计民生极大。要注意，不抓粮食很危险。不抓粮食，总有一天要天下大乱。”[2] 二、农业为工业提供原料和销售市场。他指出，轻工业原料的来源主要是农业，而农村则是重要的轻工业市场。只有发展了农业，足够多的原料才能满足轻工业的生产，只有农业发展了，才能为轻工业产品提供广阔的市场。三、农业为工业提供资金积累。“现在农产品是主要的出

---

① 《周恩来选集》下卷，人民出版社1984年版，第8页。

② 《毛泽东文集》第7卷，人民出版社1999年版，第199页。

口物资。农产品变成外汇，就可以进口各种工业设备。”① 四、农业为工业提供长期的发展基础。1957 年，毛泽东在《关于整风、两类矛盾等问题的谈话》指出：“几年来偏重于工业的宣传（这在当时也对），所以在社会上大家都学工业，志愿搞工业，觉得搞工业最光荣，搞农业就认为不光荣。好处是把工业搞起来了。现在要改变一下，要宣传农业，农业是工业的基础，没有农业就没有基础，许多轻工业大部甚至全部都要依靠农业。……两只手，一手抓工业，一手抓农业，现在要好好搞农业。”② 由此可以看出，毛泽东十分重视农业的基础地位。农业问题关系全国人民的口粮问题，是头等大事，即使在今天仍然是一直需要坚持的方针，更何况在当时，新中国政权极不稳固，一切都是未知的情况下，我们党能够吸取苏联忽视农业而片面发展重工业的教训，难能可贵。

2. 通过农业合作化，维护农民利益

新中国成立后，首先面临的是变革农村封建的土地关系，土地改革完成后，广大农民实现了“耕者有其田”的千年梦想。但是，要防止农村两极分化现象的出现，就要进一步解放农业生产力，走集体合作化的道路，这是农民“由贫苦变富裕的必由之路”③。毛泽东早在《组织起来》就指出，几千年来中国在农业方面，一直就是以家庭为生产单位的、

① 《毛泽东文集》第 7 卷，人民出版社 1999 年版，第 25 页。

② 中共中央文献研究室编：《毛泽东著作专题摘编》上，中央文献出版社 2003 年版，第 1005 页。

③ 《毛泽东选集》第 3 卷，人民出版社 1991 年版，第 932 页。

一家一户的个体经济，这是过去封建统治的经济基础，也是造成农民贫苦的重要原因。走组织合作社的集体化道路，是改变这种状况的唯一方式。刘少奇在《关于合作社的若干问题》指出，通过合作社的发展，可以把大量的农产品控制在自己的手中，也可以使农民成为国营经济的同盟军，而且还可以使合作社中的先进分子去教育广大的农民群众。由此可见，通过合作社的方式既可以把农民组织起来，富裕农民，又可以利用其中介作用，解决城乡发展问题。

3. 农业机械化提高农业生产力

毛泽东非常重视农业机械化问题，他认为，通过农业机械这种现代化的生产手段，能够提高农业生产力，推动农业更好地发展。他指出“农业的根本出路在于机械化，要有十年时间。四年以内小解决，七年以内中解决，十年以内大解决”①。通过在农业方面引进先进的科学技术，提高了农业生产力后，有利于工业的发展，缩小城乡差距，最终实现城乡协同发展。在新中国成立前后，一些小县城及县城以下的城镇开始办工厂，实行的是“亦工亦农”的制度。如此，不仅充分利用了农村的剩余劳动力，还推动了农村的工业化发展，在一定程度上缩小了城乡差距。毛泽东倡导农业机械化的基本方针是典型示范、逐步推广、因地制宜、量力而行。他主张农业机械投入使用时应先进行试验，再取得经验。

① 《毛泽东文集》第8卷，人民出版社1999年版，第49页。

二　城乡关系的处理原则

党的七届二中全会确定"城乡兼顾"为新中国城乡关系发展的原则。毛泽东在会上指出："城乡必须兼顾，必须使城市工作和乡村工作，使工业和农业，使工人和农民，紧密地联系起来。决不可以丢掉乡村，仅顾城市，如果这样想，那是完全错误的。"[①] 新中国成立后，城乡关系问题主要是城乡工作必须兼顾和如何兼顾的问题。这里包括三个方面的内容：兼顾城市和农村的关系，兼顾工业与农业的关系，兼顾国家、集体和个人的关系。

（一）兼顾城市和农村的关系

上面已经谈到，在新中国成立前夕的七届二中全会上，毛泽东明确说明今后城乡工作的中心是城市。同时，他从中国是一个农业大国的现实出发，也强调指出农村的基础地位，农业的发展关乎国计民生。农业的发展，不仅关乎着农民的生存、农村的稳定，还影响着城市的发展。因此，对于二者的地位，必须同等看待，对于二者的发展，必须同时兼顾。兼顾城市和农村的发展，对城乡互助、城乡协同发展有着巨大的作用。毛泽东在《关于正确处理人民内部矛盾的问题》提出"统筹兼顾，适当安排"的思想，"这里所说的统筹兼顾，是指对于六亿人口的统筹兼顾。我们作计划、办事、想问题，都要从我国

① 《毛泽东选集》第4卷，人民出版社1991年版，第1427页。

有六亿人口这一点出发，千万不要忘记这一点”①。周恩来在这一问题上也有自己的看法：“无论什么时候都不能取消或忽视乡村这个广大的农业基础。城市与乡村、工业与农业都是辩证的两方面，决不能取消或忽视任何一面。”②

（二）兼顾工业与农业的关系

关于这一问题，针对苏联片面重工业化的情况，毛泽东在《论十大关系》重点阐述了农业、重工业和轻工业的关系。他指出，现在我国经济建设的重点是重工业，在社会主义建设中我们要坚定不移地优先发展生产资料的生产，但这并不意味着因此就忽视生活资料的生产，如果生活资料的生产不足以满足人们的生活必需品，又怎么谈得上去发展重工业，所以，必须处理好重工业、轻工业和农业的关系。像我们这样一个农村人口占半数以上的农业大国，工业发展和农业发展必须共同进行，如果把二者分割开来，只能是两者都发展不起来。毛泽东在《论十大关系》还进一步指出，如果真想发展重工业，为重工业长远发展考虑，那么必须适当调整农业、重工业和轻工业三者的比例，注重农业、轻工业的投资比例，这样做粮食生产得到充足的供应，保障了人民的生活需要，同时为重工业的发展提供更多的关注，投到重工业方面的资金也会更多，重工业也能得到更长足的发展。

---

① 《毛泽东文集》第7卷，人民出版社1999年版，第227页。

② 《周恩来选集》下卷，人民出版社1994年版，第88页。

（三）兼顾国家、集体和个人的关系

结合我国社会主义建设的实际，毛泽东《论十大关系》论述了生产和分配中统筹兼顾国家、集体和个人的问题。他说，要处理好国家和工厂、合作社的关系以及工厂、合作社和生产者个人之间的关系，就必须兼顾国家、集体和个人三个方面，而不能只顾一头，也就是过去我们常说的“公私兼顾”“军民兼顾”。今后务必要在借鉴苏联经验和我们自己实践的基础上，更好地解决这个问题。毛泽东强调，为了建设社会主义，调动一切积极力量，这是实施统筹兼顾方针的目的，也是一个战略性的方针。实行这样一个方针比较好，乱子出得比较少，这种统筹兼顾的思想，要向大家说清楚。这里包括正确处理国家同工人的关系，国家同农民的关系。毛泽东尤其谈到了正确看待国家与农民的关系。他认为农民不仅在中国革命中占有着重要的地位，而且在中国社会主义建设中也是主力军。他强调，农民的富裕是工农联盟稳固的基础。而正确处理国家同农民的关系，有利于使农民群众共同富裕起来。毛泽东对国家、集体和农民三者利益统筹兼顾的原则既保护了农民的利益，使农民的生产积极性提高，而且也为国家的建设以及集体的发展提供了有利的条件。

总的来说，以毛泽东同志为代表的中国共产党第一代领导人在社会主义改造和建设时期，坚持把马克思恩格斯城乡融合思想同中国建设的具体实践相结合，既继承了马克思恩格斯的城市中心论和农业基础地位思想，又充分结

合中国实际拓展了农业基础地位的内涵，在理论上丰富和发展了马克思恩格斯的城乡融合思想，在马克思主义发展史上具有重要地位，对中国的建设和发展起到了重要的指导作用。但是在后期也出现了偏差，这与我们当时的国情以及缺乏经验有很大的关系，因而在贯彻执行上述指导思想的过程中，出现了失误。例如：一是政策向城市倾斜，统筹兼顾发生偏离。随着1956年社会主义改造进入高潮，“三大改造”完成，我们党在经济建设方面急于求成，出现了一些急躁冒进的倾向。“大跃进”中的农村大炼钢，浮夸风、高指标和人民公社化运动，使城乡兼顾的思想发生了转移，重心转移到农村为城市，农业为工业发展的服务上来。原先提出的工业和农业发展并举，发展了农业，才能保证工业所需的粮食和原料这一指导思想，在政策的指引和制度的安排下变成了农村支持城市，农业支持工业。农业总产值在1958年到1965年间，仅仅增长了9.9%，而工业总产值在同时期却增长了98.1%。[①] 很明显，农村发展远远落后于城市，城市与乡村的经济发展水平差距在不断拉大，城乡关系扭曲，向着非健康方向发展。二是户籍制度的颁布，导致城乡二元结构固定下来。《中华人民共和国户口登记条例》于1958年1月颁布，这是我国颁布的第一部户籍条例，这一条例确立了一条严格的分界，将公民分为了“农业户口”和“非农业户口”，城市人口和农村人口在

① 胡绳：《中国共产党的七十年》，中共党史出版社1991年版，第414页。

上学、就业、日用品供给、社会保障福利等诸多方面受到不同待遇，城乡关系明显对立。城市和乡村本应有的联系和流动被割裂，形成了各自封闭的局面。国家采取了统购统销制度，农民对剩余产品没有自主权，农民被限制在农村、固定在土地上，不能向城市自由流动。自此，长期的城乡二元体制开始形成。

出现失误的原因之一是党的第一代领导人重视农业的出发点和目的并非针对农业本身，“实际生活已经更加证明农业对于发展工业的极端重要性。没有农业的相应的发展，我们的工业化事业是不可能实现的”①。他们高度重视的是农业对工业的贡献和支持，重视农业对工业发展所需的粮食、资金和原料的供应，将发展农业当作发展工业的手段，从而尽快完成国家工业化的发展。当然，这种做法在当时我国经济落后的状况下完全可以理解，新中国急于建立完备的国民经济体系，当务之急是发展工业，特别是重工业。也正因为此，使得我们在社会主义建设的实践中，偏离了正常方向，抑制了农业的发展，破坏了工业和农业的平衡关系。但这是一项前无古人的伟大事业，在前进道路上出现挫折和失误是难免的，幸运的是我们从失误中总结经验教训，继续前行，对实践的发展也得出一些有益的启示。

---

① 中共中央文献研究室编：《建国以来重要文献选编》第6册，中央文献出版社1993年版，第479页。

第二节　实行改革开放以来到21世纪初的城乡关系思想

改革开放前的“文化大革命”，使全国各行各业都处于混乱之中。人民生活水平大幅度下降，城乡差距越来越大。截至党的十一届三中全会召开前夕，全国还有占农业人口总数30%以上的2.5亿农村人口有待解决温饱问题。[①] 从“三大改造”开始到“文化大革命”结束的25年间，农民的货币收入增长年均仅有1.55元。[②] 邓小平曾针对农民这种日趋恶化的生存状况指出：“坦率地说，在没有改革以前，大多数农民是处在非常贫困的状况，衣食住行都非常困难。”[③] 因此，中央领导包括全国人民都希望能尽快回到经济发展的正常轨道上来。邓小平于1975年提出了要进行包括城市和农村、工业和农业在内的全面整顿。就是要试图纠正“文化大革命”的错误，在全国政治、经济、思想领域进行拨乱反正。在此基础上，邓小平制定社会主义建设的首要任务是以经济建设为中心，发展社会生产力。他一再强调，社会主义最为主要和最为

---

① 郑有贵：《为什么中国经济体制改革由农村率先进行并首获成功》，《中共党史研究》1998年第5期。

② 《中国贸易物价统计资料》（1952—1983），中国统计出版社1984年版，第125页。

③ 《邓小平文选》第3卷，人民出版社1993年版，第237页。

关键的问题首先要看社会生产力发展到了什么程度，“这是压倒一切的标准”[①]。在党的八大上，我们党做出了把工作重点转移到经济建设上来的正确决定。邓小平同志非常赞同这一主张，并力求贯彻下去。党的八大一结束，他在从太原、西安到兰州调研工作的路上，结合我国城乡当时的发展情况，明确指出：“今后的主要任务是搞建设。”[②] 遗憾的是，后来的发展逐渐偏离了正常的轨道，给国家和人民带来了不可估量的损失。十一届三中全会以后，经济建设成为党的工作中心，我国城乡的发展也进入了一个新的阶段。

一 以改革促进工农、城乡互动发展的思想

十一届三中全会以后，以邓小平同志为核心的党中央站在了时代的前列，明确指出我国正处于社会主义初级发展阶段，同时敏锐地注意到和平与发展成为时代的新主题，在此基础上，全面总结了新中国成立以来我国社会主义城乡建设的经验，创造性地形成了颇具特色的城乡互动思想。邓小平深刻认识到城市和乡村在经济发展中的相互关系，并把农村改革作为突破点，先农村后城市，形成城乡改革发展的新局面，使城乡发展呈现新的面貌。这是城乡互动思想的核心。

① 《邓小平文选》第2卷，人民出版社1994年版，第314页。
② 《邓小平文选》第1卷，人民出版社1994年版，第261页。

（一）农村改革为社会主义新型城乡关系的建立奠定了物质基础

1. 科技是农业的第一生产力

邓小平同志非常注重农业的根本性作用，他指出："农业上如果有一个曲折，三五年转不过来。"① 同时他还认为农业的基础性作用，不仅表现在我国经济发展中，同样也体现在城乡发展中。20 世纪 90 年代初，在分析国际形势和经济问题时，邓小平说过一定要始终紧抓农业问题。农村富裕起来和贫困下去都比较容易，土地耕好耕不好是关键。正因为意识到了这些，他指出："工业越发展，越要把农业放在第一位。"② 在此基础上，他更看重近代以来科学技术在生产力发展中起的决定性作用。"科学技术是第一生产力"是邓小平同志提出的重要论断。他认为，我国农业的出路不仅仅止于农业现代化，更重要的是，以整个农业生产中各要素和运行的科技化为主要内容的科学技术的农业现代化。长久以来，我国的实际情况是，20% 的城市人口要靠 80% 的农业人口养活，也就是说粮食问题一直是困扰我们的主要问题之一，主要表现就是粮食产量过低，而粮食产量过低的原因就在于依靠科技实现农业产量增长的比例不高。邓小平反复强调，农业现代化从最终的发展来看，还是要靠科学技术的发展，而不能只靠调整生产关系。因

① 《邓小平文选》第 3 卷，人民出版社 1993 年版，第 159 页。

② 《邓小平文选》第 2 卷，人民出版社 1994 年版，第 29 页。

为邓小平深刻认识到农业问题的解决“最终可能是科学解决问题”，农业发展不能离开科学技术。就此邓小平曾提出，一是要以直接改善农业生产的条件，如改良种子、改进管理、搞好农田基本建设等来提高农业生产的质量和效益，这就必须要通过增加农业科学技术方面的投入来实现。二是要应用科学技术指导农业生产的产前、产中、产后，营造良好的科学种田氛围，提倡科学种田。三是要大力加强培养农业科技人才的投入和掌握先进的农业技术，这也是至关重要的一环。四是要攻克农业科学重点项目的难关，通过突破重点项目以实现农业科技的飞跃发展。为实现以上目的，他还亲自领导了“丰收计划”“燎原计划”“星火计划”等一系列重大农业科技攻关项目。

2. 农村改革的“两个飞跃”

改革开放以前，我们党经过近 30 年的努力，在政治、经济、文化方面都取得了巨大成就。但是在发展过程中，党和国家优先实施工业化发展战略，社会生活采取统购统销的办法，社会进一步发展受阻，农民生产积极性不高，最终形成的是城乡二元体制，造成城乡二元经济社会。对此，党首先开始实施以废除人民公社制度，实行家庭联产承包责任制为核心内容的农村改革。调整农业生产关系，促进农业生产力的发展，这是邓小平同志于 1990 年提出的第一个飞跃。第二个飞跃是为适应生产社会化和科学种田的需要，发展适度规模经营模式和集体经济。

家庭联产承包责任制的主要内容是以家庭为承包经营土地的基本单位，以家庭经营为农业生产的主要经营形式。家庭联产承包责任制在广大农村的实施给我国农业的发展增添了巨大的活力。它统一了农民的责、权、利，使广大农民的生产积极性大大提高，从而进一步推动了农村生产的发展。另外，随着多种所有制关系在农村的出现和农村产业结构的调整，流通体制呈现多渠道、多环节状况，进一步促进了城乡物资、信息的交流。总之，农村政治经济体制改革是适合中国农村实际情况的，是成功的。随着我国农村物质基础的增强，社会主义新型城乡关系建立起来了。

适度规模经营、集体经济是指以提高农产品的质量和效益为目的，在农民自愿的基础上集中进行农产品的规模生产，但是土地的所有权仍归各家所有。实践证明，适度规模经营的方式是适合我国农业发展的，而且推动了我国农业的较快发展。邓小平认为，适度规模经营要在生产的社会化达到一定程度后才适合，所以必须是在第一个飞跃基础上去完成。通过适度规模经营，可以解决很多问题，如办教育、修路、医疗等，为农村居民提供公共保障，这是中国社会主义实现共同富裕的必经之路，也是我国实现农业现代化所必需的条件，只有这样才能提高农业生产力，巩固社会主义制度。

（二）城市经济体制改革对社会主义新型城乡关系的建立起了促进作用

随着农村改革的进一步推进，农村局面好转，党和国家把改革重心转移到了城市。从 1985 年起，城市改革逐渐铺开。主要内容包括：

第一，扩大企业自主权。这时党中央制定以计划经济为主，市场调节为辅的方针，在此方针下国家开始引入一些市场的要素，通过在企业中实行政企分开，使企业成为真正独立的商品生产者和经营者，从而打破之前指令计划一统天下，完全忽视和排斥市场经济的做法。这样，既为生产要素的优化组合准备了条件，又使城乡之间在劳动力、物资、人才、信息、技术等方面的流通成为可能。

第二，发挥中心城市的带动作用。建立以大中城市为依托的经济区，搞活生产。城市要有先进的技术装备，先进的生产方式为前提，才能吸引广大农村，真正发挥经济中心的作用，从而有效促进城乡关系的协调发展。

第三，变革地方行政体系。国家首先在广东、江苏等省针对计划体制下城乡分割过分鲜明，城是城，乡是乡、行政体系壁垒重重等状况进行试点改革。具体措施是依托一个中心城市，建立一个能够集中统一安排生产布局的大城乡区域。这样，首先能够对城市建设、交通网络的基础设施进行统一的考虑，利于打破城乡隔离；其次可以加强城乡要素的互补，利于打破城乡界限。

（三）工农业相互支援是实现城乡互动的重点

邓小平认为城乡发展是相互促进的关系，不能各自为政，搞“单打一”。他指出工业和农业、城市和农村是相互影响的。第一，他非常重视农村和农业的发展，并深刻认识到，我国要想彻底摆脱贫困，就必须先让农民摆脱贫困，因为农村人口占全国人口总数的80%，如果农村不稳定，那么整个国家的局势就很难稳定。第二，邓小平强调工业的重大任务之一就是要大力支援农业，推进农业的现代化。要以具体的政策去落实工业对农业的支援，对农业进行支援的工业非但不能减少，而且一定要搞好。工业区和工业城市要积极帮助附近农村发展小型工业，带动农村发展，并搞好农业生产。第三，伴随农业的发展所带来的农村市场的扩大、农副产品的增加以及农村剩余劳动力的转移又反过来会支援工业，会强劲地推动工业的发展。在社会主义建设过程中，要实现四个现代化就必须要工农业共同、协调发展。工业的稳步发展离不开农业，而农业要发展，没有工业的支援也是不行的。农业发展不起来，工业就缺乏市场，相应的工业不发展，农业也就很难迅速发展。“农业和工业，农村和城市，就是这样相互影响、相互促进，这是一个非常生动、非常有说服力的发展过程。”①

除此之外，邓小平还特别提出，乡镇企业是实现城乡互动的重要载体。他曾谈到，乡镇企业的迅速发展是我们在农村改革中完全没有预料到的最大的收获。中央领导集体对乡镇企业的异军突起，给予了高度肯定。因为乡镇企业对于农村经济的发展有很大的推动作用。一方面可以解决大量农村剩余劳动力，使之可以“离土不离乡”就地向非农产业转移，而且也有利于增加农民的收入。以工业为主，其他行业为辅的乡镇企业的迅速发展，使约50%的农村剩余劳动力的

① 《邓小平文选》第3卷，人民出版社1993年版，第376、479页。

出路问题得到了解决。广大农民从此不往城市里跑，而是留下来建设大批小型、新型乡镇。另一方面以此为载体，也可以用农产品原料进行加工，拓宽农业发展的渠道，增加农业资金，提高农村生活水平。这也体现了以乡镇企业为中介，工业对农业的支持。

总之，以改革促工农、城乡互动发展的思想，体现了对马克思恩格斯城乡融合理论中使工农业生产有机结合起来的思想。社会主义新型城乡关系建立的前奏是农村和城市的改革。通过改革，逐步改变了经济较发达地区的城乡二元割裂状态，突破了城乡壁垒，促进了各要素在城乡间的相互流动，推动了新型城乡关系的形成，从而使城乡一体化运行的未来蓝图初现端倪。

二　缩小城乡差别的城乡发展思想

20 世纪 90 年代以来，我们党在改革开放继续深化的同时，适时地提出了建立社会主义市场经济体制的改革目标。随着市场经济的发展，我国城乡居民在经济、政治、社会、文化发展等方面的差别越来越大，日益突出的“三农”问题，严重地阻碍了我国经济社会的进一步发展。为此，以江泽民同志为核心的第三代领导集体认为我国仍然处于社会主义初级阶段，这一阶段，生产力不发达，政治体制不完善，文化水平不够高，城乡之间差别较大。江泽民对当时先富带动后富，最终实现共同富裕，造成的城乡差距过大做了正确的理解。他指出：“要在一个时期实现同等富裕、同步富裕是不现实的，必然会有的先富、有的后富。”① 并且要注意到，地区和城乡本身是存在差别的。具体到同一地区，又会细化到收入不同、劳动方式不同以及岗位不同，都会带来或多或少的差别。所以，逐步缩小城乡差别是一个渐进的过程，要与当时的经济社会发展水平相适应，也要与国家的国情相匹配。基于此，十六大首次在党的最高文件上提出缩小城乡差别的城乡思想，即把解决城乡差别问题定位于逐步扭转城乡差别扩大的趋势。这一思想包括两个层面的内容：第一，继续深化农村改革，第二，要加强中国特色城镇化建设。

（一）继续深化农村改革，完善农村经济政治体制

江泽民在党的十五大报告中明确提出，要确保农业和农村经济的发展、农民收入的增加，就必须要坚持以农业为经济工作之首，进一步稳定党在农村的基本政策，继续深化农村改革。江泽民强调要开创农业和农村工作的新局面，必须深入推进农村各项社会主义市场化改革，以此缩小城乡差别。

第一，江泽民充分肯定了家庭联产承包责任制在体现农业的生产规律、推动农村改革和建设、促进农村生产力发展中的作用和成效。但随着不断发展的社会实践，需要进一步深化农村的经济体制改革，完善农村的经营体制。对此，他认为，应从实际出发，充分发挥集体经济的优越性和农民家庭经营的积极性，逐步健全统分结合的双层经营体制。按照这一要求，确

① 《江泽民文选》第2卷，人民出版社2006年版，第341页。

立了农村经济体制改革的目标："总的目标是建立以家庭承包经营为基础，以农业社会化服务体系、农产品市场体系和国家对农业的支持保护体系为支撑，适应发展社会主义市场经济要求的农村经济体制。"[①] 进一步讲，就是要在市场调节的基础上，调整农村各种生产要素的自由合理的流动以达到优化组合的目的，从而完善农村双层经营体制，完善农村所有制结构；建立和发展多种形式的农业社会化服务体系；建立统一、有序、开放、竞争的农产品市场体系；加快国家对农业支持和保护体系的建设；改革农村融资体制和税费制度，以不断减轻农民的负担。为了保证经济体制改革的成效，江泽民认为有必要进行政治体制改革，为其保驾护航。他指出要完善村民自治制度，保证村民直接行使民主权利。"一是实行让农村民众选举自己满意的人管理村务的村民委员会直接选举制度；二是实行村内事务须经村民大会或村民选出的代表讨论决定的村民议事制度；三是实行凡群众关注的问题，都要定期向村民公开，接受群众监督的村务公开制度。"[②]

第二，坚持"科教兴农"战略。由于我国长期以来的重工抑农政策，农业资金投入不足，农村资源匮乏，农民整体素质低下，已经严重影响了农村的现代化发展。江泽民认为，要依靠科技进步和劳动者素质的提高来推动农业的发展。因此要大力加强科技教育的发展，逐步提高农民精神文化素质，增加农业的科技含量，以此不断推进农业生产力的发展。

---

① 《江泽民文选》第2卷，人民出版社2006年版，第213—214页。

② 同上书，第215页。

（二）加强中国特色城镇化建设，有效转移农村富余劳动力

江泽民指出，城乡互动的实现必须走中国特色社会主义城镇化道路，这是解决“三农”问题、缩小城乡差距和实现城乡互动的有效途径之一。走好中国特色社会主义城镇化道路需要从以下两个方面加以把握。

一方面，江泽民认为应大力发展乡镇企业。农村经济体制改革过程中，大量富余劳动力产生了，在解决这个问题的过程中，农民尝试创办乡镇企业，采取以农村工业化来消化农村富余劳动力的办法，实践证明，这是行之有效的。正因为如此，江泽民积极倡导在农村发展乡镇企业。乡镇企业发展好了，可以更好地解决进城务工人员的就业问题、农民的脱困和创收问题，同时才能不断壮大农村经济的集体实力，更好地优化农村的产业结构。

另一方面，江泽民强调大力建设小城镇，小城镇是乡镇企业的有效载体。然而，现实情况是，我国乡镇企业的进一步发展受到城镇化发展滞后的严重制约。发展小城镇是解决问题的好办法。江泽民认为，发展小城镇是一个大战略。因为长期制约我国社会协调发展和经济良性循环的重要因素之一是农业人口多，城乡差距大。只有加快小城镇建设，才能有利于在转移农村富余劳动力的基础上解决农村发展的一系列深层次矛盾，才能有利于民间投资的启动和带动最终消费，为 21 世纪国民经济的发展提供持续的增长动力和广阔的市场空间。他也周密

部署了建设小城镇的规划。作为城、乡联系纽带的小城镇，可以提高对乡镇企业的管理水平，为其发展营造良好的环境。他还要求把发展小城镇同发展乡镇企业结合起来。他认为农村富余劳动力并非小城镇建设就能解决，小城镇容纳的劳动力还是有一定的局限。江泽民还预见到农村剩余劳动力向非农产业和城镇转移是工业化和现代化进程中的必然趋势。他认为："要逐步提高城镇化水平，坚持大中小城市和小城镇协调发展，走中国特色的城镇化道路。"[①] 江泽民在解决农村富余劳动力问题上的重要举措就是通过城镇化引导农村劳动力有序合理流动。

总之，在对待我国城乡差别逐步扩大的问题上，以江泽民同志为核心的第三代领导集体按照"三个代表"重要思想的要求，提出了一系列扭转日益扩大的城乡差别的政策措施，对中国城乡关系向着健康方向发展做出了应有的贡献。

第三节　进入21世纪后城乡统筹发展的思想

党的十六大以来，在认真总结我国社会主义现代化建设经验的基础上，以胡锦涛同志为总书记的党中央领导集体高屋建瓴地提出了改善城乡关系的一系列方针和政策，在科学发展观

① 《江泽民文选》第3卷，人民出版社2006年版，第546页。

的基础上明确提出了城乡统筹发展思想，从而使我国的发展进入了“以工哺农，以城带乡”的城乡关系新阶段。

一 城乡统筹发展思想是对城乡关系发展新的总结

城乡统筹发展思想不仅发展了马克思恩格斯城乡融合思想，而且是在我国建设小康社会、和谐社会的基础上做出的重大战略部署，是中国特色社会主义理论的重要组成部分，丰富了马克思主义城乡关系理论，是历史发展的必然趋向。

（一）“城乡统筹”概念的提出

所谓城乡统筹，就是从国民经济和社会发展的全局高度出发，整体统一筹划、通盘考虑城市和农村的经济社会发展。党的十六届三中全会上首次提出“城乡统筹”的概念并强调：要把城市和农村综合起来考虑研究，统筹解决问题，跳出就城市谈城市，就农村谈农村的圈圈。既要发挥城市的辐射和带动作用，又要发挥农村对城市发展的促进作用，从而形成协调发展、良性互动的新型城乡关系。在这次全会上还对城乡统筹的核心、主题、目的、要求、方法等内容进行了具体阐述。会议强调城乡统筹过程中应以人为本，以广大人民的根本利益为本，尊重城乡人民的主体地位，保障城乡人民利益，这是城乡统筹的核心。胡锦涛强调，作为科学发展观第一要义的发展，同时也是城乡统筹的主题。城乡发展中出现的诸多问题都需要靠发展来解决。通过经济社会的发展，城乡发展不平衡等问题可以得到有效解决，而且发展也是顺利实现全面建设小康社会奋斗目标的关键。解决“三农”问题是城乡统筹的目的。胡锦涛多次指出：“解决好农业、农村、农民问题，事关全面建设小康社会大局，必须始终作为全党工作的重中之重。”① 全面、协调、可持续是城乡统筹的具体要求。全面就是要统筹建设城乡发展的各个方面；协调就是要把经济基础与上层建筑、生产力与生产关系的关系协调起来发展；可持续就是要实现城乡经济社会的永续发展。统筹兼顾是城乡统筹的根本方法。具体就是要统筹实现城乡的各种资源要素，兼顾两大关系，即城乡各方面的发展的关系和城乡发展与整个经济社会发展的关系。

在2003年年初的中央农村工作会议上，胡锦涛为实施这一重大方略，提出了实现城乡良性互动、协调发展的统筹城乡发展的近期目标，这将成为实现远期目标的坚实基础。因此，胡锦涛在党的十七大上所提出的消灭城乡差别，实现城乡一体化的思想，就是要形成城乡经济社会发展一体化的新格局，这实际上就是统筹城乡发展的远期目标。

（二）把“城乡统筹”纳入科学发展观

胡锦涛在党的十六届三中全会上强调必须坚持以人为本、全面、协调、可持续的科学发展观，才能促进我国经济社会的全面发展。科学发展观能否贯彻落实对实现城乡统筹起关键性

① 中共中央文献研究室编：《十七大以来重要文献选编》上，中央文献出版社2009年版，第18页。

作用。由此看出，科学发展观与城乡统筹是相互联系、共同发展的，前者是后者的指导思想，后者是前者的重要组成部分。科学发展观提到的“五统筹”之首就是城乡统筹，其地位和作用是不言而喻的。

作为城乡统筹指导思想的科学发展观，为城乡二元体制的改革、“三农”问题的解决、城乡资源的优化配置、城乡一体化建设的促进指明了发展方向。首先，从科学发展观的视角来看，我们一定要改变和纠正不符合科学发展观的城乡有别的分割体制及重城轻乡、重工轻农的观念和行动。这样，一方面要改变“以农补工”“以乡养城”的发展模式；另一方面要改变重工轻农、重经济效益轻社会效益、重经济发展轻社会建设等错误做法，并解决城乡建设中所出现的政策偏向问题。将城市和农村有机结合起来，促进城乡生产要素、资源双向良性流动，推动农村经济、文化、基础设施等发展的同时，也促使农村人口转向城市，使城市更快地建设，切实推进城镇化发展。其次，从城乡统筹这一视角来看，城乡统筹坚持了科学发展观的理念和思想内容。城乡统筹强调实现城乡全面的、协调的、可持续的发展，也就是要实现城乡经济、政治、社会、文化各方面协调发展，以工带农、以城市带动农村，这是全面建设小康社会的关键所在。因此，要坚持科学发展观为指导，树立城市发展和农村的建设共同前进的理念，统筹考虑和解决城乡改革和发展中存在的矛盾，实现城乡居民平等发展新格局。

二　城乡统筹发展思想的丰富内涵

（一）“两个趋向”的重要论断是统筹城乡发展的理论依据

“两个趋向”的重要论断是党的十六届四中全会首次提出的，“纵观一些工业化国家的发展历程，在工业化初始阶段，农业支持工业，为工业提供积累是带有普遍性的趋向；但在工业化达到相当程度以后，工业反哺农业、城市支持农村，实现工业与农业、城市与农村协调发展，也是带有普遍性的趋向”①。“两个趋向”的提出标志着我们党的城乡、工农政策取向得到了进一步发展，它表明我们党在21形势下进一步升华了对城乡、工农关系的思想认识，也成为我们党在新世纪正确处理城乡关系的理论依据。这既是对国际发展经验的规律做出的概括，也是对我国城乡经济发展阶段的科学研判。② 第一，这一论断是我们党深入考察西方国家工业化发展的实践做出的基本规律的归纳总结，它揭示了世界经济社会转型发展的一般规律。西方发达国家城市化、工业化的经验告诉我们，作为国民经济主要组成部分的农业，在工业化初始阶段客观上承担着为工业化提供原材料、积累资金等任务。随着工业化程度的不断提升，工业具备反哺农业能力的同时就应该调整工农、城乡

① 中共中央文献研究室编：《十六大以来重要文献选编》中，中央文献出版社2006年版，第311页。

② 王锋：《论新农村建设中的城乡联动发展机制》，《农村经济》2008年第5期。

发展的政策，注重工业支持农业、城市支持农村，从而实现工农、城乡的协调、互动发展。第二，这一论断也是在分析我国现阶段城乡经济社会发展的基本特征后做出的科学判断。从党的十一届三中全会召开以来到现在，已走过近40年的历程，经过全党全国人民的不懈努力，工业和农业、城市和农村都发生了很大的变化和发展。到21世纪初，我国已初步具备了工业反哺农业、城市支持农村的经济实力，主要表现为第二、三产业增加值占GDP总量已达85%以上，城镇化率达到了41.8%。因此，在2004年12月召开的中央经济工作会议上，胡锦涛指出：我国现在总体上已经进入了以工促农、以城带乡的发展阶段。第三，这一重要论断还科学地概括了我国这一阶段的工农、城乡关系。目前我国正处于城镇化、社会主义工业化、现代化发展的关键时期。这一时期我国的经济社会结构得到快速的调整，同时各种利益关系、社会矛盾也大量凸显。因此，要保持经济持续发展和社会长期稳定，就必须要把工农关系和城乡关系处理好；反之，就会造成社会矛盾和收入差距扩大的不利情况，还有可能出现社会动荡的局面。

（二）统筹城乡发展的主要任务是建设社会主义新农村

在党的十六届五中全会上，再次明确提出扎实推进新农村建设的目标，并进一步指出，要按照“生产发展、生活宽裕、村容整洁、乡风文明、管理民主”的要求来进一步推进社会主义新农村建设。社会主义新农村建设的概念早在20世纪50年代就被提出，但这一次提出建设社会主义新农村的历史背景、思想内涵、目标要求都有新的变化。首先，“二十个字”的新农村建设总要求，使当前和今后一个时期的“三农”工作主要内容更加明确了，从而绘制出中国特色社会主义新农村的美好蓝图。它是一个有机联系的整体，加强了农村经济、政治、文化、社会与党的建设的联系，使二者共同的科学发展要求更加协调统一。这是在继承以胡锦涛同志为总书记的党中央提出的“城乡统筹”“两个趋向”的基础上，做出的有关“三农”问题的重大战略举措。2006 年“中央一号文件”《中共中央国务院关于推进社会主义新农村建设的若干意见》阐述了社会主义新农村建设的一系列问题；2007 年的“中央一号文件”指出，全面落实科学发展观、构建社会主义和谐社会的首要任务就是扎实推进社会主义新农村建设；党的十七届五中全会提出，我国第十二个五年规划的重要历史任务就是加快社会主义新农村建设。其次，党的十七届五中全会明确指出，缩小城乡差距、解决“三农”问题是我国加快社会主义新农村建设的基本方向和战略任务，也是我国在全面建设小康社会以及现代化建设过程中最为艰巨、最为繁重、最为关键的任务。当然，要完成以上目标，必须进行两个方面的调整：一是不再片面地强调经济增长，还要关注社会发展问题。即不能只注重经济效益，还得关注社会效益。在加快经济发展的同时，进一步推动农村的文化、医疗以及社会保障等的发展。二是不再单纯强调加快城镇化。由于长期以来我国城乡二元结构的体制以及政策上对城市的偏向，在城镇化的发展过程中，出现了城乡发展不平衡，城乡居民收入差距扩大等问题，因此，我们在新的时期应把调整的重点放在农村。

（三）统筹城乡发展的主要内容是推进城乡基本公共服务

基本公共服务的主要内容包括义务教育、文化体育、医疗卫生、住房消费、交通通信、社会保障、公用设施等。[①] 十七届五中全会指出，现阶段我国统筹城乡经济社会发展的主要内容是逐步完善符合国情、覆盖城乡、比较完整、可持续的基本公共服务体系。符合国情，是指建立适应当今我国经济社会发展水平的基本公共服务体系；覆盖城乡，是指建立覆盖城乡居民的基本公共服务体系；比较完整，是指建立涵盖城乡基本民生保障各个主要领域的基本公共服务体系；可持续，是指建立一种常规的、长效的制度设计和财力保障机制。在统筹城乡的指导思想下，以胡锦涛同志为总书记的党中央在教育、文化、医疗卫生等方面都做出了很大的努力。

在教育方面，国务院于 2003 年 9 月出台了《关于进一步加强农村教育工作的决定》，到 2015 年，全国实现义务教育巩固率达到了 93%。这期间，党中央指出农村教育是我国教育工作的关键所在，进一步明确了发展农村教育的意义。思想上认识到农村教育的重要性，行动上开始采取措施。如加大各级政府财政投入、健全农村义务教育管理体制、做好农村教育发展规划等。2005 年出台“两免一补”政策。2006 年，《义务教育法》明文规定“实施义务教育，不收学费、杂费”。我们

---

① 赵强社：《城乡基本公共服务均等化制度创新研究》，博士学位论文，西北农林科技大学，2012 年。

党依据教育公益性、普惠性的特点，正在采取有力措施逐步实现公共教育的均等化。在医疗卫生方面，农村医疗救助制度于2003年建立；城市医疗救助制度于2005年建立；覆盖城乡居民的公共卫生保健制度的方针于2007年“中央一号文件”《中共中央关于构建社会主义和谐社会若干重大问题》提出。到2012年10月，国务院印发《卫生事业发展“十二五”规划》，明确了要在2015年初步实现建立以人人得保障、人人享服务、群众高满意度、服务高质效为具体要求的覆盖城乡全体人民的基本医疗卫生制度。这些措施，对于统筹城乡基本公共服务均等化建设是一种促进，也是对统筹城乡思想内容的丰富和发展。推进城乡基本公共服务均等化建设有利于在有效缓解社会矛盾的基础上进一步推进和谐城乡关系的实现。它是公共服务基本属性的内在要求，是实现公平正义的有效途径，也是实现人与人和谐发展的必然要求。

（四）城乡发展的未来方向是建立城乡经济社会发展一体化的格局

在十七大报告中，党中央强调指出：“解决好农业、农村、农民问题，事关全面建设小康社会大局，必须始终作为全党工作的重中之重。要加强农业基础地位，走中国特色农业现代化道路，建立以工促农、以城带乡长效机制，形成城乡经济社会发展一体化新格局。”① 这也就是说要打破城乡二元分割

① 《中国共产党第十七次全国代表大会文件汇编》，人民出版社2007年版，第22—23页。

的结构，从而进一步促进农业现代化发展，加快形成城乡经济社会发展一体化的新格局，是党中央为统筹城乡发展所指明的前进方向。城乡一体化就是要让广大农民享受到与城镇居民同样的待遇，使整个城乡经济社会协调发展。这就需要以一个整体的形式来通盘考虑、统筹谋划工业和农业、城市和乡村、城镇居民与农村居民，通过调整政策和深化改革，促使城乡在政策措施、规划建设、信息资源、社会保障等方面的一体化发展。

我国总体上进入以城带乡、以工促农的发展阶段后，为适应现代化发展阶段性转型的紧迫需要，必须要加快建立城乡经济社会发展一体化的新格局，这也是我国在生产力水平发展到一定高度后，遵循城市发展规律客观要求的必然选择。它有利于广大农村的发展，更对我国经济社会全局的发展有重大意义。首先，城乡经济社会发展一体化新格局的建立有利于化解农村改革中所出现的矛盾，是破解“三农”难题的根本出路。城乡二元结构是当前制约我国农村发展最突出的问题，要破除城乡二元结构，从根本上解决“三农”问题，就必须要构建统筹城乡经济社会发展的体制机制，从而进一步推进城乡经济社会发展一体化的发展。其次，城乡间劳动力、信息、资源、资金、人才的自由流转，城市正能量向农村的扩散和辐射，农村富余劳动力向城市的转移，城乡差距的不断缩小，城乡共同富裕的实现都迫切需要加快建立城乡经济社会发展一体化新格局。

总之，十六大以来，以胡锦涛同志为核心的党的领导集体，在实施城乡统筹发展方略的实践中，一切从我国21世纪的实际出发，旨在打破城乡二元体制，缩小城乡差距，消除城乡隔阂，着力构建新型工农关系和城乡关系，逐步实现城乡协调发展。这不仅与马克思恩格斯城乡融合思想是一脉相承的，而且对于加快推进全面建成小康社会具有重大的现实意义。

第四节　全面建成小康社会决胜阶段实现城乡一体化的思想

一　我国城乡一体化战略的提出

"城乡一体化"这一概念最早出现在中国，是由实际工作者在实践中首先提出来的，经历了先实践后理论再实践的过程。1983年，苏南地区首次使用"城乡一体化"的概念。[①]当时，苏南地区乡镇企业发展迅速，城乡差距逐步缩小，城乡联系日渐加强，但受长期以来的城乡二元体制的限制，乡镇企业的进一步发展受到影响。在这种背景下，一些实践工作者认为是否该对城市与乡村、工业与农业实行宏观的调控和安排，由此提出城乡一体化，这一提法符合当时乡镇企业实际发展的需要，引起关注。之后，很多地区开始进行这方

---

① 张雨林：《论城乡一体化》，《社会学研究》1988年第5期。

面的探索。1984 年，上海市提出“城乡通开”“城乡一体”的概念，并于 1986 年正式把“城乡一体化”作为一种战略思想和方针，用以指导全市的经济社会发展。① 随后北京于 1986 年也提出郊区城乡一体化。②

实践的发展引起理论界的关注和探索，这一探索也经历了三个发展阶段。20 世纪 80 年代开始到 90 年代初，这一时期对城乡一体化的研究基本上处于初期阶段。理论界围绕着城乡一体化的基本内容、内涵与外延、主要特征以及实现途径等问题进行探索性的研究。90 年代中后期，城乡一体化的研究重点转到深层次探求造成城乡分割的原因，探索城乡二元对立的现状、体制的形成等问题，这一时期针对城乡一体化某一方面某一专题的研究也比较多。进入 21 世纪以来，城乡一体化的研究步入高峰期，主要是针对我国经济发展中出现的二元问题、城乡居民差距等，提出解决的办法和方案。如在探索城乡一体化发展模式，认为城乡一体化是今后一段时期我们社会发展的目标，以及通过改革来带动其发展等方面进行了系统的研究。

随着理论界对于城乡一体化发展研究的不断深入和我国经济发展的逐步推进，中央城乡一体化发展的战略思路也日渐形成。2002 年 11 月，“统筹城乡经济社会发展”的方针在党的十六大上提出。2003 年 7 月，在党的十六届三中全会上，胡

---

① 陈锡根等：《城乡一体化研究中的几个问题》，《农业经济问题》1991 年第 3 期。

② 王景新、李长江、曹荣庆：《明日中国：走向城乡一体化》，中国经济出版社 2005 年版。

锦涛把“统筹城乡发展”作为“科学发展观”的重要内容，列为“五个统筹”之首。2008 年召开的党的十七届三中全会明确提出，到 2020 年基本建立城乡经济社会发展一体化的新格局。这些进一步发展和深化统筹城乡的提法，同时也标志着在党的文件中“城乡经济社会一体化”命题被正式提出。党的十八大报告中，城乡一体化被作为战略提出来，并且还指出，城乡发展一体化是解决“三农”问题的根本途径。2013 年 12 月召开的中央城镇化工作会议在提到提高城镇建设水平时也强调要促进城乡一体化发展。2015 年 4 月 30 日召开的中共中央政治局第二十二次集体学习，习近平总书记指出：健全城乡发展一体化体制机制，让广大农民共享改革发展成果。2015 年 10 月召开的中共中央“十三五”规划又一次强调：坚持工业反哺农业、城市支持农村，推动城乡协调发展，健全城乡发展一体化体制机制，推进城乡要素平等交换、合理配置和基本公共服务均等化。

综上所述，我国城乡一体化发展在 21 世纪初的二三十年间逐步进入黄金时期。它的提出是马克思恩格斯城乡融合思想中国化的最新理论成果。城乡一体化与城乡融合在根本目标上是一致的，即都是“结合城市和乡村生活方式的优点而避免两者的偏颇和缺点”，最终使全体人民共享全人类的文明成果。城乡一体化战略是全面建成小康社会目标的必然选择，它将成为中国新型城乡关系的奋斗目标和演进方向。

二 城乡一体化思想包含的主要内容

进入21世纪的第二个十年，我国在解决城乡关系的问题中走过了曲折的发展历程，城乡关系显著增强，农民人均收入增加，达到历史上的最高水平，许多大、中、小城市建立，可以说，城市和农村都发生了很大的变化。但与此同时，城乡差距还在扩大，“三农”问题仍然是历史难题，未能得到根本解决。农民工夹在城市和农村中，成为“双栖”人，身份尴尬，无法享受同城市人相同的福利待遇，究其原因在于城乡分割的二元体制没有得到根本改变。目前我国已经进入全面建成小康社会的决胜阶段，要早日达到这个目标，实现中国梦，正如习近平总书记在2013年召开的中央农村工作会议上说的：“小康不小康，关键看老乡。”这里的“老乡”指的是农村、农民、农业，这其实意味着如果农业不发达、农民不富裕、农村不稳定，小康社会的全面建成这个目标就无法实现，即没有农村的小康，就没有全面小康。党的十八大提出推进城乡一体化发展的战略布局，表明我国城乡关系进入布局性和制度性建设阶段，这也是新一代领导集体对城乡关系理论的发展创新。新阶段城乡一体化思想包括以下几个方面的内容。

（一）推进城乡一体化，“三农”问题是重点和难点

习近平总书记一直高度重视“三农”工作。他先后到广东、河北、辽宁、山东等地考察农村发展、农村粮食生产、农村土地改革，与地方领导和基层群众进行交流，就“三农”

问题做出指示，发表重要讲话。在中央农村工作会议上，习近平全面系统地阐述了“执政为民重‘三农’”的思想。他指出：“小康不小康，关键看老乡。”必须要知道，农村还是全面建成小康社会的短板，农业还是“四化同步”的短腿。只有农业强，中国才会强；只有农村美，中国才会美；只有农民富，中国才能富。整个国家的大局要想有保障，各项工作要想取得主动，就必须先做到稳固农业基础，稳定农村和谐和实现农民安居乐业。我们一定要坚持把解决好“三农”问题放在全党工作的首位，坚持城市支持农村、工业反哺农业和多予少取放活的方针，不断加大强农惠农富农政策力度，始终把“三农”工作牢牢抓住、紧紧抓好。这一论述充分彰显了我们党再次强调“三农”在整个经济社会发展中的地位的重要性。表明我们党解决“三农”问题的决心，当然也可以看出，实现城乡一体化的重点和难点都是“三农”。目前在我国经济社会发展中遇到的瓶颈大都与“三农”问题有关。“三农”问题是历史问题，到当前已成为绕不过、躲不开的现实难题，因此，要真正关注“三农”问题，把其放在重中之重的位置，杜绝口头重视、行动不落到实处的现象。

1. 保障粮食安全，走中国特色现代化农业发展道路

习近平认为粮食生产是安天下稳民生的产业，“中国人的饭碗任何时候都要牢牢端在自己手上”。一个国家粮食必须基本自给，手中有粮，心中不慌，我国是约 13 亿人口的大国，解决好吃饭问题是治国理政的头等大事，任何时候都不能放松。稍有差池，就有可能带来不可预料的政治和社会波动。要

保障粮食生产安全供应，首先，要实行严格耕地保护制度：耕地红线要严防死守，只因耕地是粮食生产的命根子，农民可以转为市民，但耕地却不能非农化，基本农田必须保证。其次，耕地还要保证质量。习近平认为，只有走中国特色现代化的农业发展道路，才能保障高质量的粮食生产。要给农业插上科技的翅膀，加快推进农业现代化，依靠科技支撑，提高土地产出率，努力走出一条以技术为创新驱动的、有竞争力的、经营规模适度的、可持续的新型农业现代化之路。同时，我们应处理好中央与地方的关系、政府与农民的关系、政府与市场的关系，中央、政府把方向、管大局，地方解决实际问题，一切以维护农民利益为基点，增强农村发展的内生力。在农业科技推广方面，一定要加强农业科技人才队伍建设，加强培训，着力培育一批农业科技带头人，农机作业人才等，整体提升基层农民素质。

2. 深化农村土地制度改革

土地是农民重要的经济资源，为实现农业的现代化，农村土地制度改革势在必行。习近平也高度重视这一问题，他提出要好好研究"如何在坚持农村土地集体所有性质的前提下完善联产承包责任制，既保障基本农田和粮食安全，又通过合乎规范的流转增加农民收入"① 等一系列问题，在十八届三中全会上提出了其改革的总思路。

首先，坚持农村基本经营制度。2013 年召开的中央农村

---

① 习近平：《好好研究土地流转问题》，《新华日报》2013 年 7 月 22 日。

工作会议指出，坚持农村土地农民集体所有，农村集体土地应该由农民家族承包，这是任何主体都不能替代的，在此基础上，再探索土地所有权、承包权、经营权三权的关系。首次赋予农民在承包地上的抵押、担保权能。土地的所有权与承包权、经营权可以分离，要不断探索土地集体所有制的有效实现形式，构建以家庭经营为基础、土地适度规模经营为主的新型农业经营体系。这是中国特色土地制度的创新，既为土地规模经营创造了条件，又保障了粮食安全，保障了农民的权益。

其次，建立城乡统一用地市场。允许农村集体经营性建设用地在符合规划和用途的前提下进行出让、租赁等，并保证其与国有土地同权、同价。这就是说今后农民手里的土地可与城市土地同权同价，平等买卖，打破长期以来土地被政府垄断的格局。

最后，赋予农民土地更多的财产权。深化农村土地制度改革，保障农户宅基地用益物权，明确农民住房财产权，增加农民的发展自主权，盘活农村巨量的土地资本，提高其流动性，为农民增收、缩小城乡收入差距创造条件。

（二）推进城乡发展一体化，“科学规划”是关键

中央城镇化工作会议于 2013 年 12 月召开，会议强调，在推进城镇化的过程中，要注意处理市场和政府的关系，市场的决定作用与政府的主导作用各就其位。遵循市场经济的一般规律，完善市场体系，使市场在资源配置中起决定性作用。最终使城乡商品和生产要素能自由流动，维护要素主体的利益和提

高要素利用的效率。同时要更好地发挥政府的作用，在发展规划的编制、制度环境的创造、公共服务的提供、基础设施建设、社会治理的加强等方面发挥其“看得见的手”的职能。十八届三中全会上，习近平总书记这样说：“保持宏观经济稳定，保障公平竞争，加强和优化公共服务，维护市场秩序，加强市场监管，弥补市场失灵，推动可持续发展，促进共同富裕。”① 中央和地方要各司其职，不要越权，也不要无所作为。中央应在制定大政方针政策、确定城镇化战略布局方面发挥其重要作用，地方则应从实际出发，落实总体规划，开展工作。宏观布局和微观空间治理同时进行，才可以一张蓝图干到底，有效推进城镇化的发展。所以，处理好市场与政府、中央和地方的关系对于做一个好的规划，以及执行规划至为重要。过去我们在城镇化过程中犯的错误，走的弯路有很多就是只看到眼前利益，未长远考虑导致的。还要特别注意保持城市规划的连续性，不能因为政府一换届，规划就中止或者重新编订。城市规划编制形成后要通过立法形式确定下来，使之具有法律权威性。② 2014 年在北京市规划展览馆考察时，习近平指出，城市规划在城市发展中起着重要引领作用，考察一个城市首先看规划，规划科学是最大的效益，规划失误是最大的浪费，规划折腾是最大的忌讳。③

---

① 习近平：《关于〈中共中央关于全面深化改革若干重大问题的决定〉的说明》，《求是》2013 年第 12 期。

② 《中央城镇化工作会议在北京举行》，《人民日报》2013 年 12 月 15 日。

③ 《习近平在北京考察工作时强调立足优势 深化改革 勇于开拓 在建设首善之区上不断取得新成绩》，《人民日报》2014 年 2 月 27 日。

（三）推进城乡发展一体化，“四化同步”是要求

近些年，我国城镇化、工业化、信息化和农业现代化进程不断推进，但步调不一，出现不平衡、不协调、不可持续的问题。具体表现为：城镇化与工业化互动不足，城镇化与信息化融合不够，城镇化与农业现代化关联不紧。在此背景之下，十八大提出了“四化同步”的协调发展理念。工业化、信息化、城镇化、农业现代化四个方面，浑然一体，同步协调地发展。从内在本质来看，它们之间是相互关联、相互促进的良性互动关系。城镇化是工业化发展的基本土壤和必然结果，工业化是城镇化发展的基本动力和加速。[①] 城镇化是信息化的主要载体和依托，信息化是城镇化的提升机和倍增器。[②] 城镇化还是农业现代化的发展平台，农业现代化也是城镇化的坚实基础。总之，“四化”是作为一个统一整体而存在的。其中，城镇化是载体，工业化是动力，信息化是手段，农业现代化是基础。这也就是说，新型城镇化在四化发展中是突破点，起引领作用。同时借鉴国内外经验，如果它们在时间上不能做到同步，在空间上不能做到一致，则会产生很多经济社会问题，从而制约新型城镇化的发展进程。因此，坚持“四化同步”协调发展，才能走出一条更好、更正确、更科学的新型城镇化发展道路。

---

① 陈志峰、刘荣章、郑百龙、曾玉荣：《工业化、城镇化和农业现代化“三化同步”发展的内在机制和相互关系研究》，《农业现代化研究》2012 年第 2 期。

② 姜爱林：《城镇化、工业化与信息化的互动关系》，《城市规划汇刊》2002 年第 5 期。

（四）推进城乡发展一体化，“以人为本”是核心

推进城乡发展一体化涉及城市与农村两方面，“以人为本”就必须从两方面谈起。第一，习近平认为农民就是农村“以人为本”的核心，并认为“这是从根本上解决‘三农’问题必须始终遵循的指导原则”①。我国经济建设的任何一个阶段，农村、农业、农民都做出了巨大贡献。现在的问题就是，我们看得到农民做出的巨大牺牲，但是在实际行动中，对于他们实质性的权利和利益的保护，还远远不够。之所以“三农”问题得不到有效解决，根本原因就在此。所以，习近平进一步提出“以人为本”谋“三农”的思想，努力实现好、维护好、发展好农民的物质利益和赋予并保护农民权利，以提高农民素质和促进其全面发展为出发点和落脚点。第二，新型城镇化建设也强调以人为本。习近平指出：“想要为数以亿计的中国人从农村走向城市、走向更高水平的生活创造空间，就必须要持续推进新型城镇化建设。”② 新型城镇化并不是要圈地造城，“新型城镇化不仅是住在城中，更是幸福在城中”③。“城镇化是人口城镇化，而不是土地城镇化。”④ 新型城镇化以更多的居民享受现代文明成果为最终目的。2013 年“中央一号文件”

---

① 习近平：《把握“两个趋向”解决“三农”问题》，《人民日报》2005 年 2 月 4 日。

② 习近平：《新型城镇化不仅是住在城中》，《人民日报》2013 年 10 月 15 日。

③ 同上。

④ 习近平：《城镇化不是土地城镇化而是人口城镇化》，《人民日报》2013 年 11 月 28 日。

明确提出："有序推进农业转移人口市民化，把推进人口城镇化特别是农民工在城镇落户作为城镇化的重要任务。"突出了人口的城镇化。推行新型的"以人为核心"的城镇化是针对长期以来高速城镇化带来的弊端而提出的，也是我们思想认识的进一步转变。城镇因人而诞生，因人而发展，城镇化的出发点和最终目的都是为了人，为了让居民过上幸福的生活。从我国现阶段实际情况看，以人为核心的城镇化应主要体现以下特征：首先，人口的城镇化。主要指农民转变为市民，不仅是农村人口生活方式的转变和生活质量的提升，能够自由流动，进入城市，在住房、受教育以及社会保障等方面有和城市人一样的待遇，而且从心理上和身份上都能够得到肯定和承认。其次，产业与城镇相结合的城镇化。即构建"以人为核心"的城镇化产业体系，实现城镇产业结构的优化组合。在自由流动式人口迁移的前提下，应当解决留在新建城镇的农村人口的就业问题，为此必须保证城镇有产业支撑。同时，产业和城镇的协同发展也有利于高质量的城镇化，吸引人才。产业发展要考虑产业的规模、布局类型、产业就业吸纳能力，最终达到"人的城镇化"而非"城的城镇化"。再次，公共服务均等化的城镇化。即拥有最基本的基础设施、社会管理、社会保障体系，满足新型城镇化过程中进城人员需求，实现公共服务的均等化。最后，多元生态的城镇化。即建设多元生态的新型城镇。城市建设规划的首要目的是为了人的健康，为了人的可持续发展。为此，新型城镇化功能应与其发展的形式相适应，与人口、经济、资源和环境相协调，倡导集约、智能、绿色、低碳的发展方式，实现中华民族永续发展的城镇化。①

（五）推进城乡发展一体化，“生态文明建设”是重要任务

生态城镇的建设理念非常重要。党的十八大报告中明确指出：“面对资源约束趋紧、生态系统退化、环境污染严重的严峻形势，必须树立尊重自然、顺应自然、保护自然的生态文明理念，把生态文明建设放在突出地位，融入经济建设、政治建设、文化建设、社会建设各方面和全过程。”这里已说明了建设生态城镇的重要性。把生态文明建设纳入五位一体的总体布局，可以看出共产党领导人在本阶段的意志和决心。加强生态文明建设，也成了推进城乡发展一体化应有的要求。2013 年 5 月，在中共中央政治局进行第六次集体学习时，习近平系统地阐述了生态文明建设的目标任务、指导思想、方针原则和意义，明确地回答了有关生态文明建设的相关问题，即生态文明是什么、如何建设生态文明等。

习近平总书记指出：“良好生态环境是最公平的公共产品，是最普惠的民生福祉。”“要正确处理好经济发展同生态环境保护的关系，牢固树立保护生态环境就是保护生产力、改善生态环境就是发展生产力的理念。”② 这是对生产力发展与生态环境的关系的正确解释，这告诉我们，经济的发展与生态的保护并不是二选一的单选题，要实现工业化、城镇化，更要

① 方振辉、黄科：《新型城镇化的核心要求是实现人的城镇化》，《中共天津市委党校学报》2013 年第 4 期。

② 中共中央宣传部编：《习近平总书记系列重要讲话读本》，人民出版社 2014 年版，第 124—125 页。

保护生态环境。因为“我们在生态环境方面欠账太多了，如果不从现在起就把这项工作紧紧抓起来，将来会付出更大的代价”①。总之，在新常态下，必须将生态文明理念融入新型城镇化发展之中，“努力走向社会主义生态文明新时代，为人民创造良好生产生活环境”②。对生态文明建设的重要性和必要性，一定要有一个清醒的认识，下定决心治理好环境污染、建设好生态环境，对广大人民群众、对子孙后代高度负责，努力走向社会主义生态文明新时代。

（六）推进城乡发展一体化，“依法有据”是保障

党的十八届四中全会明确提出来了建设社会主义法治国家的宏伟目标，这标志着以法治方式凝聚力量，共同致力于伟大“中国梦”的实现，将成为新常态。城乡一体化发展应在依法治市的道路上迈出坚实的一步，尽早把法治这条腿立起来，坚持改革与法治两条腿一起走，用法治精神贯穿改革的全过程。在中央全面深化改革领导小组第二次会议上，习近平强调，所有重大改革都要于法有据，发挥法治的引领和推动作用。用法治引领城乡一体化发展，意味着我们目前在这方面做得远远不够，甚至有所欠缺。如，城镇化过程中农民土地赔偿、拆迁等敏感问题引起的社会冲突不断，主要原因在于缺乏相应的法律条款依据。我们的政府和民众已经意识到无论是国家的治理、

---

① 中共中央宣传部编：《习近平总书记系列重要讲话读本》，人民出版社 2014 年版，第 124—125 页。

② 习近平：《习近平谈治国理政》，外文出版社 2014 年版，第 208 页。

经济的发展还是社会的创新都离不开法治化，因此，城乡一体化发展的各项内容都要围绕着法治中国这一总体战略来设计。城乡一体化发展中的任何改革都要有法可依，依法、守法必须成为城乡一体化发展中行事的关键词。头脑中紧绷法治这根弦，这样不仅使城乡一体化发展朝着法治中国的目标前行，确保在法制轨道上推进改革，还可以把风险降至最低，最终实现新常态下城乡一体化的新繁荣。

以习近平同志为总书记的党中央立足于我国城乡发展的实际情况，形成了具有丰富内涵、精辟透彻、富有时代性的城乡一体化思想。科学地把握习近平同志提出的城乡一体化思想，可以促进城乡关系的根本性调整，为解决“三农”问题，实现全面建成小康社会等提供理论指导。

综上所述，从新中国成立初到 21 世纪的第二个十年，从毛泽东到习近平，一直在马克思恩格斯城乡融合思想的基础上，对我国城乡发展的理论与实践进行着积极的探索和创新。他们的努力丰富了马克思主义城乡关系理论的研究，在很多方面发展了马克思恩格斯的城乡融合思想，形成了独具中国特色的社会主义城乡关系理论。

第五章

我国城乡一体化的实践与发展研究

第一节　我国城乡一体化发展取得的成就与经验

尽管我国城乡一体化起步晚，还在不断地探索中，在过去的几十年中，也走过不少弯路，但是近年来，在中央大政方针的指导下，中国城乡一体化呈现许多新的特点，取得阶段性成就，并在探索模式方面积累了一系列成功经验。

一　我国城乡一体化取得的成就

（一）城乡居民生活水平得到极大改善

新中国成立初期，人民生活相当困苦。经过近 70 年的发展，尤其改革开放以来，城乡居民生活水平有了明显提高。城乡居民在收入、消费、社会保障等方面正向小康生活迈进。

1978年，城镇居民人均可支配收入只有343元，到2016年，这一数值增长为33616元，38年间增长98倍。2016年我国农村居民人均可支配收入达12363元，比1978年的133.6元增长了92倍。2016年，全国全年居民人均可支配收入达23821元，比上年增长8.4%，扣除价格因素，实际增长6.3%。①

在消费方面，消费水平提高，消费结构改善。这一指标与恩格尔系数密切相关。1978年，城市与乡村恩格尔系数分别是57.5%和67.7%，城乡居民更多地把消费花在吃穿上。近些年来，随着居民可支配收入的增长，居民消费水平也大幅度提高。到2013年，城市与乡村恩格尔系数分别为35%和37.7%，恩格尔系数在30%—40%为富裕，这一数据显示出城乡居民已达到富裕水平。

城乡社会保障体系越来越健全，覆盖面越来越大。社会保障关系着我们每个人的安全。“十二五”期间，这一保障体系变得更加公平持久。截止到2015年上半年，全国参加基本养老的人数达到8.46亿人，基本医疗人数达6.56亿人。② 这个数字几乎相当于整个欧洲的人口，这是非常了不起的事情，覆盖面从城市到乡村，从城市居民到农村居民。2009年起，

---

① 中华人民共和国国家统计局：《中国统计年鉴2016》，中国统计出版社2016年版。

② 《【数说“十二五”】覆盖城乡居民社会保障体系不断健全》，人民网2015年10月25日，http：//politics，people. com. cn/n/2015/1025/clool－27737405. html。

农村社会养老保险启动。2011 年，城镇居民社会养老保险试点启动。2014 年 7 月 1 日正式实施《城乡养老保险制度衔接暂行办法》，进一步打通了职工和居民养老保险制度的衔接通道。而且，从 2015 年开始，又推进了机关事业单位的养老保险制度改革，使企业与机关事业单位实行了制度并轨，更体现了社会公平。企业退休人员基本养老金从 2005 年的 700 元增加到 2014 年 2000 元以上。2015 年城乡居民可领取的养老金每月从 55 元上调到 70 元。我国城镇职工基本医疗保险制度于 1998 年开始建立，随后新型农村合作医疗制度试点启动，建立了城乡医疗救助制度。2014 年全国全年享受基本医疗保险待遇达到 19.4 亿人次。可以说，受实惠的居民越来越多，城乡居民生活水平的不断提高正在快速推进着城乡一体化的实现。

（二）城乡产业结构显著改变

城乡一体化的发展与城乡产业结构的发展变化有密切的联系。国际经验表明，城乡一体化水平高，意味着工业化发展要快，第三产业在整个国民生产总值中的比幅要高。我国是一个农业大国，一直以来农业是主要产业，农业在三大产业中所占比重一直较高。十一届三中全会以来，快速发展的经济，引起了我国产业结构的变化。1978 年，第一、二、三产业在 GDP 中所占比例分别为 27.94%、47.88% 和 24.19%，而 1952 年农业在国民生产总值中比重达 50.9%，与这一数值相比，农业的比重已经下降了不少。到 2013 年，三大产业比例为 10.0∶43.9∶46.1[①]，第三产业比值首次超过第二产业。三大产业的就业比重也在发生变化，1978 年三大产业就业比重分别为 70.5%、17.3% 和 12.2%，2014 年，这一数据变化为 10%、42% 和 48%。[②] 这也反映了中国劳动力从农业不断向工业和服务业转移。总之，推动社会不断向前发展、代表社会进步的工业部门发展喜人，汽车制造、石油化工、航空技术等工业产业已取得很大成就，有的甚至达到或超过世界先进水平。教育、零售、电子商务等第三产业也在大力发展，我国三大产业结构的不断优化，为我国城乡一体化的实现奠定了坚实的基础。

（三）城镇化水平迅速提高

1949 年中国的城镇化率只有 10.6%，在经历了一段停滞期后，到 1996 年达到 30%，2011 年，城镇化率达到了 51.27%，城镇居民人口首次超过农村居民。从 10% 到 50%，中国只用了 60 年，同样的情况，拉丁美洲用了 210 年，欧洲用了 150 年。这表明我国城市化取得了不俗的成绩，中国已经开始进入城市时代。目前我国已进入快速城镇化阶段，步入城镇化的中期水平。

随着城镇化进程的快速推进，城市人口、城镇数量和城市规模也在进一步增加和扩大。1978 年到 2014 年，城镇人口由

---

① 中华人民共和国国家统计局：《中华人民共和国 2013 年国民经济和社会发展统计公报》，中国统计出版社 2014 年版。

② 马凯：《构建产业新体系》，《人民日报》2015 年 11 月 10 日。

17245万人增加到74916万人，增长了4.3倍。随着城乡二元的结构逐渐弱化，农业劳动力向城市转移速度也在加快，国家统计局资料显示，到2012年，全国农民工数量达到26261万人。1978年中国城市只有193个，2007年城市数量增为655个，我们设计在未来20年要把城市数量扩大到1000个。[①] 城市数量的迅猛增加是我国城镇化发展的基本特征之一，同时城市规模也在扩大。尽管一段时期以来，国家的方针政策是控制大城市规模，如1980年召开的全国城市规划工作会议上确定国家城市发展的方针为“严格控制大城市规模，合理发展中等城市，积极发展小城市”。但是随着社会经济的发展，城市区域扩张保持着较快的速度。我国大城市的数量在增长速度上高于世界平均水平，居于世界前列，并且像上海、北京等城市规模进入了世界十大城市之列。随着城市人口的剧增，大城市又向城市群、城市带、城市圈方向发展。这是我国国情发展的需要，也是大城市自身发展的必然结果。据不完全统计，2012年我国城市群占全国总面积的25%，集中了全国62%的总人口。2015年城市群规划进入正式编制阶段，确定打造20个城市群，其中包括5个国家级城市群、9个区域性城市群和6个地区性城市群。重点建设的5大国家级城市群有京津冀城市群、长江三角洲城市群、珠江三角洲城市群、成渝城市群和长江中游城市群。稳步建设9大区域性城市群，引导培育6大新

① 张占斌、[德] 苏珊：《中国城镇化背景下的省直管县改革实践》，《比较》2012年第11期。

的地区性城市群。[①] 城市群的建设有利于均衡城镇化，缓解人口压力，增强中小城市的吸引力，是未来城镇化的重要走向。

（四）农村面貌发生大的变化

十八大以来，中国农村面貌发生了深刻变化，农村基础设施建设有很大进展，体现在饮水、公路、电网、交通通信、房屋改造、基础教育等多方面。

中央在“十一五”规划建议中，在“建设社会主义新农村”部分，明确提出“要加大农村基础设施建设投入……逐步解决农村的饮水困难和安全问题”。到2004年，基本解决了饮水困难问题。从2006年开始，国家重点转向饮水安全方面。这些年来，中央累计在农村饮水安全工程中投资590亿元，计划到2015年基本解决农村饮水安全问题。在全国城乡一体化发展的战略下，大部分省份完成了“通乡、通村、通民心”，实现了“村村通”公路建设目标，90%行政村通水泥路、柏油路，极大地改善了农村居民的出行。甚至一些地方，农村居民可以在家门口上下车，同等享受到城市交通带给城市居民的便利。农村电网改造也取得了很大进展，至2001年年底，第一批农村电网建设改造工程覆盖率超过了95%，基本实现了城乡居民生活用电同网同价。2015年6月17日，李克强总理在主持国务院常务会议时指出，要增加中央投资对农村电网升

---

① 《我国将分三类打造20个城市群》，《经济参考报》2015年1月14日。

级改造。在农村危房改造方面，截至2009年年底，全国扩大农村危房试点任务竣工率达64.9%。中央政府在这一方面还在继续投资，加快农村危房改造及配套基础设施建设，关系千百万住房困难家庭的生活，我们必须在已有基础上迈出更大步伐。教育方面，2006年实现了农村义务教育，2009年，实现了在全国农村全部免除义务教育阶段的学杂费，这将使农村1.5亿中小学生家庭普遍受益。

二 我国城乡一体化发展的模式探索

城乡一体化既是理论战略，又是实践探索，对其的检验是由实践来完成的。改革开放三十多年来，各地纷纷进行探索和实践，已有显著成效。我国已经摸索出一批因地制宜、形式多样的城乡一体化发展模式。比较典型的有“以乡镇企业的集体经济为主”的苏南城乡一体化模式，“以地换房”的天津城乡一体化模式，“以生态宜居为特色”的成都城乡一体化模式。

（一）苏南模式

苏南地区是指位于长江三角洲的苏州、南京、镇江、无锡、常州地区。20世纪80年代，这里是全国经济发展最快、最活跃的地区之一。当时这一地区农业有很大发展，而工业化发展处于起步阶段，国有企业正处于改制期，这一背景为乡镇企业的发展开拓了千载难逢的空间。正是在这样的情况下，苏南地区把发展重点放在乡镇企业上，使之成为其经济发展的支柱。乡镇企业的大规模发展，使苏南可以采取“以工补农、以工建农”的措施协调工农关系。

苏南模式，由费孝通先生最先提出，指的是改革开放刚刚开始的20世纪80年代初，在中国东南沿海长江三角洲的苏南地区通过发展乡镇企业实现非农化，拉动城乡经济，从而达到推动城乡一体化的发展路径。它的主要特征是：把乡镇企业作为协调城乡产业发展的突破点，从而推动农村经济的发展。在这一过程中，乡镇企业和农业发展相互促进，共同进步。主要措施包括这几方面：一是提出“三个集中”方针，即工业向园区集中、农田向规模经营集中、农民向小城镇集中。二是进行农业现代化建设，建立农业生产基地，推动农业向机械化、科学化、规模经营化、服务社会化方向发展。三是坚持以工业为主、以乡镇村集体所有为主、以市场化为主的发展模式，加强工农、统分、产销结合的运行机制。四是采取“以工补农、以工建农”的措施，保证工业与农业的协调发展，从而实现城乡一体化发展。

近年来，苏南地区发展成就显著，成为国内工业与农业协调发展较好、开发速度较快、竞争力较强的地区之一。由于其发展立足农村，建设农村，很多乡镇企业所有者和员工是农民，从而繁荣了农村经济，从这一点来说，可谓是名副其实地为农村发展做出了贡献。但是也有学者认为苏南模式本质上是“政府超强干预模式”，这种模式可能执行力强、短期内见效快，但是目前已经出现了问题，如政企不分，存在乡镇政府对企业的干预，这种“地方产权制度”如果不改革，必然会产生负面效应。同时，苏南模式企业大多搞的是来料加工，产业链短，对外资依赖程度大，如果外部环境发生变化，对于其经济来说是一大隐患，因而这种模式也具有一定的局限性。

（二）天津模式

在《天津市城市总体规划纲要（2004—2020 年）》和《国务院关于推进天津滨海新区开发开放有关问题的意见》的指导下，天津致力于统筹城乡综合改革，从实际出发，天津滨海新区以建立全国综合改革配套试验区为契机，先行试验一些措施，探索新的城乡一体化区域发展模式，为全国发展提供经验和示范。近些年来，滨海新区发展迅速，天津近郊的农民对土地的依赖感减弱，很多农民离开农村，不再从事农业生产，转向工业和服务行业，这使得天津近郊经济结构发生了变化。在这种背景下，天津市委、市政府结合实际情况，实施“三区联运”“三化一改”、农村金融改革等措施，形成了“以宅基地换房的办法进行小城镇建设”为特点的天津模式，走出了天津特色城乡一体化发展的新路径。

近些年，天津市开展了两批“宅基地换房”试点，涉及 129 个村庄。华明镇就是第一批小城镇建设试点单位之一。具体措施包括这几方面：一是提出了“一换两平衡”的模式。“一换”即按照规定的置换标准，农民用其宅基地，换取小城镇中的住宅，迁入小城镇居住。“两平衡”指将原有的宅基地复垦为耕地，实现占补平衡；农民换迁的剩余土地用作建设用地，由政府招标，收益用于农民搬迁、配套设施支出，实现资金平衡。二是实施“三区联动”。2010 年华明镇正式提出这一战略，三区指“农业区、居住区、工业区”。农民集中居住后，利用节余土地，建设现代化的农业园区，打造都市型现代农业高地；加强社区管理，打造生态宜居高地；满足农民就业需求和可持续发展需求，建设工业园区，打造先进制造业高地。三是实施“三改一化”，这一改革措施于 2011 年正式启动，指的是集体经济组织进行股份制改革，村民变股东；农业户口改为非农业户口，农民变居民，让农民享受双重待遇；农村改为社区，村委会改为居委会，从而推进城乡一体化的实现。四是组建华明村镇银行，推进农村金融改革。村镇银行新模式，便利了居民，服务了农村经济。

天津市的这些举措，对于彻底破解城乡二元结构问题进行了有益的尝试，并为城郊农村建设探索了一条城乡一体化的新路，而且已经取得了成效。到 2015 年，近郊农村向小城镇转移人口达 100 万人，郊区城镇化率达到 75% 以上。银行营业网点将实现全区覆盖，存款达到 50 亿—60 亿元，不仅使居民得到更多实惠，也增强了区域发展的综合实力。

但这一模式也有局限性，在执行过程中，农民的利益是否真正得到保障，地方政府是否存在隐性收益，以及宅基地换房是否在市场交易中公平、公正进行，都存在疑问。今后还要进一步在这些方面做出改革和完善，探索一条能更加保障农民权益的城乡一体化创新之路。

（三）成都模式

2002年，成都城市化水平为36%，中心城区的城市化率超过50%，达52%，基本完成了城市化。而远郊区城市化率仅有17%，总体来看，二者差距比较大，“三农”问题突出，存在城乡发展不平衡问题。在这样的背景下，2004年2月，成都市委、市政府通过分析市情，出台了《关于统筹城乡经济社会发展推进城乡一体化的意见》，提出了推进城乡一体化发展的奋斗目标，这标志着成都统筹城乡经济社会发展实践全面展开。

所谓成都模式，是指成都从2003年以来，以科学规划为先导，“三个集中”为特点，城乡社会公共服务全域覆盖为理念、目标的城乡一体化实践探索模式。具体来说，成都模式的主要措施包括这几个方面：一是城市规划先行，建立全域成都、城乡一体的规划体系，出台《成都市城乡规划条例》。2007年7月，成都市把全市域1.24万平方公里范围作为一个整体统筹发展，并初步规划出“一区两带六走廊”的空间发展格局。并于2010年制定了《世界现代田园城市》规划建设导则，这为成都顺利推进城乡一体化奠定了坚实的基础。二是坚持“三个集中”，做好“三大工程”，即工业向园区集中、土地向适度规模经营集中、农民向城镇居住区集中；与此同时，实施农村发展环境建设工程、农村扶贫开发工程、农业产业化经营工程。三是加强农村工作建设，推进城乡公共服务基本均等化。2008年成都市委、市政府又启动了农村“四大基础工程”建设，即农村产权制度改革、农村土地综合治理、农村新型基层治理机制建设以及村级公共服务和社会管理改革。

成都模式开始于21世纪初，这时城市化正处于高速发展期，成都具有一定的以城带乡的经济实力。经过十多年的探索发展，城乡一体化初具成效，走出了一条自上而下的、大城市带动大农村发展的新型模式。成都从顶层规划入手，把城乡一体化战略目标层层分解，具体落实。把政府和市场很好地结合起来，既遵循客观经济规律，又充分发挥政府主观能动性。即通过政府制定有利于城乡协调发展的制度，通过市场让土地要素、劳动力要素、资本要素在城乡自由流动。以此全面打破长期形成的城乡二元结构，实现城乡一体化发展，这种模式具有借鉴和推广价值。

三　我国城乡一体化发展的经验总结

近年来，我国城乡一体化发展之所以成绩显著，最主要的原因就是坚持科学发展、实事求是、解放思想、与时俱进的路线，在中央一系列方针政策指引下，对我国城乡一体化做了有益的尝试。对各个地区的不同做法、具体措施进行经验总结，有利于提出更有针对性、更符合我国实际的城乡一体化对策。

（一）不同地区，城乡一体化模式不同

“模式”一词最早是由费孝通先生引用到经济学与社会学的研究中来的，是从发展方式上来说的。1995年，他进一步

把其总结为特定地区在特定的历史条件下所走的特定发展路子。克里斯托弗·亚历山大是美国著名的建筑理论家，他认为，每个模式描述的都是一个在环境中不断出现的问题及其提出解决方案的过程。通过这种方式，人们不需要再做重复工作，而可以通过现有的解决方案来处理问题。学者万艳华根据亚氏模式理论，认为模式有同一性和动态性的特点，这说明了在某些地区，某一明显的问题在某一环境中会重复出现，但是模式也会因场所不同、时代不同、文化不同而发生变化。[①] 所以，我们看到在上文中提到的三个模式都有相同和不同之处，每个模式的做法和措施都与实际情况相结合。

我国目前的状况是，东部、中部、西部三个不同的地域，发展差距过大，发展不平衡。东部地区、中部地区、西部地区城市化发展分别处于中期阶段、初期到中期过渡阶段、初期阶段。总体来说，城市发展西部慢于中部，中部慢于东部。再加上城乡一体化是一项系统工程，涉及经济社会发展的多个层面，多种因素相互制约，既有农村原因，又有城市原因；既有制度原因，又有产业情况的原因；既有宏观方面的原因，又有微观方面的原因。

面对这种复杂的状况，我国的城乡一体化不能采取一种模式，而要因地制宜地进行模式探索。在探索和选择的道路上，应借助自身的优势，明确自身的产业和功能定位，在此基础上打造具有自身特色和优势的模式体系。总之，只有走多元化、

---

① 万艳化、王玮：《大余湾历史文化名村："模式语言"的解析与运用》，《华中建筑》2007 年第 11 期。

多渠道、多模式的发展道路，坚持不懈地付出努力，我国各个地区才可能更好地协调发展，最终形成城乡一体化新格局。

（二）注重科学规划的前瞻性

无论是对于一个国家，还是一个地区，城乡一体化在短时期内都是无法完成的，需要一个长期的过程，它的时间跨度可能是十几年甚至几十年。因此，如何把当地的人口、土地、产业、村社等更好地衔接起来，进行重组，充分利用和发挥城乡资源的最佳功能，首要的前提就是要做好规划，充分考虑到城镇发展的潜力，为未来的持续发展留下足够的空间，避免重复建设，因此，规划应具有前瞻性。

在城乡一体化过程中，规划是城乡实现均衡、持续、健康发展的关键。我国已充分认识到这一问题的重要性，《国家新型城镇化规划（2014—2020）》《天津市城市总体规划纲要（2004—2020）》《成都市城乡规划条例》等政策的出台都说明了这一点。这些规划的制定有利于在一定区域内，对当地的开发、建设、利用、保护从空间和时间上做到总体布局和安排，指导全国、全省、全市城乡一体化行动。具体来说，一是要注重科学发展。规划要体现全局性，即从以人为本的角度出发，统领我们的规划；规划要体现统筹性，即生产力布局、人居布局、空间布局都要尽量做到合理；规划要体现超前性，即要站在对未来负责的高度，考虑城乡一体化的进程。二是要注重规划的权威性与灵活性的统一。规划一旦制定，就不能随意改动，要严格执行，甚至有的决策可以上升到法律的高度，使其具有权威性。同时对于可以讨论的柔性条件，在需要的时候，根据客观情况，允许其有自由度。

总之，总体规划作为一种前瞻性、导向性、战略性的公共政策，在城乡一体化建设中有十分重要的引领地位，制定科学合理的规划将为城乡一体化建设健康发展指明方向。

（三）重视农村的基础性发展

毫无疑问，城市要发展必定要依赖农村，而城乡一体化格局的形成更离不开农村的发展。在中国，重视农村的发展不仅是城乡一体化的重要内容，也是城乡一体化快速发展的重要因素。农村发展和农业生产率提高，可以保证农业人口向城镇转移的数量、速度以及保障城镇承载能力的平衡，所以，农业的发展是城乡和谐发展的重要前提。这一点在发达国家有明显体现。发达国家在城市化过程中一直都很重视农业的基础地位，重视工业与农业的协调发展。而发展中国家却往往采取先牺牲农业发展工业的做法，给城市化发展带来了种种弊端。如许多发展中国家出现的“超前”“过度”城镇化，尤其是拉美、非洲等国出现的大量失地和破产农民涌入城市，加剧城市贫困的严峻局面。因此，我国在城乡一体化发展过程中，必须重视发展农村，把农村的发展和城市化有机结合起来。

现阶段我国工业化发展和城市化水平都有待提高，仍然要着力解决农村劳动力的转移问题。所以对农村问题必须给予足够的重视。事实上，我国各个地区成功的城乡一体化模式也正是这样做的。只有建立合理的农村土地制度，不断提高农业的技术水平，加大投入农村教育和基础设施建设，才能提高农业的劳动生产率，产生劳动力剩余，从而提高农村居民的收入和生活水平，使城乡之间维持适度的平衡；只有发展现代农产品农业，推动农村内发型城市化发展，才能更有力地提供给城镇产业依托，创造农村劳动力转移的就业空间，实现城乡一体化。

实践证明，只有充分重视农业的地位，发挥城市对农村的引领和带动作用，推进新型工业化、城市化和新农村建设协调发展，才能更快地缩小城乡差距，开创城乡一体化的新局面。

（四）坚持政府引导与市场决定相结合的方式

在我国，有相当多的学者认为，我国的城市化进程中，政府起着决定性的作用，我国的城市化是在政府强有力的推动下向前发展的。但也有学者认为，市场才是城市化的第一推动力，这是原则问题，在任何时候都不能动摇。刘福坦认为在正常的城市化进程中，要让市场去选择，要充分发挥市场机制的作用。① 从目前城镇化发展的情况看，城镇化进程中遇到的最大障碍，就是市场决定性作用发挥不够的问题。

城乡一体化是一项复杂而艰巨的工作，不论是发达国家，还是发展中国家，只有完善的市场机制和宏观的政府引导，才能使这一系统有效运行。涉及城市规划、城市区域协调、城镇合理布局、法制建设等一系列重大问题时，必须要有适度的政府宏观调控和引导。涉及内部的经济结构调整、资源配置等问

---

① 刘福坦：《加速城市化：政府该做些啥》，《今日浙江》2001 年第 5 期。

题时，由市场起决定性作用，提高效率。今后，还需进一步协调好政府和市场的关系，充分发挥各自在相关领域中的作用。需要市场发挥作用的时候，政府应退出来，减少对市场运行的过度干预，把相应的权力交给企业。应遵循这样一条原则，即市场能够解决的问题，通过市场机制来解决；市场不能解决的问题，政府参与进来，走“政府市场共推”的城乡一体化模式。在这一模式之下，政府和市场合作，各司其职，发挥两种力量，实现共赢。只有既遵循市场经济规律，充分发挥市场机制在优化配置资源要素上的决定作用，又发挥好政府的引导作用，二者有机结合，才会取得事半功倍的效果，扎实推进城乡一体化实践发展。

第二节　我国城乡一体化发展存在的问题和原因

从20世纪80年代开始，我国城乡一体化进程稳步向前发展，确实取得了很大的成就。但是从时间上来说，还处于探索阶段，仍然有广阔的成长空间，从实际情况来看，也出现了很多问题。

一　我国城乡一体化发展存在的问题

近年来，城乡一体化进程中存在的问题突出表现在城乡居民在收入、消费、公共生活等方面，这些差距不但违背了中国城乡一体化的初衷，也影响着中国经济的健康发展。

（一）城乡居民差距扩大

第一，城乡居民收入差距扩大是城乡差距扩大最主要的表现之一。十一届三中全会以来，我国城乡居民收入差距呈现的特点是先缩小后扩大：1978 年城乡居民收入差距指数为 2.57，这一指数到 1985 年逐步下降到 1.86，之后，这一差距一直呈现扩大趋势。2008 年这一数字达到 3.31，城乡绝对收入差距达 11020 元，首次突破 10000 元。近年来这一数字一直在 3 以上徘徊，2014 年，虽然差距指数下降为 2.92，但是城乡的绝对收入差距却扩大到 18952 元（见表 1）。1997 年世界银行对全球 36 个国家进行分析，得出结果：城乡居民收入的比率一般都低于 1.5，极少超过 2。由此对比，我国的城乡居民收入差距明显偏高。如果把城乡居民社会福利保障计入隐形收入，那么实际的城乡收入差距将会比统计的城乡收入差距更大。另外，从基尼系数来分析，据国家统计局统计，2014 年全国居民收入基尼系数为 0.469，超过 0.4 这个收入分配差距的“警戒线”。虽然基尼系数并没有具体显示在哪个方面分配不均，但城乡居民的收入差距在计算基尼系数时一定是重要数据。居民收入差距越大，反映居民之间贫富差异程度的基尼系数越高，所以，这足够引起中央和政府的高度重视。

表 1　　1978—2014 年我国城乡居民收入比变化情况

年 份	农村居民纯收入(元)	城镇居民可支配收入(元)	城乡收入绝对差距(元)	城 乡收入比
1978	133.6	343.4	100	2.57
1985	397.6	739.1	268.9	1.86
2001	2366	6860	4494	2.90
2008	4761	15781	11020	3.31
2009	5153	17175	12022	3.33
2010	5919	19109	13190	3.23
2011	6977	21810	14833	3.13
2012	7917	24565	16648	3.10
2013	8896	26955	18059	3.03
2014	9892	28844	18952	2.92

资料来源：根据国家统计局《中国统计年鉴》相关数据计算。

第二，城乡居民的消费差距也很突出。一国的消费支出水平也是衡量其经济发展的重要指标。城乡居民收入差距对居民消费水平也有很大的影响。城乡居民消费水平差距在 1990 年之前低于 3 倍，从 1991 年开始这一差距一直在 3 倍以上。1991 年农村居民消费支出达 602 元，城镇居民消费支出达 1840 元，相差 1238 元，比值是 3.06。2006 年农村居民消费支出为 2484 元，城镇居民消费支出达 10359 元，相差 7875 元，比值扩大到 4.17。近年来，这一比值有所下降。2012 年，城镇居民消费支出为 16674.3 元，农村居民消费支出为 5908.0

元，比值已下降到 2.82，但是差距仍然不可忽视（见表 2）。此外，农村居民家庭恩格尔系数较高，国家统计局发布《2013 年国民经济和社会发展统计公报》显示，中国农村居民 2013 年恩格尔系数比城镇居民高了 2.7 个百分点，达到 37.7%，这说明农村居民消费水平还是远远低于城镇的。但是我们应该认识到，我国农村消费市场有巨大的潜力，如果开发好，对于内需拉动经济增长无疑是巨大的动力，这也是我国城乡一体化发展面临的重要问题之一。

表 2　1978—2012 年我国城乡居民消费比变化情况

年份	农村居民消费支出(元)	城镇居民消费支出(元)	城乡消费绝对差距(元)	城　乡消费比
1978	138	405	267	2.93
1985	349	765	268.9	2.19
1990	560	1596	1036	2.85
1991	602	1840	1238	3.06
2001	1969	7113	5144	3.61
2006	2484	10359	7875	4.17
2010	4381.8	13471.5	9089.7	3.07
2012	5908	16674.3	10766	2.82

资料来源：根据国家统计局《中国统计年鉴》相关数据计算。

第三，城乡基础设施差距明显。近年来，我国城乡在基础设施建设、公共品供给等方面一直存在一定程度的不均衡状况。城乡之间在教育投入、师资配备等方面都有差距。政府近几年加大对农村的教育投入，政策向农村倾斜，但与城市相比还是有一定差距。在师资方面，由于农村条件艰苦，教师待遇低下，很多优秀的老师不愿意去农村，农村学校大多是代课教师，水平参差不齐，这影响了农村整体的教育水平。我国88%的农村劳动力教育程度是初中及以下，达到大专及以上的只有0.56%。城乡居民在文化发展水平方面差距较大，我国大多数农村地区在文化设施方面几乎为空白。[①]同时，城乡卫生事业发展不协调，广大农村医疗卫生条件落后，城乡医疗卫生服务质量水平差距明显。农村基础设施建设滞后，生产生活条件差。虽然农村基本公共服务和社会保障制度已经建立，但其服务水平与城镇还无法相比，而且总体来看，国家投入建设的农村基础设施还存在等级低、缺乏有效管理机制等问题。城市居民生活的幸福感、满足感、安全感总体上要高于农村居民。因此，国家必须坚持长期把重点放在农村基础设施建设和公共事业发展方面，进一步向农村倾斜公共财政支出，让农民能够充分享受社会进步的成果。

（二）城乡产业关联度不足

新中国成立前夕，党的七届二中全会明确提出新中国成立后经济工作的重心要从农村转移到城市上来。虽然以城市为中

① 马一民：《论城乡社会保障统筹发展》，《经济学动态》2008年第11期。

心，并不意味着取消和忽略另一方面。但是后来的发展还是偏离了轨道，制定了优先发展重工业的经济发展战略，再加上城乡二元制度的约束，最终导致城市与农村、工业与农业分离，表现在产业格局上就是“城市搞工业、农村搞农业”，这也是造成我国城镇化发展长期滞后于工业化局面的原因。1978 年起，我们党全面总结了社会主义城乡建设的经验，率先在农村进行改革，取得了显著效果，农业产量大幅度增加，之后乡镇企业的异军突起，不仅使农村经济快速发展，而且也优化了农村的产业结构。然而，受城乡二元分割体制的长期影响，城乡产业间的相互作用太弱，城乡产业间的市场联系被阻隔，城乡没有形成一体化的市场体系，客观上阻碍了经济的进一步发展。这使得一方面，城市对农村工业化的拉动作用十分微弱，如现阶段在农业生产技术方面，工业发展对其支持不足，影响我国农业产业化发展水平，农业现代化步伐缓慢，这直接影响农民收入的增长，扩大了城乡居民间的收入差距。另一方面，农村工业化由于受到经济发展的制约，依托中心城市的程度不太高，这不利于产业结构和经济增长方式的转变，不利于劳动力的转移和吸引居民就业，增加居民收入，当然也不利于今后城乡的持久发展和进步。除此之外，城镇化发展本身还存在产业发展问题。在近十年我国城镇化进程中，越来越多的新城出现，如各类工业园区、开发区和新城区，但是相应的配套问题如引入产业等都未能得到很好的解决。缺乏产业支撑，城镇化“空心化”，造成大量“空城”“鬼城”现象，如鄂尔多斯康巴什新城、昆明呈贡新城、河南郑东新区等。长期以来，中国的产业结构和城镇化的发展并不适应，由于产业与城镇的分离，有些农民虽然住进了公寓楼，但是没有相应工作，还在务农，一些必要的家机工具等只好在公寓附近搭个棚子来存放，结果使得居住小区城不像城、乡不像乡，人居环境反而退化。[①]“有城无市”是一种误区，城镇越向现代化发展，就越应让居民感到方便、舒适。当前，由于没有树立以人为核心的规划理念，因地而建，搞单一化模式，就无法从根本上解决制约城镇发展的体制和机制问题，也不能提高居民的幸福指数。因此，不断更新产业链，产城结合，打造新的增长点，将成为新型城镇化的关键所在。

（三）农业转移人口市民化进程滞后

国家统计局公布，2014 年我国城镇化率已经达到 54.77%，但是城镇户籍人口占总人口的比例却只有 35.7%，这两个数值之间相差了 19.07 个百分点。这也就意味着约有 2.9 亿的农民工虽然实现了职业转变和地域转移，但还没有实现身份和地位的转变。城乡二元体制严重地束缚了农民向城市的自由迁徙，大量在城镇里生活的打工者没有城镇户口，享受不到城镇居民的待遇。虽然他们人在城市，在城市工作，但是家人在农村，家在农村。即便在城市工作，工资待遇也比城市人要低，没有能力在城市安家，而且享受不到城市的公共服务。根据发达国家发展经验，我国城市化率到 2030 年将上升

---

① 公安部：《到 2020 年形成新型户籍制度》，《新华网》2013 年 12 月 17 日，http：//news. xinhuanet. com/politics/2013 – 12/17/c – 125869164. htm。

到70%左右，那么，未来我国仍然有约3亿农村居民将转移到城镇，这对于我国城镇化、农村非农产业发展都是巨大的挑战。因而，农业人口城市化发展滞后是当前我国城乡一体化面临的难题之一，即中国面临公共需求快速增长与公共服务供给不足的矛盾问题。城乡一体化不是要消灭农村，也不是要把农村变成城市，而是在保持二者各自特点的基础上，实现城市与农村的和谐共存，它的实质是要让农村居民和城市居民享有平等的生活。

（四）城乡生态环境建设问题多

改革开放以来，随着经济快速增长，工业化、城市化的不断推进，生态环境问题越来越严重。首先是城市出现了空气污染、水资源和能源短缺以及城市交通拥堵等“城市病”。水资源方面：我国600多个城市中，有400多个城市存在缺水情况，其中110个城市严重缺水，甚至有些城市出现“水荒”现象，水生态危机严重。能源方面：煤炭、石油、天然气等非可再生能源不断减少，我国人均煤炭储量是世界平均值的55%，而人均石油、天然气储量更是少得可怜，不足世界平均值的10%。除此之外，“城中村”成为城市的死角和隐患，不仅影响市容，还可能对整个城市卫生带来威胁，成为城市流行病的发源地。同样，农村的生态环境也不容忽视，表现在：一是农民在种地过程中使用大量肥料、农药，造成耕地污染，使耕地面积减少；二是植被破坏，导致水土流失，水资源严重萎缩，甚至出现河流断流、干涸等；三是森林人为破坏严重，草场退化明显加剧；四是生物多样性受到破坏，许多物种濒临灭绝；五是农村公共服务设施短缺，道路、供水、垃圾、污水处理欠账严重。[①] 城市与农村生态环境是人类生存的基础，二者互为补充、不可分割。同时，城乡生态环境的改善是城乡一体发展的重要前提，也是经济环境协调发展的重要保障。

二　我国城乡不平衡发展的原因探析

城市与乡村作为人类生存的两个空间，从分离之日起，就注定了二者具有差异性。城市的集聚性、综合性、开放性等特点决定了其比农村具有先天的优势和更多的功能，二者之间的差别是与生俱来的。但是，今天我们所要探讨的是，新中国成立后我国城乡发展的不平衡原因，特别是改革开放以来，这种差距越来越大的原因所在。分析目前我国城乡差距扩大，城乡不平衡发展的原因，有利于我们正确认识现实存在的问题，从而推进我国城乡一体化的更好更快发展。

（一）城乡二元体制的存在

我国城乡不平衡发展愈演愈烈的原因与新中国成立后实行的“城乡分治”的二元体制是分不开的。二元体制结构并不是只在我国出现，大多数国家都存在二元体制，但是我国的二元体制不仅是社会内部生产方式自然运动的结果，而且有主观

① 李冰：《二元经济结构理论与中国城乡一体化发展研究》，中国经济出版社2013年版，第77页。

政策强化的因素。新中国成立之初，经济十分落后，可以说是“一穷二白”。国内农村人口多，产业结构落后，人均收入低；国际上面临着发达国家的封锁。受苏联模式影响以及自身处境，我国政府制定了优先发展重工业的决策。这样可以在较短的时间内克服当时国内市场需求不足，建立起自我服务的产业循环大工业体系，这需要大量的资本投入。为此我国实行抑制城乡资源自由流动的高度集中的计划经济体制，动员全社会的资源，支持重工业的优先发展。农村单方面向城市提供一切有用的资源，基本上是在自我牺牲的基础上，为工业发展做出了巨大贡献。但这却使农业投入长期不足，生产率低下，农民收入增长缓慢，城市与乡村不在一个发展的水平线上，城乡发展不协调。1958 年《中华人民共和国户口管理条例》的发布实施，标志着户籍制度的正式形成。这一制度使公民分为农业人口与非农业人口，身份从此不平等，依附在户籍上的就业、教育、医疗、社会保障等方面都将被差别对待，这是从根本上造成城乡差距及不平衡发展的制度原因。直到今天，农民仍然因为户籍制度而受影响，不能真正融入城市，成为名副其实的城市人。孙立平教授认为，如果“城乡二元结构”的问题得不到解决，不但会造成一个城乡断裂的社会，而且城市本身的发展也会失去依托，实现全面小康更无从谈起。

（二）重城轻乡的观念障碍

与优先发展重工业战略相呼应，无论是改革开放前还是改革开放后，中国的经济政策与社会发展战略，大多偏向于城市与城市居民，而非农村和农民，这是导致中国城乡不协调发展的重要原因之一。经过三十多年的发展，城市的优势更明显，人们在城市里生活的舒适度更高，这更使人们的观念固化。虽然改革开放以后，随着经济的转型发展，城市偏向政策有所调整，但是重城市轻乡村的意识仍然根深蒂固。主要表现在：一是片面追求 GDP 的观念根深蒂固。在过去很长的一段时间里，经济发展高于一切，唯 GDP 论成为主流，不仅根植于领导心中，而且普通城市人也持这样的观念。这样自然就会忽视农业的发展，忽视城市与农村的协调发展，忽视经济与社会的协调发展。二是先发展后协调观念根深蒂固。这种观念认为工业与农业、城市与乡村之间存在失衡是发展的普遍现象，每个国家都存在这样的情况，中国的发展也不例外。在这样的指导思想下，自然就产生了城市和工业优先发展的认识，并自觉和不自觉地实行城市偏向政策，忽视农村和农业的发展。这种观念的长期存在阻碍着人们的行为转变。所以在城乡一体化进程中，面临的一大难题就是破除观念障碍，因为人的观念指引人的行为，只有意识到这一问题需要改变，才会有行动上的转变。如果观念不能更新，城市与乡村协调发展还会步履维艰，不容乐观。

（三）利益协调困难

城乡长期得不到平衡发展还有一个根本性的原因，即利益再分配问题。在过去的发展中，中国经济一直走的是城市中心路线，农村和农业始终只被放在一个次要的位置。城市相对于农村，在利益分配上具有极大的优越性，并且这种利益分配倾向的惯性，使既得利益方习惯于原有的分配方式，一旦试图改变，影响他们的利益所得，必然会使这个群体对新政策产生抵制情绪。他们的抵制，会使城乡一体化改革面临重重困难，也造成了现有城乡发展的不平衡。例如，资金是一定的，增加农业投入，就会对工业投入产生一定影响，结果是城市和工业发展利益会受到影响，当然来自这两方的相关利益群体就会抵制。再如，让农村居民进城，享受城市居民一样的待遇也是困难重重。有专家提出城市电梯理论，指的就是每个乘上电梯的人都不希望更多的人进来，因为这样会使空间减少、时间加长。城市就如同电梯，城市人不乐意让农民享受和自己同等的待遇。所以使原有利益关系破除，建立新的利益分配关系，还是一个艰难的过程。

（四）工业化的发展程度有待继续

从整个经济社会发展来看，工业化与城镇化的发展一直是如影相随的。在漫长的社会历史发展中，工业的发展促进了城市的产生，进而城镇化成为工业化高度发展的必然产物。工业化为城镇化提供了物质基础，它通过提供就业岗位、改变土地形态等深刻影响着城镇化，二者的关联性体现在城镇化水平随着工业化水平的提高而不断提高。所以，没有现代工业的发展，高质量的城镇化是不可能实现的，就更不可能解决城乡失衡问题了。从实际来看，我国城镇化长期滞后于工业化发展，但在2010年，我国工业化与城镇化比值缩小为1.09。随着当前城镇化发展的进一步深入，近几年我国工业化对于当下城镇化起到的作用日益减弱。现在工业化在制造业方面，吸纳农村剩余劳动力的能力不强，对城镇化的拉动较弱，致使城镇化发展缓慢。随着我国经济的不断向前发展，我国工业化步入中后期，工业化发展应该不断进行技术创新，与自动化、信息化并行，变革传统的生产模式，这样才能成为城镇化发展的持久推动力，从而缓解我国城乡不平衡发展的现状。此外，我国人口众多也是城乡不平衡发展的原因之一。

总而言之，要在工业化发展进程中实现城乡经济社会的协调和平衡发展，关键在于选择适合我国国情的城镇化道路，破除城乡二元体制，制定和实施相应的城乡一体化政策，处理好城市与农村、工业化与城镇化以及不同阶层之间的关系。

第三节 马克思恩格斯城乡融合思想对推进我国城乡一体化发展的现实启示

一 统一规划城市与乡村，实现城乡协调有序发展为先导

马克思恩格斯论述城乡关系产生发展变化的过程中，虽然没有明确地提出“规划”这个概念，但确实关注过这一问题。他们主要从城市发展中“贫民窟”的出现以及农村的衰败两

方面来说明这一问题的。一方面，马克思恩格斯谈到了在资本主义工业化和城市化快速发展过程中，大批农民涌进城市成为雇佣工人，资本家只顾在生产中压榨工人、追求利润，全然不去考虑大量工人在城市中的生活和居住。因为没有提前的规划，所以给城市带来了许多不和谐的因素，最为明显的就是贫民窟大量出现。千千万万的工人居住在贫民窟里，其生活条件的恶劣程度无法想象，可以用惨不忍睹来形容，相对健康的人、病人和死人住在同一间屋中。在这里，没有相应的供水、排污设施，各种传染性疾病横行。城市人口膨胀，犯罪频发，又没有相应的管理措施，交通、治安等方面面临着严峻的考验。另一方面，城市的无序扩张，也给农村带来影响，大部分年轻力壮的劳动力都跑到城市，使农村一片萧条，农业日渐衰落。马克思恩格斯认为，这是由于资本主义私有制下生产的无政府状态所导致的。由于从一开始就没有规划、没有约束，缺乏相应的城乡平衡机制，致使城乡之间对立越来越严重。因此，马克思恩格斯在谈到未来共产主义社会时，强调生产资料公有，这样才有可能有计划地安排生产，大工业和人口尽可能地平均分布，工业与农业能有机地结合起来。由于问题愈演愈烈，为寻求解决之道，这些国家都相继出台了一系列规划方案，规划意识逐渐形成。如英国后来形成了一套严谨、规范的城乡法律法规，这为后来的城乡一体化奠定了坚实的基础。国外城乡发展的经验告诉我们，处理城乡问题必须要有整体的布局和统一的规划。这对于缓解当前我国城乡差距扩大的状况，有借鉴意义。

（一）当前我国城乡规划中存在的主要问题

改革开放以来，我国城乡规划一直在探索过程中，从最初的条例来看，仍然体现的是城乡二元体制。如全国人大 1989 年通过了《中华人民共和国城市规划法》，这里明确地提到只是对城市的规划。1993 年国务院发布了《村庄和集镇规划建设管理条例》，这是对村庄和集镇的规划。2007 年 10 月通过的《中华人民共和国城乡规划法》才首次把城与乡纳入统一的规划范畴，这意味着我国开始进入城乡一体规划的新时代，步入了城乡一体发展的新轨道。但是由于实施时间较短，城乡规划领域仍然存在着很多问题。仇保兴认为，我国城乡规划存在的问题是“滞后的理性和幼稚的法治”。

第一，没有从本质意义上理解规划，目前的规划只关注物质层面的内容，忽视人类生存的非物质层面的内容。主要表现在以下几方面：一是城乡规划指导思想存在偏差，只搞城市规划或只搞乡村规划，尽管《城乡规划法》颁布实施，但事实上分割规划还相当普遍地存在着。二是规划见物不见人，在规划中违背当地实际状况，千篇一律，没有特色。看到的只是漂亮的高楼大厦，却全然不顾人的权益和人的发展。三是规划只在生活、生产空间中进行，却忽视了其生态空间。近年来，由于规划不到位，使我国资源环境恶化现象越来越严重，而民众对良好生态环境的要求也越来越迫切。城乡规划是一种社会行为，负有一定的社会责任。我们要妥善处理好城乡关系、物的城镇化与人的城镇化关系、经济与环境的关系。

第二，规划滞后于发展。首先，城市的总体规划审批程序时间过长，需 3—5 年，或者更长时间。当规划颁布实施时，实际情况已发生了很大变化。其次，城市的发展过快，原本 20 年的规划指标，可能 10 年就突破了，导致规划失去了调控作用。

第三，规划法之间缺乏一致性，存在相互抵触。我国城乡规划的诸多法律依据如《城乡规划法》《土地管理法》《环境保护法》等法律间存在着相互冲突的条款。如《土地管理法》要求对土地的开发、利用等在时间空间上都做一个总体的安排，当然这里面要包括城市规划区内的土地利用。但是《城市规划法》又有自己的规定，两者编制、审批不同，相互间不能很好地衔接，冲突在所难免。常见的情况是，总体规划被其他分支性规划所肢解，失去了“总体”功能。

第四，规划缺乏权威性。首先，规划科学性不足，权力高度集中于领导政府手中，责权不对称，主观性强，“规划规划，不如领导一句话”。其次，规划不能一贯执行下去，随意性强，一些地方“换一届领导就改一轮规划”。据调查，在 1997—2010 年，东部沿海一些城市的土地利用总体规划布局调整率多在 20% 以上，有的高达 80%—90%①。最后，由于一些地方的违法行为在领导的默许之下进行，所以处罚完全起不到震慑的作用，规划的权威性更无从谈起。

---

① 吴次芳：《土地资源安全的概念、研究内容及发展方向探讨》，载《中国土地资源安全学术研讨会论文集》，浙江大学东南土地研究中心，2003 年 4 月。

（二）规划的内涵和基本内容

规划出现问题有很多原因，但是首要原因是没有认清规划到底包含什么内容，我们是为谁在规划，规划最终要达到什么样的状态？学者们对规划有不同的定义。有的认为规划是为经济和社会发展服务从而塑造和改善城市环境的社会活动。有的认为规划是一种艺术，是一种政治活动。还有的认为规划的目的是为了使居民享受健康的生活而进行的一系列社会实践活动。总而言之，笔者认为好的规划一定是关系着我们生活质量的行为。狭义上讲，规划是对人类聚居地的物质空间进行设计的活动，在这一活动中，城市设计是核心。广义上讲，规划是综合性的，包括生活、生产和生态三维空间，规划设计时一定要把建筑和空间结合起来。并且要将规划看作一个不断发展的动态过程，做出我们想要创设的环境的价值判断。从实践的角度来看，规划一般分为总体规划和详细规划。总体规划属于宏观层面的规划，通常是对发展目标、方针政策、空间布局等方面做出指导性的安排，不涉及具体开发和操作，一般具有较强的稳定性。详细规划与总体规划相对应，属于微观层面，主要是针对某一地区的房屋建筑、道路交通、基础设施以及绿化等方面做出统一的安排，并有相应的实施行为。但是微观的详细规划一定要符合宏观总体规划的安排，而总体规划也要起到指导作用。二者是相互衔接，一致发挥作用的。

（三）适应城乡一体化发展的规划：思路与建议

针对目前我国规划领域存在的问题以及吸取国内外经验教训，建议从以下几个方面着手进行改进。

1. 规划要注意三维立体空间的把握，增强生态性

《国家新型城镇化规划（2014—2020）》指出，“城市规划要由扩张性规划逐步转向限定城市边界、优化空间结构的规划”。这告诉我们，城乡一体化发展必须实行全域规划，不断优化包括城市和乡村在内的全部空间结构。习近平总书记也强调，今后的规划一定要按照人口资源环境相均衡、经济社会生态效益相统一的原则，整体谋划空间开发，科学布局生活空间、生产空间、生态空间，给自然留下更多修复空间。理想的状态是生产空间集约高效，生活空间适度宜居，生态空间山清水秀。一般来说，生态空间范围宽广，包括整个地球环境，当然生产和生活空间也包括在内。而生产空间通俗地讲指的是人们从事生产经营活动的场所，生活空间指的是人们居住、消费和休闲娱乐的地方。这两者并非泾渭分明，有的地方生产和生活空间是重叠的。以往规划出现的问题是生产空间布局不合理，一方面挤压生活空间；另一方面对生态空间造成开发性的破坏。过于注重经济效益而忽视生态效益，没有明白保护利用好生态空间，对生产空间和生活空间起着保障作用，是经济社会可持续发展的基础。规划设计注意三维立体空间的把握，我们才能期待在不久的将来，都能够让居民“诗意地栖居”“幸福地生活”。

2. 规划要注意区分城乡差别，注重科学性

城市与乡村是两种完全不同的生存空间，二者的差别体现在很多方面，如自然风貌、聚落形态、产业发展、社会文化和生活方式等。在我国的社会经济发展中，城市和乡村分别承担着不同的功能和发展任务，这种区别决定着城乡发展的差异性。城乡差异化发展既是国际城镇化发展的普遍规律，也是中国特色城镇化道路的应有内涵。推进城乡一体化发展，并不是要消除这种差异，也不是要把乡村变成城市的牺牲品。从功能上来说，也绝不是要把农村变为城市，而是要求城市和乡村在发展条件上要尽可能公平，在发展成果上尽可能共享。所以城乡一体化不是城乡同样化，城乡规划要注重科学性，遵循规律，尊崇自然，尊重民愿，体现城与乡的特色，从实际出发，不能求大、求急，要兼顾生产和生活，真正为居民着想。否则就会农村不像农村，城镇不像城镇。苏州市在推进城乡一体化的进程中，就提出要使“城市更像城市、农村更像农村”。“城市更像城市”是指一些小县城和中心镇在规划建设时按照中小城市标准进行；“农村更像农村”是指农村规划应保持传统农耕文化和优美的田园风光，因为乡村比城镇拥有更高的环境质量。这一做法就很好地体现了城乡一体化发展中的城乡差别思想。

3. 规划要注重公众参与，增加透明度和适用性

十七大报告指出，要“增强决策透明度和公众参与度，制定与群众利益密切相关的法律法规和公共政策原则上要公开听取意见”。十八大报告又强调，要“保障人民知情权、

参与权、表达权、监督权……凡是涉及群众切身利益的决策都要充分听取群众意见”。显而易见，城乡规划与居民的利益密切相关，所以强调规划制定过程中的公众参与十分必要。在城乡一体化规划制定的全过程推进公众参与，不仅可以提高规划的可执行性，而且会取得良好的效果。公众参与城乡规划有利于解决我国规划长期以来的随意性，增加透明度和适用性。

1965 年，英国在政府设立的规划咨询小组（PAG）的报告中提出公众应该“参与”规划的想法。在报告的开头，规划咨询组设置了四个目标，第一个目标是“规划体系既作为执行规划政策的工具又作为公众参与规划过程的一种手段，应确保为其目标实施提供满意的服务”①。他们认为如果城镇规划的思想和实践没有公众的参与，在社会学上就显得很天真，由此也将带来政治上的幼稚。但是公众参与也有一个程度问题，最初时，公众参与主要被看作进行更多的公众咨询，而不是公众积极地参与决策。美国学者谢里·阿恩斯坦认为公众参与是可多可少的。他设计了一个所谓的公众参与的“阶梯”（见图 1）。这个梯子的各阶段象征着一系列“公众参与”的“概念分析”。从图中可以看出，公众参与只是一个宏观的概念，如若要做到真正的参与，还需将权利向公民转移，并达到最大化，即“公民控制”。这些思想对于我国来说，有一定的借鉴作用，即不要将公众参与流于形式，而是要真正地落到实处。

---

① ［英］尼格尔·泰勒：《1945 年后西方城市规划理论的流变》，李白玉、陈贞译，中国建筑工业出版社 2015 年版，第 83 页。

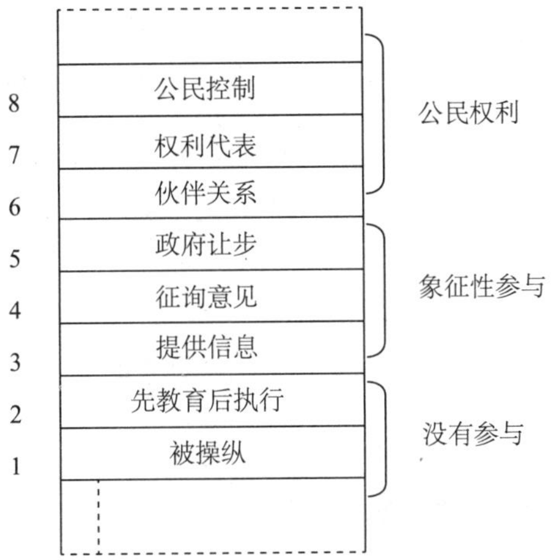

图 1　谢里·阿恩斯坦的公民参与阶梯

来源：阿恩斯坦，《美国规划师学会会刊》第 35 卷，1969 年 7 月。

中国公民的公众参与意识并不强，因此，首先，要增强公众参与城乡规划的意识。多种形式地对城乡规划进行宣传，尤其面向广大农村地区，普及城乡规划知识，并在不同阶段确定公众参与的不同内容。其次，健全公众参与城乡规划的组织机构。发展非政府组织，积极培植公众参与的代表层，一方面可以征集传达民意；另一方面可以在规划问题上与政府进行协商。最后，形成公众参与城乡规划的制度体系。只有有了制度保障，公众在参与城乡规划时才可能保障自身的合法权益，才能最终形成一种全社会共同参与的、自觉的力量。

4. 规划要与法治相结合，增强权威性

面对目前城乡规划出现的随意性，我国城乡规划法规体系必须不断健全，使我国城乡规划工作真正做到有法可依，顺利走上法治的轨道。目前我国《城乡规划法》在功能定位上与城乡规划的功能混淆了，现行《城乡规划法》注重的是编制和实施，过分偏重行政管理，缺乏对政府规划主管部门的制约和对公众和其他组织的保护性规定，这一缺陷大大降低了《城乡规划法》的实施效果，必须有本质性的转变和完善。所以需要修改《城乡规划法》的功能，向严格规划权力和保障相对人的权益角度侧重。同时严格城乡规划方案的修改制度，方案一旦制订，就具有稳定性，不能频繁修改。此外，对规划管理部门的权力也要有所限定。“一切有权力的人都容易滥用权力，这是一条万古不易的经验。要防止滥用权力，就必须以权力约束权力。”① 对于在规划方案中违反法律规定的、滥用规划权力的行为，要一律严惩，以示其权威性。

二　以城带乡，在城市化中解决城乡差距问题为关键

马克思恩格斯从生产力与生产关系的发展中分析社会关系中的经济活动，对于城乡发展的变化也是如此。他们认为，城市从农村中孕育产生，城市从属于农村，是生产力发展的结果。资本主义时期，形成的农村从属于城市的城乡关系，也是生产力发展尤其是工业发展所致。优越的工业生产方式使农村各种生产要素流向城市，城市繁荣，农村衰落，城乡差距加

① ［法］孟德斯鸠：《论法的精神》上册，张雁深译，商务印书馆 1982 年版，第 154 页。

大。马克思恩格斯认为城乡间的差距是社会生产力发展过程中的必然体现，也是社会向前发展的一种推动力。因此，马克思指出："我不仅把大工业看作是对抗的根源，而且也看作是解决这些对抗所必需的物质条件和精神条件的创造者。"① 这告诉我们，大工业的进一步发展，通过城市已有的优势，带动辐射农村，使其由落后走向繁荣，从而实现社会城乡一体跨越发展。一些发达的国家如美国的城乡一体化发展经验印证了这一观点。美国早在 1920 年城市人口就超过了农村人口，之后经历了工业化后期的城市化，现在已初步实现了城乡一体化。

在前文中，我们回顾了城乡关系演变的几个阶段：城乡分离阶段；城市统治乡村和城乡对立阶段；城市反哺乡村和城乡一体融合阶段。通过观察世界上城乡发展比较好的发达国家和地区的情况，发现城市化的发展水平与城乡和谐"双赢"局面是成正比的。城市化水平越低，城乡二元的矛盾和社会问题就越突出，城市化水平越高，城乡之间的差距就越小，城乡一体化的格局就越容易形成。当前，中国城镇化率已超过 50%，开始进入城乡一体化和融合的新阶段。这一阶段，必须以城市化为引领，逐步缩小城乡差距，推动城乡一体化。

（一）城市化与城乡一体化的关系

城市化是农业人口不断转化为城镇人口，第二、第三产业不断向城镇聚集，城镇数量和规模扩大，同时城市文明、

① 《马克思恩格斯全集》第 32 卷，人民出版社 1974 年版，第 528 页。

生活方式和价值观也向外扩散和传播的过程。城乡一体化是城市与乡村走向一体、融合的过程，是社会经济发展的必经阶段。城乡一体化的实现，意味着城市与乡村在经济、社会、文化、环保、空间等方面达到充分融合，城乡居民在不同地方共享同等的生活条件，城乡居民拥有相同的生活品质和平等的发展机会。由此概念可以得出，城市化和城乡一体化二者互相影响，相互促进，共同发展。城镇化是城乡一体化发展的前提，城镇化发展水平越高，越能促进城乡一体化的发展进程。通过城镇化的发展，城市人口规模扩大，城市建设水平提高，农业人口市民化，最终达到城乡一体化。城乡一体化速度变快了，又会促进城镇化向前发展。随着城乡一体化的发展，生产要素在城乡之间自由流动，城市和乡村关系越来越紧密，城乡之间的差距越来越小，城市化的水平就会越高。反过来城市化不发展，城乡一体化就缺乏动力支撑，甚至可能出现“逆城市化”。所以从长远来看，城乡一体化要在城市化的发展中实现。未来一段时期，城市化建设会创造巨大的消费需求和投资需求，是促进中国经济持续增长的动力。因此，推动城乡一体化发展，有效解决城乡差距扩大问题，必须重视城市化的发展。同时，我们也要明白，城市化又不同于城乡一体化，城市化主要解决的是发展问题，城乡一体化则更多关注公平问题，但二者的共同目的都是为了促进城市和农村的发展，保障城市居民和农村居民的权益。

（二）正确理解城乡一体化

城乡一体化不等于城乡一样化，不等于“去农村化”。即城乡一体化发展并非要消灭农村，把农村全部改变成城市，也不是把所有农民都转移到城市中去。我们应该明白，乡村和城市一样，都是人类生存的空间，相当长的时期内是不会消失的。农村和农业不仅肩负着粮食安全和生态平衡的重任，而且为城市居民提供了重要的休闲和生态空间，所以农村才是城乡一体化发展的根本依托。应该给予农村和城市同等的关注，而不能顾“城”失“村”。结合国际经验和中国国情，中国城镇化率的饱和度大约在85%。这意味着即使将来城镇化达到这一程度，仍有相当数量的农民还会在农村生活。

因而在推动城乡一体化的过程中，我们仍然要加大对农村的投入，“农村不能成为荒芜的农村、留守的农村、记忆中的故园”，要让农村成为安居乐业的美丽家园。所以，城乡一体化是在保存城市和农村各自特征的前提下，消除由于城乡二元结构而导致的城乡居民在社会保障、公共服务、福利待遇等方面的差距，消除城市和乡村在经济社会发展上的差距，从而保障农村与城市在现代化进程中的同步发展，保障农村居民拥有和城市居民平等的发展权和改革成果的共享权。在城市化程度较高的一些发达国家，乡村不仅是一道美丽的景观，也是工业生产和社会进步的重要组成部分。乡村和城市和谐相处，融为一体。通过城乡差异发展，实现城市让生活更美好，农村让城市更向往。总之，城市和乡村如同中国社会经济发展的两翼，唯有二者都宜居，才可能释放出巨大的包容性和发展潜力，唯有两翼都丰满，中国经济才能持续发展。

（三）以城带乡，建立城乡一体化的新发展方式

2008 年 10 月，十七届三中全会提出“工业反哺农业、城市支持农村和多予少取放活”的方针，十八大又提出构建“以工促农、以城带乡、工农互惠、城乡一体的新型工农、城乡关系”。可见，党中央已认识到实现城乡一体化，必须坚持以城带乡，彻底纠正过去那种牺牲农村、忽视农村的城镇化老路，坚定不移地走城市反哺农村的新型城镇化道路。这就要求发挥城市的辐射带动作用，发挥城市对生产要素的集聚和整合功能，在更高的起点上提高城乡发展一体化水平。以城带乡是城乡一体化实现的重要途径。具体说就是要利用城市在要素市场、产业发展、社会事业、基础设施和公共服务上已形成的优势，带动农村发展。

第一，加强城乡生产要素市场建设，以城带乡，实现一体化发展。

土地、劳动力、资金、信息、技术等生产要素的结合程度，决定了经济发展的水平。因此生产要素如果能够在城乡之间得到合理的配置，就会对城乡一体发展的广度和深度起到很大的作用。很显然，城市在资金、技术、信息要素上有明显的优势，而土地、劳动力要素在农村占优势。过去城乡之间差距

拉大、发展不平衡，究其原因在于城乡二元体制阻断了城市资金、信息、技术与农村土地、劳动力的自由流动和结合。因此，今后的发展必须破除阻隔城乡的壁垒，建立城乡一体的金融市场、信息及技术市场、土地市场和劳动力市场，使生产要素在城乡间按市场机制配置，从而实现自由流动。实际上这是城乡的各种资源在全国范围内重新配置的市场化行为，是以城带乡，实现城乡一体化发展的需要。

第二，推动城乡产业衔接发展，形成产业发展上的以城带乡。

目前，产业衔接融合已经成为产业发展的新趋势，它是在技术创新或制度创新的基础上形成的一种产业边界模糊化和发展一体化的现象。通过产业重组，使产业功能升级，引发城乡产业形态、组织方式等的重大变化。推动城乡产业衔接发展，首先仍然是破除城乡二元结构壁垒，实现城乡互通，采取多种方式实现城乡产业融合，如股份制形式；其次是要使城市产业和产业链延伸至农业和农村，从而带动农村产业发展；最后是城乡产业要合理布局，产业发展要考虑产业的规模、布局类型、产业就业吸纳能力，城乡产业互补，实现城市产业带动农村产业发展。

第三，推进城乡社会事业融合，实现社会事业发展上的以城带乡。

积极推进城乡社会事业融合，实现社会事业发展上的以城带乡。一方面必须改变目前社会事业资源配置在城市居多而乡村较少的格局，只有城乡均衡配置社会事业资源，才能推动农村社会事业健康发展；另一方面还要注意到优质社会事业资源向农村倾斜，以满足农村在这方面资源总量不足的现状，让农村居民也可以享受到优质社会事业资源提供的服务，全方位缩小城乡社会事业发展差距。不断优化整合城乡社会事业融合，使城乡间的形态和发展面貌进一步拉近。

第四，推动城市基础设施向农村延伸，实现基础设施以城带乡。

推动城市基础设施向农村延伸，牢固树立“城乡一盘棋”的思想，统筹发展城市和农村基础设施建设，积极推动基础设施向农村覆盖延伸。以往诸如电信、交通、运输等大量基础设施和公用设施资源都集中在城市，农村在这些方面被忽视，被边缘化，重城市、轻农村的观念，致使长期以来农村基础设施建设远远落后于城市。也由于城乡二元结构的制约，城市基础设施难以向农村延伸，当然农村就无法与城市共享基础设施带来的便利。以城带乡，实现基础设施建设上的一体化，首先，要打破二元结构，营造一个城市基础设施向农村延伸的畅通环境，提升农村积聚基础设施的能力；其次，通过城镇化建设与发展，通过各种方式积极推进城市基础设施向农村延伸；最后，以新农村建设的社区和重点村为中心，推进农村基础设施和公用设施建设，逐步与城市对接，彻底改变农村基础设施和公用设施落后的局面。

第五，推动城乡公共服务融合，在创新体制机制的基础上实现以城带乡。

城市聚集着数量众多且优质的公共服务资源，而且有着较完备的城市公共服务平台，同时，在公共服务管理方面，也积累了许多经验。充分的公共服务资源，为城市居民提供了种类繁多、形式多样的公共服务，这与农村相比差异巨大。所以推动城乡公共服务融合，实现以城带乡发展，第一步就是要让城乡公共服务资源达到均衡配置，解决农村公共服务资源短缺的问题；第二步要通过相关的制度政策，鼓励城市的优质资源与农村公共服务资源融合，在拥有资源的基础上，再提高农村公共服务质量；第三步是国家要把侧重点向农村倾斜，从资金、机构发展、队伍建设等方面完善农村公共服务平台，使其自力更生，自我发展，能够为农民提供相应的公共服务。要说明的是，在这一过程中，可能开始时要发挥城市的引领作用，但是从长远来看，城乡公共服务平台和资源，最终会走向一体。

三　以加快转变农业发展方式为着力点

马克思恩格斯在阐述资本主义城市大工业发展的同时，也对工业发展影响农业，从而引起传统农业的改造等做了深刻的论述。他们认为，资本主义工业化的发展，会使大批农民集结在城市，从而带来城市住宅紧缺、生存空间不足、环境污染严重等问题。为了避免这些问题的出现，恩格斯认为，在农村进行大规模农业经营，可以让想要拥挤到城市的农民就留在农村中，利用先进的技术，从事工业劳动，这样对他们才是有利的。“只有在这种巨大规模下，才能应用一切现代工具、机器等等，从而使小农明显地看到通过联合进行大规模经营的优越性。”[①] 而且马克思在《论土地国有化》也提到资本主义是要达到日益增长的生产目的，为此就不能再用小型的农业生产，因为这样容易消耗掉各种东西，同时，现代化的技术手段也不利于使用。现在的情况是土地越来越少，而人口却越来越集中到城市，因而更需要实行大规模的土地经营。当然，“一切现代方法，如灌溉、排水、蒸汽犁、化学处理等等，应当在农业中广泛采用”[②]。资本主义向农业扩张，“使农业合理化第一次有可能按社会化方式经营，有利于生产力的发展，有利于社会关系的发展，有利于更高级的新形态的各种要素的创造”[③]。目前，我们从发达国家农业发展状况来看，马克思恩格斯所做出的判断是正确的，这些国家整个农业生产率较高，原因就在于农业集约化程度高，农业实行大规模经营和现代科学技术。

一直以来，“三农”问题都是我国社会经济发展的短板和薄弱环节。党的十八大报告提出解决好“三农”问题是全党工作重中之重。“十三五”时期是我国全面建成小康社会的决胜时期，规划指出要大力推进农业现代化，加快转变农业发展方式，走出高效、产品安全、资源节约、环境友好的农业现代化道路。尽管在农业现代化的道路上，我们已走过了几十年的历程，但是从总体上看，我国农业基本上还属于传统农业，小农意识还特别严重。当下必须进行农业发展方

---

① 《马克思恩格斯选集》第3卷，人民出版社2012年版，第237页。
② 同上书，第176页。
③ 《资本论》第3卷，人民出版社1998年版，第697页。

式的转变，将传统农业升级为现代农业。要想达到实现现代农业的目的，必须推动农业现代化。农业现代化指把现代先进的科学技术、现代优越的管理方法更多运用到农业中去，在农业生产经营的规模化、产业化、信息化上下功夫，从而提升农业生产效率和产品产出，最终提高农民收入。国务院办公厅印发《关于加快转变农业发展方式的意见》（以下简称《意见》），是从国家层面首次系统部署转变农业发展方式的重要文件。文件指出，推进农业现代化的根本途径是农业发展方式的转变，也是农业现代化实现的必然选择。加快农业发展方式的转变，有利于破解农业难题，提升农业产业的竞争力和质量，促进农业经济较快发展，这要重点实现以下四个方面的转变。

（一）农业经营方式由一家一户的分散经营向适度规模经营转变

目前，我国农业发展方式的转变，主要是基于农民向城镇转移后，出现大批空闲耕地，因此得以将一家一户的分散耕地联合起来，向规模经营主体流转，转变为适度规模的专业化经营，从根本上提高农业劳动生产率和农民的经济效益。这就需要在坚持农村基本经营制度的基础上，促进农业经营方式创新，形成多层次、多形式、多元化的经营方式，提高农业组织化程度，引领农户到农业社会化、专业化、商品化的发展轨道上来。这是类似于美国规模化经营的大农经济，在有条件的地区，建设具有一定规模的农场，使用程度较高的机械化、产业化运作，提高农业的综合生产能力，从而使农民获得较高收益。这需要满足以下几个条件：一是明晰农村土地产权，使土地可以自由交易。农村土地归集体所有，农民只有使用权，应在现有集体所有制的基础上尽量给予农民对土地的处置权，为土地自由流转创造有利的制度环境。十八大报告中指出，“在坚持和完善最严格的耕地保护制度前提下，赋予农民对承包地占有、使用、收益、流转及承包经营权抵押、担保权能，允许农民以承包经营权入股发展农业产业化经营。鼓励承包经营权在公开市场上向专业大户、家庭农场、农民合作社、农业企业流转，发展多种形式规模经营”。二是建立农村产权流转交易市场，规范土地流转制度，推动农村产权流转交易公开、公正、规范运行。使土地在流转过程中，流转双方的权益得到保护。三是加大对农业在资金、技术和保障方面的支持。农业规模经营需要大量的资金用于流转土地，如机械设备、农业材料等。而普通农民无力承担，所以政府在资金方面的扶持与帮助尤为重要。除此之外，技术上的支持必不可少。原本农村在这一块就是弱项，而规模化经营是一定要有技术作为支撑的，所以怎样把最新的技术传递给农民，转化为实际的生产力，政府也要充分发挥其引导功能。当然，由于很多地方规模经营都在起步阶段，所以要建立和完善风险保障制度。尽量降低经营风险，保障经营主体的权益，推动规模经营健康稳步发展。

（二）农业结构由传统方式向农业现代产业体系转变

当前，我们要做大做强农业产业，保障粮食安全，优化农产品布局规划，推进农业结构调整，加快形成具有特色和优势的农产品产业带。农业产业化指的是以资源开发为基础，产供销为一体的经营原则，对农村经济的主导产业产品实行多层次、多元化的优化组合，发展各具特色的产业体系。在不适宜大规模机械化耕作的地方，可以尝试因地制宜搞特色，走特色农业道路。在农业的功能性方面找突破，在传统功能外，侧重发展绿色农业、生态农业、农家乐、传承文化农业等，同样可以使农业结构升级转化，也是一条符合我国农业发展的现代农业道路。首先，在产业选择上，大力发展特色农业。开发当地具有优势的农业资源，形成独具特色且有竞争力的产业，如特色农产品加工业、特色农业服务业等。发展特色农业，一要做到因地制宜、合理布局。既要利用好当地的农业资源又不能破坏生态环境。二要突出“特色”二字。发展特色农业切忌盲目追求大而全，重点是以资源优势为依托，整体考虑当地产业基础、市场条件等因素，发展具有特色的优势产业。三要培育特色市场。特色市场是特色农业链中最重要的一环，要选择性建设与特色农业相关的、市场网络和市场功能齐全的特色市场，使其成为特色农业的重要依托。其次，在经营体系上，要建立现代农业产业化经营体系。一是建立农业产业化经营体系有利于产业链条的不断延伸，推动农业的多元化产业形态的形成和产业体系的多功能化。二是在产业发展过程中，可以大力发展专业合作社，发挥农业合作社的桥梁作用，使产前、产中、产后做到无缝链接，逐步实现现代化。最后，在技术方面，建立农业产业技术体系。一是这一体系为农业发展方式转变提供了科技支撑，依靠科技进步来提升农业产业的竞争和效益。二是要解决农民的技术和农业科技的对接问题。三是要大力推进农业科技研发和推广紧密结合，提高农业的科技创新能力和效率。

优化农业产业结构，推进农业结构性改革，树立大农业观念，务必要守住粮食安全底线，真正形成结构更合理、保障更有力的农产品有效供给，真正培育起适合我国国情的现代农业产业体系。

（三）农业生产条件由主要“靠天吃饭”向依靠科技信息方面转变

现代农业的重要标志是农业科技化和信息化发展，这也成为加快转变农业发展方式的重要条件之一。要坚定不移地用科技改造农业，加快推进农业信息化进程，提高农业科技进步贡献率，抢占农业竞争制高点，形成有保障的、稳定的农业综合生产能力。

十八大报告提出要“坚持走中国特色新型工业化、信息化、城镇化、农业现代化同步发展”的“四化同步”道路。“信息化”提至国家发展战略的高度，是缘于知识经济时代，信息已然成为一种重要的生产力，农业实现信息化是农业现代化的重要标志。农业信息化是指在农业领域广泛应用信息技术，信息网络、数字化技术以及更为先进的信息技术装备全方位渗透到农业的过程，体现在农业生产、农业经营、农业管理、农业服务、农村社会生活等方面。在我国全面建成小康社会的关键时期，农业信息化将成为农业现代化的重要推动力量。通过农业信息化建设，实现传统农业向现代农业的跨越式发展，对缩小城乡差距、增加农民收入具有重要作用。农业信息化需要注意几个方面：一是注重城乡无差别的信息化基础设施覆盖。以往我国政策和思维定式是重城市、轻农村，这在信息化基础设施建设中也有明显的表现，这将会制约农业现代化的进一步发展。因而，党中央和政府有必要调整思维，在政策方面加大对农村的投入，补齐农村信息化基础设施滞后的短板。二是提升农业信息化服务层级。使信息技术和农业设备深度融合，促使农业生产方式向“智能农业”“精准农业”迈进，有利于激发农业生产的潜力。三是利用市场机制提升农业信息化水平。农业信息化各种工作的展开主要由市场起决定作用，按照市场规则，发挥市场功效提升信息化水平。政府只是起一个引导和基础作用，这个位置一定要摆正。四是加强培训农民的信息化知识和技能。在信息时代，现代农民必须具备掌握和使用信息技术的能力。在这方面，我国农村居民还很欠缺，他们接触信息的渠道少，对信息设备的运用往往无从下手，这也提醒我们要加紧在农村开展信息化培训。我们可以通过社会教育、线上教育、专题培训等多种方式，全方位地普及信息化的相关知识和技能，为信息化的全面推进打好基础。

（四）农业劳动者由传统农民向职业农民转变

我国农村劳动力资源丰富，但总体上素质相对较低，缺乏适应发展现代农业需要的职业农民。下一步，要切实加快培养一大批有文化、懂技术、善经营、会管理的职业农民，把职业农民培养成建设现代农业的主导力量，为转变农业发展方式提供智力支撑。培养职业农民也是推进农业现代化的必然要求。职业农民完全不同于传统农民，一定是具有较新经营理念、具备较高文化素质和较强科技能力的农业劳动者。

第一，要提高农民的现代意识。长期以来，农民小农意识严重，听天由命、被动依赖、自闭，这种传统思想与现代文明相去甚远。新型职业农民必须改变这种传统观念，在保留原有善良、质朴、勤劳的优良传统的同时，日渐培养起与现代文明相一致的主体意识，充分认识到自身价值，积极探寻改变农村落后生活状况的途径。这种现代意识的产生需要政府和社会各界人士的大力支持和帮助。

第二，提高农民的科技素质。现代农业的推动需要新型职业农民掌握先进的劳动工具，在这里一个重要体现就是使用先进技术从事农业生产，对农业方面的新知识、新信息能够接受、消化，并及时运用到实践中去。广大农民要基本掌握作物栽培、病虫害防疫和良种的培育及推广技术，科技和农民应紧密联系。这其中，第一线的专业技术人员和科技队伍是关键，他们肩负着将各种技术普及给农民、提升农民生产经营能力的重任。为此，国家应加大对农村技术推广人员的支持力度，肯定其成绩，提高其待遇。

第三，加强培育职业农民。一是注重理念的培训，在经营管理理念方面，开阔眼界、转变思路，逐渐发展成高素质的新型经营主体。特别要加强市场经济下农民经营管理意识，积累市场竞争的能力，提高农民享受市场收益的能力。同时也要培养农民的法律意识，在法治时代，农民要清楚自己的权利和义务，在权益受损时，用法律的武器保护自己。二是要完善农民培训体系。要建立政府主导、市场作用、多元办学、开放运行的农民教育培训体系。三是要大力推进职业农民培训。满足多样化的农民教育培训，同时满足个性化需求，培养科技型职业农民、经营管理型职业农民、创业型职业农民等。

四　建设“以人为核心”的新型城镇化为归宿

毫无疑问，对人的关注是马克思恩格斯哲学理论中最重要的内容之一。在马克思恩格斯的著作中，有很多方面的论述并不系统，但以人为本一直是马克思恩格斯哲学思想的重要原则。具体到城乡问题中，马克思恩格斯也阐述了人的发展问题。针对城乡发展的第二阶段即城乡分离和对立阶段，他们用大量的篇幅论述了劳动使人异化，社会分工的发展，工业化产生的新生产工具和手段，使人和劳动被分割了，人只能片面而畸形地发展，成为“城市动物”或“乡村动物”。同时他们也注意到城市生活中，人在追求各自利益时，人与人之间的冷漠与个体的孤僻，以及在城市贫民窟中，难以想象的恶劣生存环境使贫民窟中的工人纵欲、犯罪、道德感全无，人性丑恶的东西都暴露无遗。当然，马克思恩格斯也预测到城乡发展的第三阶段即城乡融合阶段，每个人及整个人类会自由而全面地发展，在共产主义社会，将消除资本主义社会的物化和异化的性质，成为真正意义上的以人为本的社会。人的问题说到底是一个“社会”问题，而社会的问题归根结底也是一个“人”的问题。因此，谈人的问题是无法离开社会的，离开了社会，人的问题就无从谈起。

我国当前的新型城镇化建设提出了“以人为核心”的理念。以人为核心的新型城镇化之“人”，在于强调城镇的本质是“人”，而非“城”即“物”；之“新”，在于强调人本、公正、持续与和谐。城镇因人而诞生，因人而发展，城镇化的出发点和最终目的都是为了人，为了让居民过上幸福的生活。从我国现阶段实际情况看，以人为核心的城镇化强调的是人口的城镇化。

（一）新型城镇化是人口城镇化，人口城镇化的重头戏是农民工市民化

城市发展究竟只是为了建设城市还是为了人的宜居幸福，不同的人观点不一样。但是，把人的生活水平和生活质量的提高作为城镇化的出发点和最终归宿，是毋庸置疑的。这里再提人的城镇化，是因为在中国农业人口是否有城镇户口，是否在城市有稳定的职业，是否享受到与城市人同等的待遇，是至关重要的。这关系我们是否真正以人为核心，是否在城镇化过程中让老百姓真正受益。以人为

核心的城镇化，首先要做到的是人的解放。这指的是农业人口要有条件从土地上解放出来。其次是人的地位。也就是说不仅农民能够进入城市，而且要有工作，有住房，积极进行消费，这样才能带动整个城市的发展。再次是人的融合。即入城农民与城市人融合在一起，享受到公共服务待遇的同时，关键是在思想观念、生活方式、个人素养等方面也要跟上，能真正融入城市中去。最后是人的幸福。人们来到城市的目的很明确，就是为了更好地生活。亚里士多德早就说过："人们聚集到城市里来居住，他们之所以留居在城市里，是因为城市中可以生活得更好。"这四个环节，一环扣一环，哪一环解决不好，都势必影响城镇化健康有序发展，进而影响我国广大人民的幸福生活。目前我国有近3亿农民工的市民化问题迫切需要解决。实现农民工市民化，既可以有力推进新型城镇化，也是城乡一体化进一步发展的突破口。现在对于我们国家发展来说，农民工市民化既是必要，又有条件。一方面农民工有这方面的现实需求，如果他们长期留在城市，却享受不到应有的权利，可能会使社会矛盾累积，从而引发社会问题。另一方面，现在我们国家也具备了解决农民工市民化的基础，无论是经济方面还是城镇的吸纳能力方面，同时也有部分地区成熟的经验可借鉴。一是有序推进农业转移人口市民化。城镇化的根本动力在于农民转变为市民的过程，"把符合条件的农民逐步转变为城镇居民，是推进城镇化的一项重要任务"。在人口城镇化中，循序渐进推进，先把符合条件的农业转移人口转为城镇居民。如在城市中生活工作多年的农民工，这部分农村转移人口，实际上已占有一定的城市资源，要优先考虑。二是分离户籍与公共福利制度，允许有稳定职业和合法固定居所的农民工落户城镇，享受同城镇居民同等的福利待遇。三是出台农民工全国统一服务政策，保障农民工无论在哪里工作生活都可以享受到该地区的基本公共服务。

（二）户籍制度配套改革是实现新型城镇化的关键

基于城镇化发展中出现的问题，以及以人为核心新型城镇化提出的要求，旧城镇化模式已经难以为继，把握其症结所在，根本出路应是加快相关体制机制变革，发挥改革的红利，走出一条中国特色城镇化之路。

第一，户籍制度的改革要为破除二元结构努力。

加快户籍制度改革，全面放开建制镇和小城市落户限制，有序放开中等城市落户限制，合理确定大城市落户条件，严格控制特大城市人口规模。深化户籍制度改革，首先，弄清不是要取消城乡二元户籍，至少在短期内这是不可能的。基于城乡二元结构一直存在，甚至长期存在的客观事实，我国城乡一体化将是一个相当长的过程。目前消除二元结构不仅与中国的国情不符，也是无法实际操作的乌托邦幻想。其次，户籍制度改革要在户口管理二元结构方面努力，为解决城乡居民两种不同身份以及带来的待遇不平等问题提供条件。最后，“提高城镇人口素质和居民生活质量，把促进有能力在城镇稳定就业和生活的常住人口有序实现市民化作为首要任务”。常年在城市工作并有稳定的生活来源的农民工，只要他们愿意，均应设计好相关制度为其办理城市常住户口。这一群体目前有2亿多人，如果能顺利解决他们的迁徙问题，再逐步推进全社会的户口自由迁徙。具体到户籍制度本身，到2020年，要基本形成以合法稳定住所和合法稳定职业为户口迁移基本条件、以经常居住地登记户口为基本形式，以人为本、城乡统一、规范有序、科学高效的新型户籍制度。①

第二，土地制度改革要适应城镇化的发展。

土地是农民最基本的生产资料和维持生计的最基本保障，也是农业转移人口市民化的最大资本。必须以土地物权化为重点，以保护农民的土地财产权利为核心，深化农村土地管理制度改革，最大限度满足农民变市民的愿望。首先，建立起真正的土地市场，通过市场化手段，将农民在农村占有和支配的各种资源转变为资产，并将这种资产变为可交易、能抵押的资本，让农民有进入城市的基础。其次，建立农村产权流转交易市场，推动农村产权流转交易公开、公正、规范运行。规范公用地征用程序，保障农民在土地使用权流转中的谈判权，规范土地转让价格的形成机制，真正按照土地的市场价值对被征地的农民进行补偿，保障失地农民利益，逐步提高土地征用补偿费标准。最后，转变土地利用和管理方式，走节约集约用地之

---

① 《到2020年形成新型户籍制度》，《北京日报》2013年12月18日。

路。在坚持农民自愿进城的原则下，鼓励一部分转化为城市人口的农民工，自愿把闲置的土地进行交易，获得一定收益。与此同时，提高土地最终利用整体效益，抑制土地粗放浪费，推进农业现代化建设。

第三，财税制度改革要为城镇化建设提供保障。

十八届三中全会通过的《中共中央关于全面深化改革若干重大问题的决定》指出，必须完善立法、明确事权、改革税制、稳定税负、透明预算、提高效率，建立现代财政制度，发挥中央和地方两个积极性。“明确事权”“发挥中央和地方两个积极性”“建立事权和支出责任相适应的制度”，这些表述的背后蕴含了“钱由谁来出更合适”“钱由谁来花更合理”的问题。

毫无疑问，城镇化的发展需要资金的保障。而税收政策的运用具有重要的引导、调控作用。新型城镇化建设的产业支撑、城镇建设中基础设施和公共服务设施建设、城镇化过程中可能出现的“城市病”的防治，无不需要强大的资金支持。所以新型城镇化的发展必然要求财税改革的跟进。牵一发而动全身，如果能推动财税改革，对于户籍制度改革、社会保障改革都有很大的促进作用。首先，城镇化建设中，中央和地方按照事权划分相应承担和分担支出责任。中央与地方由原来的模糊的事权共担转变为承担更加清晰的不同层次、不同类别公共服务的分类分层责权关系。当然政府支出仍然占据主要部分，经济学规律显示，即使在民营经济最发达的国家，城镇化也必须以政府的大额支出为基础。政府的钱主要源自税收，所以未来税费将会增加，要将高耗能、高污染产品纳入征收范围，加快资源税改革，加快房地产税立法并适时推进改革，推动环境保护费改革等。其次，加大地方投资。新型城镇化强调的是“政府引导、市场主导”，未来的改革将包括投资的多元化，带动国家投资、企业投资和民间投资，由市场化需求判定谁来投资，这样有利于调动地方政府推动建设以人为本的城镇化的积极性。

第四，社会保障制度改革要为城镇化建设提供可持续性发展的条件。

要让广大农民平等参与现代化进程、共同分享现代化成果。正如习近平总书记在阐述“中国梦”时说：“生活在我们伟大祖国和伟大时代的中国人民，共同享有人生出彩的机会。”① 这里提到的伟大人民当然包括广大农民。新型城镇化改革的实质是农民转变为市民，让农民享有和市民一样的公共服务，只有做好社会保障才能让农民也充分享受经济发展和社会发展的成果。从目前的状况来看，我国不完善的城镇保障制度使分配不公、贫富差距越来越大。要健全城乡发展一体化体制机制，使农民平等参与现代化进程，就不能将其排除在社会保障制度之外。因此，必须给农村人口步入城镇化提供基础的制度保证，促进社会和谐公平。按照“广覆盖、保基本、多层次、可持续”原则，实现人人享有基本生活保障，如：建立农村贫困人口的最低生活保障制度，保护生活困难的居民，满足其最低生活保障；配套户籍制度、土地制度改革，建立相

① 习近平：《在第十二届全国人民代表大会第一次会议上的讲话》，2013 年 3 月 17 日（http://news.xinhuanet.com/2013-03/17/c_15055434.htm）。

应的农民工的社会保障制度，针对农民工进城后流动性大的特点，探索社会保障基金和待遇承接转移的办法，建立起覆盖城乡统一的可流通的社会保障体系，让农民工方便带着社保流动，使进城务工人员享有与城市居民平等的社会保障；在加强建立农民工社会保障等制度的基础上，实现城乡居民在劳动就业、基础教育、公共卫生、社会养老、住房保障等方面的公平对接，最终实现城乡居民在社会保障和公共服务方面的均等化和一体化。

（三）新型城镇化和生态文明建设应该“一体化”

新型城镇化内含生态城镇化，即在城镇化过程中，一定要把城镇建设发展与生态环境统筹考虑，将城镇生态整体优化作为新型城镇化的出发点和落脚点，将集约、智能、绿色、低碳作为城镇化的目标，最终实现人与自然的和谐相处。

考虑到我国城镇化发展的长期性，一定要注意以下几点。

要注重原生态建设，将大自然给予我们的青山绿水保护好，同时对于传统的历史古迹也要保护好，建立多样化的城乡生态系统。要加强城镇生态规划设计，如城镇建设前的科学合理规划，准确实施。处理好城镇建设中局部与整体、效率与公平、当前与未来的生态关系，城镇资源集约利用，绝不能再发生为了城镇的扩张而采取各种手段挤压生存空间的情况。要重视产业转型，实现环境保护从末端治理向“污染防治—清洁生产—生态产业”的转变。城镇产业布局必须科学、合理，绝不能为了实现经济的增长降低对产业环保的要求。

总之，要把生态文明的理念融入城镇化的全过程，在城市发展中将历史文化保护、商业开发、产业发展、生态文明结合起来，使城市生态系统及子系统间达到高度有序化，实现经济效益、社会效益和环境效益的最佳契合。不注重物质环境、生态环境的建设，人类的福利就要受损，人类的活动就会受限。城市的生态文明建设，已经是一个十分现实又迫切需要解决的问题。只有在既考虑经济效益，又考虑生态效益的条件下，才能保持社会效益最优化，才能有效地建设生态文明的城镇化。在未来城镇化进程中，必须善于处理城乡关系、经济发展和社会发展的关系、人与自然的关系等，做到统筹兼顾、趋利避害，这样才能保持城镇化健康发展，达到城镇化稳步有序推进。

综上所述，我国城乡一体化是在马克思恩格斯城乡融合思想指导下做出的重大战略决策，随着我国城乡经济改革的深入，今后它还将会不断向前发展。城乡一体化实践所取得的成就也再次证明马克思恩格斯城乡融合思想的科学性与前瞻性，同时也是对马克思恩格斯城乡融合思想的进一步丰富与发展。虽然在实现城乡一体化的过程中，一定会经历很多曲折，也会很艰难。但我们坚定地相信，马克思恩格斯所揭示的城乡发展的规律是正确的，城乡一体化的发展方向是正确的，中国城乡一体化发展的道路必将越走越宽阔。

结束语

在马克思恩格斯的著作中，并没有专门对城乡融合进行详细而系统的论述，但是对它的研究一直贯穿在人类社会发展的历程中，尤其是他们将城乡融合作为共产主义社会的一个特征提出来。他们认为城乡融合是生产力水平高度发展的产物，是生产资料公有制代替资本主义私有制后的结果。城乡融合与共产主义紧密联系在一起，在这一阶段，“三大差别”被消灭，人成为自由的、全面发展的人，人与自然之间和谐共存，是理想的社会状态。当然他们并不仅仅停留在预测和研判阶段，而是深刻地论述了实现这一目标的途径和方法，即发挥城市的中心作用，工业与农业相结合，农业的大规模经营，教育的作用，科技手段的运用以及城乡生活方式的结合等，使城乡融合听上去不再是空洞和遥远的未来，而是通过我们的努力可以实现的期望所在。

我国正处于社会主义初级阶段，这是共产主义的必经阶段，也是推进城乡融合非常关键的阶段。当前，我国城乡发展面临着很多现实问题，如城乡居民收入差距扩大、城乡产业关联度不足、农业转移人口进程滞后、城乡生态环境建设问题增多等。为解决这些问题，我们党在十八大上提出了城乡一体化发展战略，这正是将马克思主义的基本原理与中国实践相结合的结果，也是对马克思恩格斯城乡融合思想的继承和发展。既“更多地懂得马克思列宁主义”，也需要我们结合实际，实事求是，这样我们才能少走弯路。马克思恩格斯城乡融合思想蕴含着丰富的城乡发展理论，对这些思想的归纳和整理，对于我们今天城乡一体化的实践发展，仍然有着很重要的借鉴价值。

笔者深知，马克思恩格斯城乡融合思想的研究始终是一件令人深感繁复而难成体系的工作，这是因为它散落于其著作的各个部分。笔者不可能从某种单一角度来穷尽关于城乡融合的话题，更不可能于一瞬间彻底道明城乡融合发展的所有内容。因此对于马克思恩格斯城乡融合思想，还留有更多值得研究的空间。研究的过程就是学习的过程，在研究本课题时对这一点感受最深。笔者认真研究了，也有了很大的收获，但研究的时间毕竟有限，很多需要斟酌的地方没有来得及仔细推敲，再加上能力和水平有限，肯定有许多不足之处。

这些不足之处包括：一是对于马克思恩格斯城乡融合思想的整理只是从一个角度进行简单的粗线条连接，更内在的关系和更为科学的研究还需进一步下功夫，同时在研究中有些内容还有重复，不够精练。二是对马克思恩格斯城乡融合思想的历史贡献和时代局限的总结，尤其是对时代局限的研究太过浮浅，深层次的东西并没有挖掘出来，这也是本书在理论上最大的欠缺。三是在研究中，只是宏观上提到城乡之间的差别问题，对于城乡经济、政治、文化、生态等角度的具体研究没有展开。四是由于笔者的重点放在了对马克思恩格斯城乡融合思想的理论研究，所以对于当前我国城乡一体化实践方面的调研甚为缺乏。不足之处也是今后继续努力的方向，笔者期待读者能多提宝贵意见。

附录

国外城乡一体化发展的典型案例

众所周知，人类是群居动物，早期人类聚集在一起生活，被称为群居生活。那时由于生产力低下，主要以农业为基础，人类依赖土地生活，农村是人类生存的主要空间。后来，随着手工业和商业的兴起和发达，城市开始形成，并从农村中分离出来，逐渐成为人类生活的第二大空间。城市与农村从浑然一体，到从农村孕育再发展为人类文明和现代化的象征，二者分离对立，再到后来的城乡一体化发展，城乡发展的研究就是在这样一个城乡关系变迁的历史进程中展开的。

在这个漫长的人类发展时期，城市化进程十分缓慢。从有城市文明开始到工业革命前，人类城市化水平仅增长了3个百分点，即从零增加到1750年的3%左右。工业革命后，城市化进程在局部地区发展迅速，从1750—1950年的200年间，世界城市化水平从3%提高到29.2%，一些西方发达国家城市化率已经很高。如第一个走向城市化的西方国家英国，是世界上最早实现城市化的国家，1850年，其城市人口首次超过50%，到

1950 年，城市化率已高达 82%。法国则在 1931 年使其城市化率达到 50%，美国 1920 年城市人口比重上升到 50.9%。世界城市化以前所未有的速度向前发展是在第二次世界大战结束后，从 1945 年到 2008 年，世界城市化水平从 27% 提高到 50%，人类正式走进了繁荣的城市时代。一些发展中国家如巴西、韩国等城市化率都达到了 80% 以上。[①] 因此，从全球城市化进程来看，一些国家在城乡发展的道路上已经有了一些比较成功的、典型的案例，为后发国家提供了可借鉴的经验和启示。下面我们列举一些，为中国的新型城镇化发展提供一点借鉴。

第一节　英国田园城镇——莱奇沃斯

莱奇沃斯是世界上首座田园城市，在莱奇福德庄园基础上建成。莱奇福德庄园位于赫特福德郡，7500 年前就有人在这里居住，有着悠久的历史。此地距伦敦 55.5 千米，在贝尔多克和海琴之间，伦敦通往剑桥的大北铁路也正好经过该地，交通非常便利。这里居民只有 50 人，土地基本都是农业用地，生活古朴，没有商店、邮局和酒吧等设施。这里平均海拔在 61 米至 91 米，因而整体地形较为平缓，海拔最高的是其东南方向的怀斯腾山脉。经过考察，田园城市有限公

---

① 新玉言主编：《国外城镇化比较研究与经验启示》，国家行政学院出版社 2013 年版。

司董事会认为此地非常适合发展田园城市，于是投入155587英镑，购买了3822英亩土地，在这里建成世界首座田园城市——莱奇沃斯。

田园城市是由19世纪末英国社会活动家、建筑规划大师埃比尼泽·霍华德首先提出的，实质上是构建兼有城与乡优点的结合体。莱奇沃斯的规划就是在霍华德田园城市理论的影响下被提出的。最后中标并被公司采纳规划方案的是贝利·帕克和雷梦得·昂温两位杰出的规划师。他们都是霍华德田园城市理论的忠实追随者，莱奇沃斯总体规划很好地贯彻了霍华德田园城市的思想精髓：兼有城市和乡村优点的“小城镇”构想，即在大城市周围购买大量地价低廉的土地，建设环境优美、生态和谐的田园型小城镇。有工厂、市场、疗养院，城市居民可以随时吃到新鲜的蔬菜，农村居民也由于交通便利可以随时进入城市。这一构想对于缓解英国城市的各种问题具有很大的意义。自此之后，英国城市化建设开始逐渐从大城市转向周边中小城镇。在大城市周围分布着很多有充足就业机会、有完善基础设施的小城镇，这些小城镇与大城市通过快速便捷的交通相互连接起来，既缓解了中心城市的压力，又在配置资源、平衡发展、推进乡村发展等方面发挥了积极有效的作用。

一　具体做法

莱奇沃斯被设计成由绿带包围的相当于四分之一圆的扇形，城区被划分为五个区，即居住区、工业区、商业区、农业区和公共活动区，一条交通轴穿过位于城镇中间的公共活动区，通向火车站，将中心城区与外部农村、郊外工业区相连接。莱奇沃斯人口规划约 33000 人，规划面积 3822 英亩，其中 1300 英亩为城市建设用地，约占 1/3，2522 英亩为环城绿地与农业用地，约占 2/3，体现了城乡结合的思想。城市中心广场占据全城制高点，布局在铁路沿线的西南侧，以此为中心，采用放射状和网络状道路相结合并在外围套以环路的方法。其总体规划充分考虑了大北铁路自西向东伸展将城市几乎南北等分的状况。

居住区住房以低密度朝阳为主，紧挨铁路，交通相对便捷。而且田园城市住房尽量达到的居住条件是优质、廉价和卫生。1905 年 7 月，在莱奇沃斯举行“廉价寓所展览”活动，寓所特点就是经济适用，以此吸引更多的产业和人口。寓所设有客厅、厨房和三间起居室。在莱奇沃斯，霍华德还试验过他提倡的“合作式住房”，该住房是集体宿舍，配有基本的公共设施，如食堂、厨房以及俱乐部等，这是为那些比较贫穷、买不起房的中下阶层提供的。这也得益于霍化德一直强调的田园城市的理念，即在田园城市中社会和阶级平衡发展，人人住有所居，只有这样，城市才能获得发展。规划还设计了开放空间，它平衡分布于市内各处，有一块面积最大的诺顿绿地，为居民提供了广阔的休闲和娱乐空间。配套的商业区和学校等便利居民生活的设施位于居民区内或附近。

工厂区的选址位于城市的下风向，布局于铁路南侧偏东，风向合适，交通发达，靠近水源，是相对较理想的工业区选址。同时莱奇沃斯也非常注重产业发展，因为产业发展事关田园城市良好运作目标的实现。如果有很多合适的产业入驻田园城市，那么城市的发展将得以保障。相反，如果没有企业入驻，没有产业的发展，田园城市的构想和田园城市的一系列社会改革将成为泡影。

莱奇沃斯的居民住宅区和工业区有明显区别并保持一定距离。这里值得一提的是规划的预见性特点，莱奇沃斯的规划中还预留了许多空闲的建设用地，以满足城市日后发展的需要，这一规划理念更为科学、更具有可持续性。

二　莱奇沃斯模式的特点

莱奇沃斯建设田园城市成为一个典型和范例，也成为解决大城市各种社会问题，实现城乡一体化发展的一种模式。经过100多年的发展，今天在英国，几乎每个大城市周围都有几个或十几个这样的小城镇，它们有着合理的规划设计、优美的环境、完善的基础设施和活跃的社会经济。小城镇与大城市构成了结构合理、功能完善、生态宜居的城市区和城市体系，可以说，这一模式已经相对较为成熟。

（一）小城镇规划关注解决具体问题

英国小城镇规模不大，功能单一。规划主要围绕有关居民民生的重点问题来制定，如居民的住房问题、工作问题以及资金筹备等问题。规划目标也非常具体，如在一定时间期限内需要建设多少住宅数量，需要提供多少就业岗位，某一项目需要政府提供多少资金，如果资金不足，该怎么解决？寻找哪一些投资商作为合作伙伴，这些都有明确的计划和步骤。这非常有利于推进小城镇的建设，做到规划与实践的统一。同时，政府和市场各司其职，互不干涉，政府在小城镇的发展中只是创造条件，提供必要的宏观调控，其他则由市场经济规律进行支配。

（二）政策驱动是小城镇后续建设的重要保障

为了支持小城镇的后续建设与发展，英国政府先后出台了一系列法律条文和配套政策措施。世界上第一部关于城乡规划的法律就是英国在1909年颁布的《住宅、城镇规划条例》，1945年第二次世界大战结束后，英国又颁布实施了《城镇和乡村规划法》，第一次将城乡一体的统筹规划建设以法律的形式固定下来。在这部法律中，明确了土地占用补偿以及如果产生矛盾怎样解决的办法；同时也对地方政府购置土地给予了优惠政策，使其可以向上级财政申请补贴。1946年，英国政府又出台了《新城法案》，鼓励“新城运动”，给予很多优惠政策，比如规定新城建设公司可以在规划区内以农业用途的优惠价格得到土地，在基础设施和其他建设资金上可以从财政部获得为期60年的贷款等。[①] 除此之外，英国政府还通过推行福利国家制度，如给居民提供教育服务、医疗服务、住房以及基本生活保障等，以解决城镇化快速发展所带来的一系列社会问题，力图建立比较完善的社会保障制度，促进城镇化健康可持

---

① 新玉言：《国外城镇化比较研究与经验启示》，国家行政学院出版社2013年版，第152页。

续发展。

（三）迁移政府办公场所带动小城镇发展

为了支持中心城市周边新建小城镇进一步发展，英国政府开始将一些部门或机构向小城镇迁移，这样便于带动小城镇各方面的发展，促进人口由大城市向小城镇流动，缩小小城镇与大城市的差距，从而推进城乡整体的发展。这一迁移工作从20世纪60年代开始，由最开始的中央政府机构迁移到地方政府部门设立办公地点，许多行政部门也慢慢迁移。政府部门的迁移行动得到了整个社会的积极响应。之后，诸如研究所和博物馆等公共事业单位也开始向小城镇迁移。再后来许多大学也纷纷到小城镇设立分校区或学院。这样，经过一段时间的发展，小城镇逐渐具备了一定的吸引力和产业承载能力，英国各大企业纷纷开始搬离大城市，落户小城镇，小城镇的产业得到了如火如荼的发展。英国很多著名的公司总部都设在小城镇，如英国泰晤士水公司总部建在斯文登小城，德比小城有劳斯莱斯总部。许多跨国公司也在英国小城镇设有总部。

（四）小城镇建设始终重视对生态和文化的保护

英国小城镇建设的整个过程都贯穿着可持续发展的理念，十分重视人文、自然、社会三者之间的协调与平衡。这种思想不仅仅只是对自然生态环境的重视，更重视自然生态与人文、历史社会环境等的协调与平衡发展。在这一点上英国小城镇做得很到位。它们往往依势而建，在规划时就特别注意与周边环境的融合，对要保护的河流、湖泊、小溪、沼泽、山坡林木等自然资源一律都采取相应的保护措施。小城镇绿化带的建设是必不可少的，是建设过程中的重点工程，目前英格兰地区有13%为绿化带所覆盖。对于人文、历史环境方面，也有相应的政策支持。对于具有文物价值的建筑，尽量保存完好。建筑历史达到50年以上的，一般不允许拆除，无人继承的则由国家历史文物保护机构收管。如今，许多英国小城镇都具有很高的历史文化价值，现代和古代的建筑交相辉映，成为英国小城镇建设的一大特色。近些年来，由于高科技的应用，利用太阳能等自然能源，自觉降低能耗、水耗和汽车使用量，一些资源得到循环再利用，社区环境的破坏与污染更是减少不少。

三　莱奇沃斯经验总结

莱奇沃斯的田园城市规划是英国乃至世界第一次现代化城市规划的尝试，其历史地位是无法替代的。因此，取得的历史经验至今仍具有一定借鉴意义。

（一）人性化的企业管理模式值得借鉴

英国田园城市构建要求企业尽力去为工人创造良好的生活工作环境，给他们提供稳定的工资待遇和各种社会保障，并配备相应的基础设施，真正让工人有一种主人翁的感觉，在这里能踏实做事，安定生活。这一点与我国所要求的劳有所得、病有所医、老有所养、住有所居是不谋而合的，民本思想应成为时代的要求。

（二）合作式住房制度值得借鉴

霍华德的合作式住房实质上是依靠集体的力量，为田园城市中低收入居民提供廉价住房，缩小贫富差距，使所有住户住有所居，实现整个城市的和谐发展。这一举措很得民心，并且对于城镇居民的安居乐业大有益处，这在当时是非常了不起的。现在我国政府也在各地建造廉租房和经济适用住房。这是为大多数中低收入阶层解决住房问题的举措，其初衷是很好的，但是一定要确保相关政策能落到实处，使城市中低收入居民真正享受到实惠。

（三）田园城市建设的融资渠道应多样化

在英国早期田园城市的建设中，政府的参与和介入并不太多，只是进行宏观调控，主要资金来源是依靠少数资本家的个人参股和投资。这种方式有优势，即资金到位快，执行力强。但是也有劣势：第一，集体融资力量有限，第二，基础设施建设无法同时全面铺开，如果有政府的适时介入，城市建设可能会更加顺利。田园城市建设是系统工程，涉及范围广，耗资巨大，如果能把政府投资、集体投入、外资等多种形式加入进来，效果可能会更好。

（四）建设和保护并重

这是莱奇沃斯的规划实践中非常值得我们借鉴的经验，它在规划之初就已充分考虑到要保护当地生态系统与自然环境。

尊重这座城市的特点，保护原有生态系统，顺势而建，甚至为保留一棵古树而另辟道路，这在当时是十分难能可贵的。这对于我国新型城镇化建设有启示作用，当前我国城镇化加速发展过程中，出现的问题多是大拆大建，千城一面，没有做到因地制宜地进行规划设计，使城市自然环境和文化资源遭受了前所未有的损失。在这方面，莱奇沃斯建设与保护并重的可持续发展理念非常值得我们借鉴。

第二节　日本“零排放”城市——北九州

北九州市位于日本九州地区最北部，面积约为 485 平方公里，人口约 100 万，是九州岛最大的港口城市，被誉为“通向亚洲的门户”。自 1901 年第一座现代化高炉正式投入生产以后，北九州市的工业开始发展，逐渐成为日本重型工业基地之一。北九州市核心产业主要有钢铁、制造业、化工、机械以及信息关联产业等。这些产业尤其是钢铁产业为北九州的发展和繁荣甚至为日本的经济腾飞做出了巨大的贡献。

与此同时，从 20 世纪中叶开始，北九州市也出现了严重的污染，公害问题不断出现，造成了无法估量的环境破坏与经济损失。例如，震惊世界的八大公害事件之一的“米糠油事件”就发生在北九州市一带，这次事件发生在 1968 年，受害者人数高达1万多人。[①] 为此，北九州在20世纪70年代就积极地寻求治愈方案。1970年北九州就开始颁布实施《北九州公害防治条例》，并于1972年对此条例做了全面修订，条例的主要内容包括：一、企业的责任。企业有责任将排放出的污染物进行适当的处理，不得以企业秘密为理由拒绝提交防止公害的相关资料。二、市政府的责任。限制烟煤等的排放，加强监管，实施防止公害措施，整顿公害投诉处理体制，促进缔结公害防止协定，提供防止公害补助。这种政府的积极的努力政策随后一直有所体现。1974年，北九州对硫氧化物地区进行了排放总量限制。1977年，北九州又与总量限制对象中的57家工厂签订了一揽子公害防止协定。1988年，以建设"水清木华的国际科技都市"为目标，北九州市制定了"北九州复兴构想"，国际环境合作是这个构想中的重要内容之一。

从20世纪90年代开始，日本北九州建设以减少垃圾、实现循环型社会为主要内容的生态城市，提出了"从某种产业产生的废弃物为别的产业所利用，地区整体的废弃物排放为零"的生态城市建设构想。1997年，率先批准建设北九州生态城项目，是日本政府批准建设的23个工业园区之一，基本理念就是"零排放"，即将生活及工业垃圾用作其他行业的原料。项目地理位置具有明显的优势，位于北九州西北部响滩区的一个大型垃圾填埋场，那里紧靠关门满仓和洞海湾，可以利用充足的废弃物；同时，此园区面积有2000公顷，所管辖之

① 李慧明、崔晓蓉：《日本北九州市生态工业园区驶上建设循环型社会的新干线——北九州市生态工业园区纪行》，《资源节约与环保》2006年第2期。

地可以进行低成本的垃圾处理，工业用水也很充足，紧邻港口也可以降低运输成本。北九州生态工业园建于2001年，是再利用型生态园的代表。日本政府给予园区内的企业50%的投资补偿，地方政府给予10%的投资补偿，园区内的土地由政府统一购买并长期租给企业，以此鼓励园区内环保产业发展。其充分利用作为工业城市积累起来的技术和人才、工业设施，以及企业、研究机构、政府、市民建立的网络，将振兴产业与环境保护两大政策有机结合，建设独具特色的地区政策的工业园区。

一 具体做法

北九州生态城项目按照规划分两个建设阶段，第一发展阶段（1997—2002年）主要是将工业发展与环境保护有机地结合起来，执行“循环利用”的方针。第二发展阶段（2002—2010年）的规划重点是“再利用”。整个生态城项目，就是减排、再利用和再循环利用。北九州生态工业园区的宗旨是以进行新开发技术实证试验的“实证研究区”、提倡产业化发展的“综合环境联合企业区”以及由中小企业组成的“响滩回收园区”为中心，力争将响滩东部地区建设成为一个综合性基地，促进研究开发的新技术向产业化迈进，带动全市整体发展。

第一阶段包括创建三个区：综合环境产业区、应用研究区和循环区。

综合环境产业区是整个生态城的核心部分，它主要是创建一个废弃物及能源循环系统，在海岸附近的响滩建一些可以进行废弃循环利用的工厂。目前，循环业已在 7 个领域运行：PET 瓶装、办公设备、汽车、家用电器、荧光灯、医疗设备以及混合结构废料。每个领域都达到规模化收集并处理废弃物，最大限度地降低循环成本。综合环境产业区最大的特点就是北九州最活跃的大公司都是生态城项目的主要资助者。如日本钢铁公司和三井公司资助的是 PET 瓶装循环技术公司；而新菱公司和理光公司主要资助循环技术公司。它们的资助不仅仅只是提供资金，更主要的是提供技术，当出现解决不了的技术问题时，这些公司领导还会派公司技术人员下厂进行指导。例如，PET 瓶装厂就在使用日本钢铁公司的技术。

应用研究区是生态城的第二大区，会聚了多家从事循环和废弃物的研究机构，占地面积约 16.5 公顷，地理位置与居民区有一定的距离，便于研究工作的展开，同时，也不会因为研究而影响居民的生活。目前，那里共有 16 家研究机构，包括大学研究所和公司测试机构，企业、行政部门、大学联合起来进行废物处理技术、再循环技术实证研究，目标是成为环境保护相关技术的研发基地。这 16 家研究机构包括：福冈大学资源循环与环境控制系统研究所、北九州医疗烧酒酒糟高度再循环实验研究所、北九州食品再循环协同工会的豆腐渣及食品残渣再循环工厂等。该区还于 2001 年建成生态区中心，主要目的是提供一个学习场所，接待学习考察团，支持研究活动以及展示技术和产品。中心的设施包括教育交流研究所、展示生态区技术和产品的展览室以及客人住所。2002 年，生态区中心又建了一个附属中心，主要任务是介绍生态区以外的、与环境有关的公司，它也有一个展览室。所以，研究所主要两大开发中心，一是环境新技术的开发（建设以开发环境新技术、并对所开发的技术进行实践研究为主的研究中心），一是社会综合开发（建设以培养环境政策、环境技术方面的人才为中心的基础研究及教育基地）。

生态城的第三个支柱是循环区。该区的建设目的是创建一些中小型废弃物处理公司，鼓励更多与循环业有关的投资企业投资，以获得最有效的循环。它分为两区，即“前沿区”和“汽车循环区”。“前沿区”已建立了4家公司，是当地中小企业和投资公司应用创新技术的地方。“汽车循环区”已有7家公司在此落户，将散布在城市里的一些报废汽车处理公司聚在一起，以便创建更有实力的汽车再循环企业。其工作程序是，通过复合核心设施，对企业排出的以残渣、汽车碎片为主的工业废料进行合理处理。处理过程中将熔融物质再资源化，同时利用焚烧产生的热能进行发电。除汽车再循环厂外，还包括塑料饮料瓶再循环厂、办公机器再循环厂、建筑混合废物再循环厂、家电再循环厂、荧光灯管再循环厂、医疗器具再循环厂、老虎机台再循环厂、打印机颜料墨盒再使用厂、饮料容器再循环厂、废木材与废塑料再循环厂等。这里需要指出的是，综合环境工业区中也有循环活动，它通过更广泛的渠道收集废弃物进行循环，而循环区的循环主要靠本区资源，循环对象是就近产出的废弃物。日本家电资源循环利用率是很高的，空调为78%，电视为73%，冰箱为59%，洗衣机为56%。

目前，北九州生态工业园区发展已进入第二阶段

（2002—2010年），其主要任务是拓宽试验研究范围，吸引废物再利用和再制造企业进入工业园，强化能力建设，开拓拥有新能源技术和纳米技术在内的下一代环境产业。目的是为了妥善处理循环后残留物及生态城公司产生的其他废弃物，并用这些原料为生态城提供电力和热能。该项目完工后，每天可以处理320吨废弃物，生产14000千瓦电力。这些残留物的利用将有助于整个项目更接近实现真正的零排放。对于北九州市而言，此举将是其发展成为亚洲国际资源循环和环境产业的重要基地。

总的来说，北九州工业园区建设旨在实现“教育及基础研究—技术和验证研究—商业化”三位一体的工作关系，以实现企业与研究机构、政府之间强有力的合作。具体来说，北九州生态工业园区基于基础研究、实践研究和商业化三者的有机统一，主要从以下三个方面推动生态工业园区建设：第一，基础研究和人类资源开发；第二，实验研究；第三，商业化。尽管上述三个方面的内容目前还相对孤立，但基础研究的结果和人力资源活动之间的合作已经在生态城的实践中得到验证并商业化，并正逐步具体化。

二　“北九州模式”的主要经验

（一）政府有力的政策支持

日本政府建立生态工业园区时，在建设经费、融资以及税收方面都有一系列优惠政策，如生态工业园区补偿金制度的建立。政府对进入园区的具有先进技术的企业，在建设经费方面，国家给予补助费用的1/3至1/2，北九州市政府对入园企业补助其总投资额2.5%的费用，同时在土地、选址、建设项目立项等方面对入住园区的企业都给予补助。属于自购土地的，新建项目最多可补助10%，扩建项目最多可补助6%；租赁土地的，在项目运行的第一年，可免除第一年租金的一半。对于相关科研机构和验证研究机构，市政府每年也将给予一定的补助。融资方面，截至2005年，北九州生态工业园共投资502亿日元，其中国家投资100亿日元，市政府投入58亿日元，其余为民间投资。① 在政府政策投资银行等的政策性融资对象中，与3R事业、废弃物处理设施建设等相关的项目，可以得到税收优惠。北九州还制定了对产业废弃物征税的条例，以促进废弃物的减量化、资源化。

（二）完善的法律保障体系

自20世纪90年代以来，日本已经建立起完善的保障循环经济发展的法律体系。包括基本法《推进循环型社会形成基本法》；综合法《固体废弃物管理与公共清洁法》《资源有效利用促进法》《促进容器和包装分类回收法》；专业法《家用电器回收法》《建筑材料回收法》《容器包装循环法》《报废汽车循环利用法》《特定家庭用机械再商品法》等。这些法规

① *For People, the Earth and Coming Generations. International Environmental Cooperation in Kitakyushu*, Kitakyushu: Office of International Environmental Cooperation of Kitakyushu, 2000. 16.

基于《促进可循环资源利用法》，并在《促进循环社会形成基本法》框架下分别制定。除此之外，北九州市鉴于环境问题的严重性，还制定了《北九州市公害防止条例》，其标准比国家规定更为严格，以弥补当时法律上的漏洞；市政府还与市内的重要企业签订了《公害防治协议书》，规范各自的责任，从而保证循环经济的发展做到有法可依。

（三）重视科研及人才培养

北九州市的工业化已有百年历史，积累了丰富的产业技术及人才优势。1994 年北九州市开始构建“北九州学术研究城”，为循环经济的发展提供科技支持和智力支撑，目前已有早稻田大学、北九州大学、英国克拉菲尔德大学等多所高校的研究机构和新日铁公司等 40 多家企业进驻城内。在生态工业园的实证研究区内，政府、企业和多所大学联合起来建立了多个试验基地，吸收了大量高科技人才进行科学研究。

（四）官、产、学、民共同参与

北九州生态工业园区的建设以地方为主体，中央政府和地方政府共同辅助和管理，企业、研究机构、行政部门积极参与，形成了“官、产、学一体化”的生态工业园区管理和运作模式，企业与研究机构、政府之间进行强有力的合作。同时，政府向社会和市民公开信息，加强与市民之间有关风险方面的信息交流。企业也做到信息、设施公开，与市民共享信息，并制定风险管理与风险评价的方法，以加深相互的理解，力争避开或降低风险，最终消除市民的不安感、不快感与不信任。市民积极参与，政府鼓励引导，也是北九州生态建设的经验之一。为了提高市民的环保意识，北九州开展了各种层次的宣传活动，例如，政府组织开展的汽车“无空转活动”，制作宣传标志，控制汽车尾气排放；家庭自发的“家庭记账本”活动，将家庭生活费用与二氧化硫的削减联系起来；开展了以美化环境为主题的“清洁城市活动”等。

三 “北九州”模式对我国的现实启示

当前，我国经济发展处于工业化加速阶段，资源和环境都是需要面对的重要问题，日本北九州在环境问题的处理方面取得了一定成效，可以说实现了经济与环境都“双赢”的局面，从中我们也可以得到一些启示。

第一，政府要在政策方面给予足够的支持。

这些政策最好具体落实到行动中，比如说：资金、土地、技术方面的支持。

第二，在法律层面，要建立相应的法律、法规，并保证法律的权威性和执行力。

第三，加强环境教育，绿色理念贯穿始终。

现今经济发展涉及每一个人，因而公众的环保意识在其中起着重要的作用。我们应该开展各种层次的环境教育，宣传普及相关知识，如鼓励公众使用环保产品，培养健康文明的生活方式，从而推动绿色经济的发展。

总之，我国经济发展中还存在着许多亟待解决的问题，因此，可以借鉴国外的先进模式，尽快形成具有中国特色的经济发展模式，实现经济社会的可持续发展。

第三节　“花园城市”新加坡

新加坡位于马来半岛最南端，马六甲海峡的出入口，是一个热带城市岛国。其北与马来西亚相邻隔柔佛海峡，南与印度尼西亚相望隔新加坡海峡。新加坡国土面积 707 平方公里，由新加坡岛及附近 63 个小岛组成，其中，新加坡岛占全国面积的 90%。人口仅有 459 万，全国几乎没有农村，人口多居住在城市。新加坡是东南亚最大的海港、重要商业城市和转口贸易中心，也是国际金融中心和重要的航空中心。新加坡以它境内终年常绿，风光绮丽，草茂花繁，街头到处是小花园、小草坪，整洁和美丽而著称，是世界公认的“花园城市国家”。

当年新加坡是个杂草丛生，沼泽地多，居住环境恶劣的小国家，总理李光耀“绿化新加坡、建设花园城市”的构想，与新加坡人追求天人合一、人与自然和谐相处的理念，最终让这个小地方华丽转身，成了如今被世界公认的“花园城市”。

新加坡被称为“亚洲四小龙”之一，是全球第四大国际金融中心。人口密度大，但是自 1965 年独立后，仅仅用了四十多年的时间，就建设成为一座世界公认的“花园城市”。新加坡城市建设发展的核心经验是科学合理地处理好规划、建设和管理三者的关系，真正做到以规划统领城市发展的方向，以建设提升城市发展水平，以管理保障城市高效运行，形成城市规划、建设、管理有机衔接、协同发展的整体效应。

一 具体做法

（一）“防患于未然”的城市规划

从新加坡的城市建设历程来看，由于国土面积小，新加坡政府对城市规划的编制十分重视。早在其规划初期就聘请联合国专家，经过 4 年的时间，编制了整个新加坡未来 30 年至 50 年城市空间布局、交通网络、产业发展等规划。新加坡市区重建局是统筹城市规划的政府机构，综合考虑经济、社会、环境等因素，协调其他政府部门，收集公众意见，制定“可持续发展”规划。主要解决的问题有两个：一是使有限的土地利用最优化，尽量满足所有的需求；二是保持经济增长、人口增长与整个城市发展的平衡，保证为居民提供一个优质的居住环境。

基于此，新加坡按照市中心—次中心—副中心的结构将全新加坡划为 55 个小区进行建设，确保就业、交通、休闲、居住等功能充分满足居民需要，形成了一套多层次的规划体系。新加坡的规划体系分为概念规划、总体规划和具体实施方案三个层级。概念规划包括未来 40 年至 50 年的发展目标，主要是对国家发展战略性的安排，如国家愿景、人口规模、城市功能布局等，具有很强的前瞻性。总体规划着眼于未来 10 年至 15

年的发展目标，即化概念规划为明确每一块土地用途的整体方案。具体实施方案则是针对市镇、交通、公园等专项项目的规划，对土地使用做出细致而具体的安排。如比较有特色的“绿与蓝的规划”也就是公园与水体规划，即把绿地配套作为规划的强制要件纳入项目建设设计，推进“立体绿化”，在楼顶、楼面开展绿化建设等。

规划制定后，新加坡会定期评估规划方案，以确保方案跟得上时代发展，符合当时当地的需求。概念规划最早制定是在1971 年，每隔 10 年评估一次。根据最近一次概念规划，预计新加坡的人口规模到 2030 年达到 650 万至 690 万，并依此制定相应的发展策略。2014 年最新总体规划中，主要是对民众的住房、交通出行、经济发展、休闲环境、身份认同及公共空间等进行评估，作为政府制定相关政策的重要考量标准。除定期评估外，新加坡方案制定并通过审核后几乎不会改动，具有很强的法律效力，这也是其规划多年来可以基本在方向上保持一致、在功能需求上不断完善的原因。

规划分为很多方面，如大型住宅区的规划、商业网点的规划等。住宅区的设计依照“城市规划—总体设计—建筑设计—景观设计”的步骤进行。用城市规划指引住宅区的开发方向，也因住宅区的开发推动城市规划的发展。科学合理地分布配套设施，设计中体现自然与人文的空间布局。商业网点的规划也是城市整体规划的重要组成部分。新加坡商业网点分五级，分别是中央商务区、区域中心、小型中心、边缘中心以及邻里中心。这五级商业中心都有明确的功能和要求，对网点的选址、布局、规模具体到卖何类商品均有细则规定，而且新增商业设施不能影响已有商业设施的经营。这使城市商业网络有序发展，也节约了土地资源。

目前，新加坡的城市功能布局已形成如下格局：市中心滨海湾一带为国际性经济、金融、商业和旅游中心，而居民住宅区、高科技研发中心和基本无污染的轻型工业则沿交通干线分布，工业集中分布在西部，环境污染风险高的火力发电、石油化工等设施布局在离岛地区，机场设在东北部，国防设施布局在西北部自然生态区。

（二）交通管制与公交系统

对于很多大城市而言，交通拥堵问题都很严重，但在新加坡这几乎不是什么难题，虽然其人口密度为世界第二，但几乎没有堵车现象，这归功于其独特的交通管理措施以及较为发达的公共交通系统。

新加坡有两项很独特的交通管理措施。一是拥车证制度，二是电子道路收费系统。这两项措施一个是控制私人拥有汽车的数量；另一个是限制汽车的通行，使新加坡的交通流量被控制在合理范围内。1990 年新加坡度制定了拥车证制度，这项制度规定只有具有拥车证的人才有资格购买汽车，而拥车证的数量是有限的，并由政府控制。交通部门根据每年淘汰车辆的数量和道路建设情况，确定每年新发放的拥车证数量。每个月都会有一定数量的拥车证，供购车者两次投标。在 6 个月之内一个拥车证可以注册一辆新车，从注册日期开始有效期为 10

年。满10年之后，如果车主想要继续使用原来的汽车，必须根据最近3个月拥车证的平均价格另外购买5年或10年期限的拥车证。另外，新加坡政府还通过使用电子道路收费系统来解决一些繁华路段的交通拥堵问题。如在闹市区划出一定的限制区，除公共车辆外，如果其他车辆要进入限制区，都必须付费通行。这些制度的出台缓解了交通压力。

除交通管理措施外，新加坡还形成了发达的多元公交系统。这一公交系统对城市整体交通顺畅运行起到了重要的作用。新加坡公共交通由城市捷运系统、地铁、轻轨系统、公共汽车系统组成，以地铁为主，其他客运方式为辅，各种交通方式之间优势互补、无缝结合、协调发展。公共交通系统以其快速、安全等优点逐步发展成为大城市的主要公共交通方式。

新加坡公共交通系统的主干是城市捷运系统，基本覆盖全国主要地区，现运营线路总长130公里，日均客运量140万人次，承担了连接主要地区间交通干线上的大部分客流，确保了新加坡整个交通系统的效率和稳定。新加坡地铁线共109.4公里，设65个站，在中心区全部采用地下敷设方式。此外，新加坡的地铁网络将延长至278公里。这意味着每百万人口铁路网络覆盖面将超越香港和东京，扩大至51公里。新加坡的LRT，作为地铁系统的辅助支线使用，它采用橡胶的导向轮和路面中间的导轨进行导向，采用全自动无人驾驶系统。新加坡城市轻轨系统作为城市捷运的补充和拓展，运营线路共29公里，站点有43个，主要是捷运站与主要居住区和商业区的连接，从每个轻轨车站到附近的居民公寓步行距离最大不超过

400 米，大大降低了出行者的总体交通时间。而新加坡公共汽车系统则是承担区域内部和相邻区域间的近距离交通。居民乘坐公共汽车均采用公共交通卡自动计费，同时该卡也可用于地铁和轻轨交通，提高了运行效率。从 2009 年开始，车资开始按照乘客所乘坐的巴士和地铁车程距离来计算，无论中途是否转车，最终所需支付的车资以整个车程距离来收费，让乘客“一票到底”。另外，即使是在繁忙时段，新加坡巴士也能做到 10 分钟一趟。

（三）“花园城市”的绿色建设

新加坡最突出的特点就是绿化，城市的绿化率达到 50%以上。达到这样的比例和效果是由于他们一直坚持的理念和可操作的具体做法，以及对这一要求的持续性支持。

首先，新加坡绿化的成功应得益于新加坡领导人和新加坡居民多年来一贯秉承的绿化理念。

之所以能取得这样的骄人成绩，离不开新加坡前领导人李光耀的眼界和执政能力。在其执政之初的 1963 年，李光耀就倡导了植树运动，今天，遍布新加坡街道的雨豆树就是当年植树运动中的产物，它们不仅看起来美观，而且为新加坡市民遮盖着大街小巷。通过快速而大面积地种植树冠浓密的树种，初步改善了生态环境。在之后的近半个世纪里，新加坡政府始终坚持“绿化新加坡”的目标，各个阶段都会制定相应的规划并严格执行。如新中国成立之初，新加坡政府在制定了建设花园城市的目标后，虽然新加坡人多地少，土地资源十分紧缺，但他们还是提出了人均8平方米绿地的指标，并要求在所有住宅前均要有绿地，插缝绿化。如今新加坡市内占地20公顷以上的公园达到44个，0.2公顷的街心公园达240多个，在264条公路两旁，种植大量花草树木。如果把这些数字加在一起，那么绿化占地面积约为420公顷。去过新加坡旅游的人，都会有这样一种感受，无论走在新加坡的大街还是小巷，到处给人一种不加修饰的自然美感，草地、灌木、乔木自然搭配，任其自然舒展蓬勃地生长，即便是路中的绿化带也不会刻意修剪，给人整齐划一的感觉，但又不妨碍人行和车行的交通安全。而且，在这个国度的几乎每个地方，大量的树木和鲜花，在为人们提供新鲜氧气的同时也带来舒适的感受。绿化改变了新加坡人的生活，炎热的气候、工业化带来的污染、城市化带来的噪声等都因绿树的增加而减轻。

其次，新加坡的绿化目标非常明确，规划设计也十分具体。

从区域性公园、绿化带、街心邻里公园，到停车场、高速路、人行道、高架桥、楼房立面等，对每个地方的绿化都有明确规定，包括位置的安排、面积的大小、标准以及责任人等。房屋建设也要按规定将绿化面积纳入规划蓝图，作为规划建设的重要组成部分，并用法令固定下来，保证实施到位，使房屋与绿化相互衬托。

再次，新加坡的城市绿化法制健全，执行严格。

从1970年以来，《公园与树木法令》《公园与树木保护法令》等一批法律法规先后出台。政府对于在绿化过程中，损坏绿化的行为严厉惩处，绝不姑息，而且不是象征性的惩罚。

如，在公共绿化地攀枝折花将以破坏公物罪处罚，罚款不少于5000新元，同时处以一定时限的人身强制。对于随地吐痰、乱扔垃圾、破坏公共场所用品、随处乱画等影响环境市容的行为，处罚都是非常严格的。

最后，新加坡政府对绿化给予了可持续性支持。

2008年1月，新加坡成立了可持续发展跨部门部长级委员会，该委员会主要目标是制定相关的策略来实行可持续发展。一年之后，也就是2009年4月，该委员会公布了新加坡未来10年至20年的可持续发展总蓝图，目的在于确保新加坡在当前经济和人口增长的同时，继续拥有高质量的居住环境。这一总蓝图主要关注居住、交通、工作休闲、环境四大方面，期望在节能效率方面有所提高。政府将拨款10亿新元推动总蓝图的落实。据委员会乐观估计，如果节能措施能取得成功，每年可节省高达36亿新元的能源开销。在建筑物方面，新加坡80%的建筑物，预计到2030年，要达到最基本的绿色建筑水平，整体能源消耗量减少35%。空气质量进一步得到改善。公园面积增加900公顷。新加坡人的生活方式也会更趋环保，个人用水量到时将减少10%；全国废物再循环率提高到70%；自行车道网络将扩大，鼓励人们以自行车出行。

二　新加坡“花园城市”主要经验

（一）全民强烈的环保意识是其发展的动力

新加坡从上到下都一以贯之，有强烈的危机感与忧患意识。从总理到政府再影响全民，这成了新加坡人共同的理念。总理亲自带头，政府作为表率有到位的管理，对全民宣传。他们是实实在在地把这一理念执行下去的，在各个领域和行业的发展过程中，新加坡政府首先考虑的并非是经济的增长和利润，而是对环境的建设和保护。即便在引进外资企业时，也要实行严格的环保准入制度。环保审查工作由国家环境局污化控制处直接向总理署负责。由此可见新加坡政府对环保事业的重视程度。

（二）完备的法律制度、严格的执法手段与高普及度的国民环保教育是保障

新加坡政府为了保护环境采取的方法是立法先行。早在20世纪60年代，新加坡政府就制定了一系列相关的环境保护条例。新加坡政府的环境保护立法，其实与其他国家相比在理念和结构上都无特别之处，但其最大优点是法规的条文内容详尽明了，权责规定清晰，处罚规定透明度高，具有极强的可操作性。在执行方面，新加坡政府的严格程度举世闻名。一些细小的违反公共文明的行为都会被罚款，并且如果不按时交纳罚款，就会受到法院的传讯。有些执法严厉到让人畏惧的地步，这样杜绝了重犯的可能性。当然惩罚并非解决问题的上策之选，最根本的是让公众养成保护环境、爱护环境的良好习惯。所以，新加坡政府在这方面进行国民环保教育，并将其视为民众的终生教育。其具体做法是：在学校教育方面，环保教育成为学校课程的一部分，政府鼓励每所

学校至少成立一个环境保护俱乐部，从娃娃抓起，与学校教育紧密结合，争取做到每个国民都有环境保护意识。另外，鼓励在学校培养环境保护大使。在社会生活方面，新加坡政府鼓励人人参与环境保护，自1990年以来，新加坡每年都开展“清洁绿化周”活动，推动环境保护团体、学校与公司参与环境保护。

三　新加坡的环保经验对中国的启示

（一）正确处理好经济发展与环境保护的关系

新加坡政府无论是在自身的经济发展中，还是在外资招商中都十分重视对环境的保护，环境保护甚至优于经济建设，这是其一大特色。这对于中国目前的转型发展有很重要的启示作用，我们过去过度追求GDP，付出了惨重的环境代价，现在我们已经尝到苦果。所以在今后的发展中，要做到环境保护与经济建设并重，树立科学发展观，注重发展循环经济，构建可持续发展理念。

（二）制定科学的规划、投入足额的资金是环境保护的重要手段

新加坡成功的经验，首先得益于国家重视城市规划，做到先规划后建设，从概念规划，到具体规划，做到小规划和大规划相融，一旦某些规划确定，至少50年不变。在规划落实过程中，杜绝规划的随意性，严防规划被虚化，并且用严格的规

章制度，有力保障规划的执行。中国作为资源短缺、环境污染严重的国家，应该吸取新加坡的规划先行的经验。同时，加大环保投入力度，可以重点治理一些工业污染源，如餐饮娱乐业油烟噪声污染、机动车尾气污染等。

（三）制定明确、完备的政策法规体系，并严格执行

研究制定较为具体的工作标准，使环境保护工作有法可依，同时严格执法，是新加坡政府在环境建设与保护工作中最为成功的经验。这一经验，我国也可以借鉴，在国家相关法律法规的框架内，力争使本地的环保立法更详尽、更具备可操作性。在执法方面，切实贯彻“执法必严”的精神，真正地在政府层面上，把保护环境的法律意识贯穿于政府行为的每个环节。

（四）健全机构设置、加大宣传力度是环境保护的重要着力点

在人口不到500万的新加坡，负责环境建设与保护工作的工作人员总人数多达三千多人，这支强大的环境保护队伍发挥着重要作用，另外还有广大群众的自觉参与，使新加坡的环境保护工作得以获得充分的保证。这一方面，我国做得远远不够，从娃娃抓起，树立全民环保意识，鼓励公众参与环保活动，开展多层次、多形式的宣传教育，从而使人人为建设人与自然和谐发展的城市而努力。

第四节　巴西生态之都——库里蒂巴

库里蒂巴位于圣保罗西南部约330千米处的马尔山脉高原上，东南距海港巴拉那瓜仅百余公里，有铁路相连。库里蒂巴的海拔约900米，人口约128万，是巴拉那州首府，为巴西第七大城市，环境优美。

20世纪80年代，库里蒂巴也在城市发展中出现了诸如交通拥堵、贫穷失业、环境污染等“城市病”。但是现在的库里蒂巴却是巴西的“生态之都”，并于1991年被联合国命名为“最适宜人居的城市”。这归功于三次担任库里蒂巴市长的杰米·勒那从1970年就开始对库里蒂巴进行生态改造，他的名言“城市不是难题，城市是解决方案”传遍了世界。

一　具体做法

（一）快捷廉价的城市公共交通体系

库里蒂巴平均2.6人拥有一辆小汽车，是巴西人均小汽车拥有量第二多的城市。然而，库里蒂巴75%的上班族都乘坐公共交通工具。为什么公共交通具有如此大的诱惑力？原因在于库里蒂巴的公共汽车安全、快捷、便宜。库里蒂巴的公共交通系统，日平均输送190万人次，在繁忙的上下班时间，人们只需等45秒钟就可以乘坐公共汽车。这使得人均小汽车拥有量第二多的城市反而成为巴西汽车使用率最低的城市，城市空气清新也成为理所当然。

1974年，库里蒂巴政府开始推行公交优先的城市规划理念，建立了以BRT为主体的公交网络，形成了高效的公交运营管理体系，有效推动了“绿色出行”。整个库里蒂巴的公交网络由340条线路和1500余辆各类公交车组成，以快速公交线路为主干道，各支线与快速公交线路相连，形成全覆盖的、以快速公交系统为主的公交网络体系。快速公交车道在主干道上占据超过一半的宽度，并有多条路线供乘客选择，为方便乘客转换各种线路，公交实行单一票制，并且乘客在任何公交车站都可以购票、验票、充卡。为了节省乘客的时间，库里蒂巴市专门让工程师设计了双节电动公共汽车，车身长25米，上下车门有5个，可载客280人，大大提高了乘客上下车的时间。还有一个有创意的设计就是“管子车站”。车站的外形像是一段平放的玻璃圆筒，入口处建有残疾人专用的升降梯。当汽车进站时，液压装置将车站与汽车的连接板升起，使上下车十分安全快捷。这种人性化设计且造型优美的“管子车站”，已经成为库里蒂巴独特的城市景观。

经过多年的发展完善，库里蒂巴市公交系统已成为全球公交系统的标杆，以高效率、高舒适、高便捷高享誉世界。当地公交网络每小时的客运量可与人口翻倍的里约热内卢市的地铁客运量相当，但是其投资却只占地铁的百分之一。便捷的公交系统不仅满足了占城市居民大多数的中低收入者的出行需求，而且优化了人居环境，使库里蒂巴成为巴西国内空气污染指数最低的城市之一。

（二）大众参与废弃物回收利用体系

垃圾排放要收费，似乎是天经地义的事，可是在库里蒂巴，扫清垃圾不仅不用收费，还可以用来换取食品。1989 年，库里蒂巴市政府启动“让垃圾不再是垃圾”的项目，动员全市各个家庭从垃圾中分离出可回收利用的物资。为了鼓励市民参与垃圾分类回收的积极性，市政府刚开始用“公交车抵用券”来“购买”经过分类的袋装垃圾。接着，又用食物取代了“公交车抵用券”。这个灵感来自 1991 年 6 月，库里蒂巴大都会区域出现了卷心菜生产过剩。通过用卷心菜购买垃圾，既解决了过剩问题，又拓展了交换的品种。后来发展为各种产品，如日常的食品大米、土豆、鸡蛋、胡萝卜；水果如橙子、香蕉等，还有学习用具、玩具等。这既满足了市民的日常生活需求，又增加了农民收入。

为保证项目顺利实施，市政府环境部门有专门的经费预算，成立了专门的换购公司。每周两辆垃圾回收车到社区换购两次，一辆车回收“垃圾”，一辆车分发食品。2 公斤回收物资可换得 1 公斤食品。后来，这一项目的范围从居民社区扩展到学校，最多的时候有 100 多所学校参与此项目。“让垃圾不再是垃圾”的创意激励了 70% 的家庭参与可再生物质的回收工作。回收的垃圾分成不同类别，其中纸张、玻璃、罐头盒和塑料等可作为工业原料，而腐烂的蔬菜、水果等有机物则可用作农业肥料。据统计，库里蒂巴每日回收的纸张再利用，相当于少砍1200棵树。城市资源回收循环利用率达到75%，城市环境变得整洁干净，面貌也焕然一新。

除此之外，库里蒂巴的绿化享誉世界。人均绿地面积是联合国推荐数的4倍，达581平方米。其绿化的独到之处是，城市绿化注重保护好现有的天然树林、草地和湿地这三大陆地生态系统，并非一味植树、种草、种花。即使在闹市的街边也耸立着不少参天大树，有的树龄比城市还古老，超过两百多年的历史。库里蒂巴的市树叫巴拉那松，此树树干通直，华盖如云，远远望去，似一支支高耸入云的倒张的雨伞，点缀着市内的公园，布满城郊山野。自然与人工融合，既有美化城市的视觉效果，也可以容许野生动物栖息。全市两百多个大小公园全部免费开放。此外，库里蒂巴还拥有德国森林、意大利森林、葡萄牙森林等10个森林区。这是自1970年以来，市政府出台了一项由政府免费提供绿地，让不同国家的移民社团建设各具特色主题公园的政策。突出的特点是文化和生物多样性，建筑风格要有各自国家和民族的特色，但整个文化要与库里蒂巴保持一致的风格。

库里蒂巴在社会公益方面的成就同样令人瞩目。目前库里蒂巴有几百个社会公益项目，从建设新的图书馆系统，到帮助无家可归的人，在最贫穷的邻里小区，城市启动了“Line to Work”的项目，目的是进行各种实用技能的培训，几年来，该项目培训了10万人。库里蒂巴还开始了救助街道儿童的项目，把露天市场组织起来，以满足街道小贩们的非正式经济要求。

二　生态城“库里蒂巴”建设经验

库里蒂巴的这些创新理念与举措，为其他生态城建设提供了有益的经验。

（一）兼具创见力与执行力的领袖及规划团队

生态城建设是一个长期过程。库里蒂巴市市长杰米·勒那是生态城建设的发起人，也是一个很有远见和执政能力的领导人。作为一名建筑师，他有一套自己的城市规划和城市建设的理念，并组建城市规划团队，即城市规划研究院，招募了来自巴拉那联邦大学建筑学院富有创造性和实践经验的建筑师和规划师，设计出既科学又可执行的方案，三十多年来一直秉承，并以强大的执行力促进规划实施，成为库里蒂巴生态城成功建设的重要保障。

（二）公共交通作为解决城市综合问题的切入点

库里蒂巴市独特的道路网和公共交通体系不仅避免了市中心交通拥堵问题，还促进了土地开发，解决了城市拥挤和贫民窟等问题。20 世纪 70 年代，市政当局确立了多轴线的土地开发模式，主轴全覆盖快速公交通道，来往市中心与工业园区都十分便捷。沿轴线开发高密度住宅，并配备服务和商业设施，满足就近居住人口的需要。随着市郊工业园区学校、医院、商业等基础设施日益完善，越来越多的低收入家庭被吸引到工业园区居住就业，设施齐全、配套完善的现代化社区取代了环境恶劣的贫民窟，还因为促进了“绿色出行”，达到了生态环保的目的。

（三）“垃圾换食品”项目作为城市运营管理创新的切入点

库里蒂巴市“垃圾换食品”的创意，采用的是大众参与、全民参与的方式，非常巧妙的激励机制不仅使城市居民积极投入这一过程当中，而且节约了资金。该项目的成功运作，解决了诸多问题。首先减少了垃圾，美化了城市环境；其次，市政府的垃圾处理费用大大降低；最后，提高了民众的自觉度，还使他们得到了实惠。在这一过程中，一些弱势群体的生存、就业问题得到解决。

（四）鼓励市民积极参与政策设计

库里蒂巴市的城市规划设计团队认为，任何一个计划都需要协作，需要各种机构的积极参与。政府机构、企业家、民间组织、公用事业、居民社区团体组织以及个人都需要参与。库里蒂巴政府为此做了很多努力，来促进市民积极参与城市建设。如实施土地公共信息公开机制，向市民提供与土地开发相关的信息资料。设立“免费环境大学”，加强市民环境教育，向他们提供短期课程，针对不同职业特点，传授日常工作中的环境知识，如针对家庭主妇开设家庭节能的课程，针对私营业主，开设工厂、商店节能环保教程。政府还规定环境课程是某些行业，特别是市政服务行业如出租车司机等，取得执业资格的必备条件。①

三 库里蒂巴生态城建设启示

（一）生态城的管理组织架构应享有更大的发展自主权

中国要建设生态城，各个地方生态城管理组织机构应争取国家层面的生态城领导部门的指导和支持，从而使其享有更大的发展自主权。建议争取将生态城纳入国家绿色发展示范区、国家新型城市化试点、国家海绵城市等发展计划，赋予生态城土地、规划、资金、税收等方面更大的自主权，提高生态城的发展活力。

（二）生态城建设应充分考虑与中心城区及周边的有机联系

按照生态学的观点，城市的基础结构应遵循生态学原则。按照生态整合的原理进行设计，以生物有机体为“原型”来组织各部分的结构关系，实现功能匹配与和谐发展。生态城本身是一个生态系统，建设时要以生物有机体的视角考虑城市的各个部分，不能为了解决某一特定问题，而引发更多的问题。要努力把所有问题连接成一个问题，用系统的眼光去对待，用

---

① 顾晓焱：《“库里蒂巴经验”及其对武汉中法生态城建设的启示》，《长江论坛》2015 年第 4 期。

综合的办法去解决。

（三）把“智慧生态城”作为生态城建设的切入点

以互联网技术为基础的智慧城市建设，能够大幅提高人们的生产生活效率，是生态城市建设的重要抓手。为此，一是要做好网络基础设施建设；二是要发展智能交通、智能市政管理；三要建设智能社区。在社区里将各种城市公用资源——水、电、油、气、交通、公共服务等——连接起来，搭建综合监测平台，及时对数据进行分析、整合和展示，使市民对资源使用情况一目了然；定期向个人和企业公布能耗信息，促进市民自觉节能。

（四）弘扬生态文化，培育市民积极参与生态城建设

加强环境宣传教育，充分利用公共空间、基础设施、电视网络等，广泛开展节能环保舆论宣传、垃圾分类科普教育，普及节能环保理念。组织编写面向社会各层次的体现生态城特色的环保科普读物，将环保理念和知识纳入生态城基础教育内容。将生态城建设成每年的节能宣传周、节水宣传周、世界环境日、地球日、世界水日、无车日等活动的展示平台。出台互惠性法规，促进生态城居民积极参与环保项目。建议策划“绿色交换”项目，引导市民将生活垃圾，诸如纸类、金属类、塑料类、玻璃类、油污类等收集起来，送到附近的交换站，交换西红柿、土豆、香蕉等食品。

第五节　韩国的“新村运动”

韩国之所以发起“新村运动”，原因有三：一是韩国在工业化飞速发展过程中，创造了“经济奇迹”，却也使城乡经济差距过于悬殊。城乡居民的收入比一度几乎达到3∶1。二是改善了农村居民的生活。1970年时，韩国3.5万个乡村250万农户中80%的人，住的是茅草房，点的是油灯，每天只吃两餐。经过40年的努力，倡导“新村运动”后，彻底改变了乡村面貌，取得了令人瞩目的成就。三是教育国民。20世纪60—70年代，韩国遭遇连年旱灾和水灾，农作物歉收，当时的韩国国民不仅解决不了温饱问题，国民意识也因此变得颓废、消极。在这种情况下，韩国通过开展“新村运动”，鼓励农民“勤勉、自助、合作”。在这一运动中，由于注重激发农民的主动性，注重从精神层面引导，因此，国民素质显著提高。

基于以上三个原因，韩国于1970年开始实施“新村运动”，起始阶段是进行农村基础设施建设，改善农民居民生活条件，改变农村落后面貌。到后一阶段延伸到发展农产品加工为主的农村工业化，并在全民中倡导精神文明建设。20世纪80年代，通过建立完善的全国性新村运动民间组织，把“新村运动”转变为民间主导型运动并达到高潮。从1998年起又开展了以“生活改革运动”和“构建新的地区共同体”为核心的第二次新村运动。韩国经过几十年的“新村运动”，取得了巨大成就，基本实现了城乡经济一体化发展，据统计，到2004年，城乡居民收入差距比缩小到1∶0.84。2011年韩国城镇化率高达91.1%，[①] 甚至高于欧美一些发达国家，成为世界上城镇化发展比较快、城镇化率比较高的国家之一。

一　具体做法

韩国政府倡导实施了“新村运动”，大体分为五个阶段。

（一）改善环境阶段

这一阶段从改善农民最基本的生存和居住条件入手，主要是推动农村基础设施建设。1970年11月至1971年7月，韩国政府平均每村提供335包水泥，用于改善全国3.5万个村庄的乡村环境，主要用于拓宽马路，建设屋顶围墙，架设桥梁，整治溪流，改善饮水条件，建设公用洗衣场，澡堂等。这每个项目都要满足以下几个条件：一是按乡民的意愿进行；二是急需办且能使全体村民受益；三是因地制宜，符合当地实际；四是发展潜力大、投资小、效果好。程序是先上报批准项目计划，接着分配和征收应由村民负担的劳动力或资金，然后再向政府申请项目施工资金，最后村民自觉组织动员，共同合作完成这项事业。

---

① 李显刚：《关于韩国“新村运动”考察报告》，《中国乡镇企业》2012年第12期。

（二）增加收入阶段

这一阶段政府有两大举措：一是支持农村调整农业结构，推出增加农、渔民收入计划；推广种植业、养殖业良种和先进技术；二是政府支持乡村动员村民开展较大规模的乡村基本建设事业，如开辟道路、整理河川、开发农业用水等项目。这些项目有的是乡村独立完成，有的则是与附近乡村联合进行，以提高投资效果。这一阶段，农业连年丰收，农民收入大幅度提高。

（三）充实提高阶段

随着前两个阶段取得成效，韩国城乡差距逐渐缩小。政府的工作重点转向鼓励发展畜牧业、特色农业和兴办乡村工厂上，并积极推动农村保险业的发展。与此同时，为广大农村提供各种建材，支援农村的高档住宅建设和农业开发区建设，“新村运动”向纵深发展，取得了阶段性的效果。（1978 年，全国 98% 的农户用上电。）1980 年到 1986 年，韩国农村企业由 384 个增加到 790 个。

（四）全民参与阶段

这一阶段的“新村运动”从政府主导转变为民间自发，更加注重社会实效的群众活动。政府建立了全国性的“新村运动”民间组织，设立了中央新村运动研修院，进行培训和信息宣传工作。政府通过宏观上的指导、协调以及一些资金、技术上的支持等，指导民间组织自己来承担相关的项目，大大地提高了居民的自主积极性和全民参与度。

（五）创新发展阶段

随着韩国“新村运动”的纵深发展，农村经济快速提升，这一时期的“新村运动”开始在精神方面倡导国民伦理道德建设、共同体意识教育和民主法制教育。设立了很多的组织机构，如农业科技推广培训组织、农村教育机构、农村经济研究等组织机构应运而生，并在不断优化其结构中传承着“新村运动”的精神和理念，推动“新村运动”迈向了“变化、挑战、创造”的更高发展阶段。

总之，韩国“新村运动”最重要的特点就是真正以农民为主体，唤醒农民“自立自强”的意识，注重在精神上启蒙，因而塑造了一大批文化素质较高的居民，不仅避免了因大量农民进城引发的社会问题，而且为农村城镇化稳步发展提供了动力。

二　“新村运动”建设经验

（一）注重农民的主体地位

韩国政府从一开始就秉承这样一种理念，即尽管各个村庄发展情况各有差异，但具体哪个村选择什么项目，则由村庄独立决定，不可强制推进。“新村运动”最初开始推动时，鉴于农村经济基础比较薄弱，政府的参与比较多，至后期达到了预期目标后，政府行政力量逐步退了出来，加大了村民建设的自治力量。之后，政府坚持以村民为主，发挥村民的主体地位，鼓励民间组织积极参与。政府只是在政策和技术方面给予引导和支持，以确保城镇化建设的方向和政策的落实。到了20世纪80年代，“新村运动”逐步完成了从政府支持下的民间主导到民间完全主导的过渡。韩国政府职能的及时转变，是其城镇化的成功经验之一。

（二）坚持政府的主导作用

韩国政府在“新村运动”中一直起着主导调控作用。如在“新村运动”之初，帮助村镇建设规划，推荐各种方案；在运动实施之时，给予资金、技术等支持；项目完成过程中，政府还制定相关的法律，通过立法为保障城乡有序发展提供了法律依据和行动指南。

（三）推进精神文明建设，提倡奉献精神

韩国在“新村运动”过程中，为了推动乡村文化的建设与发展，修建了各种类别的农村文化设施如村民会馆、敬老院、读书室、运动场、娱乐场、青少年活动中心等。通过举办文艺活动和各类培训来启发村民们的勤勉、自助、协同以及奉献的精神，从而提高农民文化水平和道德修养。另外，韩国中央研修院通过新村教育，还培养了一批献身于国家经济发展的社会骨干。与此同时，韩国政府在新村运动中还实施了“志愿指导员”制度，这些志愿者大多数来自大学教师、大学生等素质比较高的群体，都是义务工作，没有报酬，他们为韩国新村建设提供了强有力的智力支持。

（四）注重培训骨干力量

韩国“新村运动”设有各个层次的培训机构。如中央新村运动研修院专门培训新村运动骨干。最开始几年每期15天，现在每期3天，可培训600人左右。培训对象是各级公务员和每村推选的男、女各一名指导员；培训时间从早晨6点到晚上11点；培训内容丰富，形式多样；培训老师都是有实践经验的基层干部。参加培训的公务员和农民推出的指导者同住同吃共同讨论。研修班学员毕业后，返乡担负起劝导民众和以身作则的核心角色。特别是女指导员回村后，主要是动员妇女参与“新村运动”。此外，政府还要求社会各界包括社会名流、知识分子、企业老总以及宗教界人士，甚至是外国人等都要与新村建设指导者一起培训，各行各业尽其所能支持“新村运动”。

（五）厉行严格的管理制度，保证政策的有效落实

韩国在“新村运动”中，实施严格的村民监督管理制度，从法律和制度上对各级政府的管理权限做了明确的规定。面（乡、镇）级管理职责主要负责在村调查研究，收集整理有关数据，检查“新村运动”的执行情况；郡级（县级）管理职责主要是发现农村基础组织的有关情况，监督检查中央分配下达的物资是否及时、准确送达；道（省级）、中央级管理职责，及时掌握郡、面、村的实际情况，及时制定和调整有关的政策措施，对出现的问题加以矫正和推进；内务部部长主要收集全国的情况，及时制定和调整有关政策。在村民监督方面，

每个村配备一名公务员负责统计工作，并接受村民的监督。政府能否将中央分配下达的支援财物顺利送到村里作为考核公务员素质的重要标准，公务员的晋职升薪与在“新村运动”中的表现直接挂钩，这从行政监督和行政管理层面畅通了上下联系的渠道。此外，各村的村民代表可以参与郡、面政府的决策会议，并对决策发表意见。

三 “新村运动”对我国农村建设的启示

（一）重视政府的主导推动和民众自发的原动力

在我国农村发展建设中，我们应高度重视和充分发挥政府的主导推动作用，认真落实国家对“三农”工作各项优惠政策，不断加大投入和扶持力度，有效推动农村建设的快速发展。但农村建设是一项双向的工作，政府在其中起主导作用，农民才是农村活动的主体。以往我们由于理念不到位，宣传教育和培训工作不够深入，缺乏引导和激励农民的有效措施，农民主体作用没有得到充分发挥，“等、靠、要”思想比较严重，广大农民的积极性还没有得到集中释放。政府热，群众冷，思想难统一，群众难发动，工作不主动，因此，推进我国农村建设的一项重要基础任务，就是依靠宣传、机制、政策的力量唤醒农民、感召农民、激励农民，大力培育农民自力更生的精神，充分调动起广大农民自己动手，建设家园，美化家园的主观能动性，形成新农村建设的内在动力。乡村重大建设项目让农民自己议、自己定、自己干，实施过程和结果要接受村民监督，使农民真正享有知情权、参与权、管理权、监督权，使农民真正成为社会主义新农村的参与者、推动者，成为建设农村、管理农村的主人。

（二）重视物质改善，更要重视精神改造

近年来，中国不断加大农村基础设施建设投入力度，从农民群众最关注的事情做起，如清洁卫生管理、房屋改造、恢复植被、修建道路等，有规划、有步骤地向前推进，使农村面貌有了直接改观，有力促进了农村经济发展。

但一边是快速发展的物质生活，一边是匮乏的农村精神文化生活，村民道德和家庭美德教育、乡风文明、民主建设等没有跟上，农村文明和谐程度有待提升。当前，一是要加强农村思想道德文化建设，加大对农村教育、文化、卫生事业发展的投入，加强公共文化设施建设，加快农村文化事业发展，加强农村普法宣传教育，为农村建设提供不竭的精神动力。二是要合理调整教育结构，大力发展农村职业教育、成人教育和现代远程教育，着重抓好农民实用技术培训、农村劳动力转移培训和基层农技服务人员知识更新培训，进一步提高农民的科学文化素质和劳动就业本领，提高农民适应工业化、城镇化和农业现代化的能力。

（三）坚持城乡一体不动摇，实现科学协调发展

韩国经验告诉我们，城乡一体化是一个国家经济增长的最佳方式，城乡融合是一个国家社会进步的最高境界。没有乡村

的发展，就不可能实现城乡整体发展。从我国经济发展现状看，近年来经济社会发展突飞猛进，连续 8 年保持了高速增长，已经初步具备了“工业支持农业、城市反哺农村”的条件。因此，建立城乡统一的大循环、大系统，是助推农村经济的必由之路。

（四）坚持改革创新经营体制

农业面临着自然和市场双重风险。韩国农民应对市场的成功经验是组建农协，通过壮大经营实力来提升农民在市场上的谈判地位。农协不仅负责会员的产品销售和农资群购，而且将功能拓展到报刊、旅游观光代理、保险、农产品质量安全等领域，为每个会员创造财富、提供服务，农协的作用在会员生产生活的诸多方面强有力地显现出来。我国受传统观念影响，一家一户的生产经营方式还根深蒂固，农民在市场竞争中显得脆弱无力，农民专业合作经济组织处于弱势地位。增强农民应对市场风险的能力，最有效的方式是大力发展农民专业合作经济组织，探索建立龙头企业、农技服务体系、产业大户和专业合作组织“四位一体”模式，把农民集结起来，凝成一个整体，增强产业的竞争实力。我国应重视新产业新业态，延长农业产业链价值链，为农民增收、农业增效和农村繁荣开辟新路径。这些新产业和新业态包括：大力发展乡村休闲旅游产业、推进农村电商发展、加速发展现代食品产业、培育宜居宜业特色村镇。

参考文献

一　著作

（一）经典著作及党政文献

[1]《马克思恩格斯选集》第1—4卷，人民出版社2012年版。

[2]《马克思恩格斯全集》第1卷，人民出版社1995年版。

[3]《马克思恩格斯全集》第2卷，人民出版社2005年版。

[4]《马克思恩格斯全集》第3卷，人民出版社2002年版。

[5]《马克思恩格斯全集》第4卷，人民出版社1958年版。

[6]《马克思恩格斯全集》第6卷，人民出版社1961年版。

[7]《马克思恩格斯全集》第7卷，人民出版社1959年版。

[8]《马克思恩格斯全集》第8卷，人民出版社1961年版。

[9]《马克思恩格斯全集》第11卷，人民出版社1995年版。

[10]《马克思恩格斯全集》第18卷，人民出版社1964年版。

[11]《马克思恩格斯全集》第19卷，人民出版社2006年版。

[12]《马克思恩格斯全集》第20卷，人民出版社1971年版。

[13]《马克思恩格斯全集》第21卷，人民出版社2003年版。

[14]《马克思恩格斯全集》第22卷，人民出版社1965年版。

[15]《马克思恩格斯全集》第23卷，人民出版社1972年版。

[16]《马克思恩格斯全集》第25卷，人民出版社2001年版。

[17]《马克思恩格斯全集》第30卷，人民出版社1995年版。

[18]《马克思恩格斯全集》第35卷，人民出版社2013年版。

[19]《马克思恩格斯全集》第36卷，人民出版社1974年版。

[20]《马克思恩格斯全集》第46卷，人民出版社2003年版。

[21]《资本论》第1—3卷，人民出版社2004年版。

[22]《列宁选集》第1—4卷，人民出版社1995年版。

[23]《斯大林选集》下卷，人民出版社1979年版。

[24]《毛泽东选集》第1—4卷，人民出版社1991年版。

[25]《邓小平文选》第1—2卷，人民出版社1994年版。

[26]《江泽民文选》第1卷，人民出版社2006年版。

（二）论著类

[1] 厉以宁、吴敬琏、周其仁等：《新常态下的变革与决策》，中信出版社2015年版。

[2] 中共中央宣传部编《习近平总书记系列重要讲话读本》，人民出版社2014年版。

[3] 国家行政学院经济学教研部编《中国经济新常态》，人民出版社2014年版。

[4] 胡舒立主编《新常态改变中国》，民主与建设出版社2014年版。

[5] 白永秀主编《后改革时代城乡发展一体化理论与实践研

究》，科学出版社 2014 年版。

［6］王建：《城镇化与中国经济新未来》，中国经济出版社 2013 年版。

［7］中国（海南）改革发展研究院主编《人的城镇化》，中国经济出版社 2013 年版。

［8］新玉言主编《国外城镇化比较研究与经验启示》，国家行政学院出版社 2013 年版。

［9］郭晓鸣、张克俊等：《城乡经济社会一体化新格局战略研究》，科学出版社 2013 年版。

［10］余滢：《城乡一体化进程中的社会问题及其对策研究》，西南财经大学出版社 2013 年版。

［11］岑乾明：《马克思恩格斯的城乡观及其当代价值研究》，中国社会科学出版社 2013 年版。

［12］陈晏清、王南湜、李淑梅：《马克思主义哲学高级教程》，南开大学出版社 2012 年版。

［13］洪银兴：《马克思主义经济学经典精读·当代价值》，高等教育出版社 2012 年版。

［14］《马克思主义经济学说史》编写组《马克思主义经济学说史》，高等教育出版社 2012 年版。

［15］施建生：《亚当·斯密》，吉林出版集团有限责任公司 2012 年版。

［16］程志强、潘晨光：《中国城乡统筹发展报告（2012）》，社会科学文献出版社 2012 年版。

［17］程恩富：《中外马克思主义经济思想简史》，东方出版中

心 2011 年版。

[18] 王雪珍：《城乡经济社会统筹发展研究》，研究出版社 2011 年版。

[19] 程志强、潘晨光：《中国城乡统筹发展报告（2011）》，社会科学文献出版社 2011 年版。

[20] 徐同文：《城乡一体化体制对策研究》，人民出版社 2011 年版。

[21] 何自力、张俊山、刘凤义：《高级政治经济学》，经济管理出版社 2010 年版。

[22] 简新华、何志扬、黄锟：《中国城镇化与特色城镇化道路》，山东人民出版社 2010 年版。

[23] 周连顺：《探索、出路与启示——毛泽东与马克思主义中国化》，人民出版社 2009 年版。

[24] 张小林：《城乡统筹——抉择与挑战》，南京师范大学出版社 2009 年版。

[25] 王敬华、陈田：《城乡统筹发展途径研究》，中国农业科学技术出版社 2009 年版。

[26] 张晓山：《转型中的农村发展：城乡协调发展的新战略》，社会科学出版社 2009 年版。

[27] 温铁军：《三农问题与制度变迁》，中国经济出版社 2009 年版。

[28] 曾长秋：《马克思主义在中国的理论创新》，中南大学出版社 2009 年版。

[29] 高志仁、朱波：《城乡统筹发展与建设和谐社会》，中国

社会出版社2009年版。

[30] 铁明太：《中国特色统筹城乡发展研究》，湖南人民出版社2009年版。

[31] 黄坤明：《城乡一体化路径演进研究》，科学出版社2009年版。

[32] 费孝通：《乡土中国》，人民出版社2008年版。

[33] 陈锡文：《陈锡文改革论集》，中国发展出版社2008年版。

[34] 苏东斌：《我讲国富论》，中国经济出版社2007年版。

[35] 张波、刘江涛：《城市管理学》，北京大学出版社2007年版。

[36] 顾海良、张雷声：《20世纪国外马克思主义经济思想史》，经济科学出版社2006年版。

[37] 高鉴国：《新马克思主义城市理论》，商务印书馆2006年版。

[38] 蒋华东：《城乡统筹发展的理论与方法》，西南财经大学出版社2006年版。

[39] 景天魁、王颉：《统筹城乡发展》，黑龙江人民出版社2006年版。

[40] 顾海良：《马克思经济思想的当代视界》，经济科学出版社2005年版。

[41] 陈锡文：《中国农村公共财政制度：理论政策实证研究》，中国发展出版社2005年版。

[42] 周琳琅：《统筹城乡发展：理论与实践》，中国经济出版

社 2005 年版。

[43] 王景新、李长江：《明日中国：走向城乡一体化》，中国经济出版社 2005 年版。

[44] 王颖：《城市社会学》，上海三联书店 2005 年版。

[45] 向德平：《城市社会学》，高等教育出版社 2005 年版。

[46] 牛若峰：《中国的"三农"问题回顾与展望》，中国社会科学出版社 2004 年版。

[47] 张平军：《统筹城乡经济社会发展》，中国经济出版社 2004 年版。

[48] 赵勇：《城乡良性互动战略》，商务印书馆 2004 年版。

[49] 温锐：《毛泽东视野中的中国农民问题》，江西人民出版社 2004 年版。

[50] 赵理尘：《城市发展学导论》，山东大学出版社 2004 年版。

[51] 杨雍哲、殷应碧：《论城乡统筹发展与政策调整》，农业出版社 2004 年版。

[52] 曾赛丰：《中国城市化理论专题研究》，湖南人民出版社 2004 年版。

[53] 李家祥：《中国经济改革与发展思想研究》，天津社会科学院出版社 2003 年版。

[54] 徐勇：《乡村治理与中国政治》，中国社会科学出版社 2003 年版。

[55] 曾长秋：《马克思主义中国化的基本原理》，湖南大学出版社 2003 年版。

[56] 李云才：《城乡问题研究》，湖南人民出版社 2003 年版。

[57] 李家祥：《经济增长方式转型比较研究》，陕西师范大学出版社 2000 年版。

[58] 邹农俭：《中国农村城市化研究》，广西人民出版社 1998 年版。

[59] 孙家驹、虞梅生：《走向 21 世纪的中国三农问题》，江西人民出版社 1997 年版。

[60] 农村经济与社会编辑部编：《中国农村经济改革与发展的讨论》，社会科学文献出版社 1993 年版。

[61] 周叔莲、郭克莎：《中国城乡经济及社会协调发展研究》，经济管理出版社 1993 年版。

[62] 蔡舫：《中国二元经济与劳动力转移》，人民出版社 1990 年版。

[63] 王叔云等：《我国城乡关系、工农关系发展趋势研究》，西南财经大学出版社 1990 年版。

[64] 吴易风：《空想社会主义》，北京出版社 1980 年版。

[65] 蔡中兴：《十九世纪初的空想社会主义》，上海人民出版社 1976 年版。

（三）译著类

[1] [英] 埃比尼泽·霍华德：《明日的田园城市》，金经元译，商务印书馆 2014 年版。

[2] [加] 贝淡宁、[以] 艾维纳：《城市的精神》，吴万伟译，重庆出版社 2012 年版。

[3] [美] 布赖恩·贝利：《比较城市化》，顾朝林等译，商务

印书馆 2012 年版。

[4] [美] 约翰·贝拉米·福斯特：《马克思的生态学：唯物主义与自然》，刘仁胜、肖峰译，高等教育出版社 2006 年版。

[5] [美] 约翰·贝拉米·福斯特：《生态危机与资本主义》，上海译文出版社 2006 年版。

[6] [美] 约翰·贝拉米·福斯特：《马克思的生态学》，高等教育出版社 2006 年版。

[7] [美] 乔尔·科特金：《全球城市史》，社会科学文献出版社 2006 年版。

[8] [美] 刘易斯·芒福德：《城市发展史——起源、演变和前景》，宋俊岭、倪文彦译，中国建筑工业出版社 2005 年版。

[9] [美] 理查德·瑞吉斯特：《生态城市》，社会科学文献出版社 2002 年版。

[10] [英] 特里·伊格尔顿：《马克思为什么是对的》，李杨等译，新星出版社 2001 年版。

[11] [英] 亚当·斯密：《国民财富的性质和原因的研究》上、下卷，杨敬年译，陕西人民出版社 1999 年版。

[12] [美] 丹尼尔·贝尔：《后工业社会的来临》，新华出版社 1997 年版。

[13] [美] 罗伯特·L. 海尔布罗纳：《几位著名经济思想家的生平、时代和思想》，蔡受百等译，商务印书馆 1994 年版。

[14] [古希腊] 柏拉图:《理想国》,郭斌和、张竹明译,商务印书馆1986年版。

[15] [比] 皮雷纳:《中世纪的城市》,陈国梁译,商务印书馆1985年版。

[16] [苏] 彼·费多谢耶夫等:《卡尔·马克思》,孙家衡等译,生活·读书·新知三联书店1980年版。

[17] [法] 沙利·傅立叶:《傅立叶选集》第3卷,商务印书馆1964年版。

[18] [法] 保尔·拉法格等:《回忆马克思恩格斯》,杨启潾译,人民出版社1957年版。

[19] 苏联科学院经济研究所编《政治经济学教科书》下册,人民出版社1955年版。

二　论文

(一) 学位论文

[1] 苗圃:《马克思恩格斯的城市观》,博士学位论文,中共中央党校,2014年。

[2] 杨翼:《中国统筹城乡发展的理论与实践思考》,博士学位论文,西南财经大学,2013年。

[3] 王格芳:《科学发展观视域下的中国城镇化战略研究》,博士学位论文,山东师范大学,2013年。

[4] 张军:《推进我国城乡一体化的制度创新研究》,博士学位论文,东北师范大学,2013年。

[5] 李邦铭:《马克思恩格斯城乡思想及其当代价值》,博士

学位论文，中南大学，2012 年。

[6] 屈婷：《马克思的城乡分工理论与中国的城市化道路》，博士学位论文，南开大学，2012 年。

[7] 曾万明：《我国统筹城乡经济发展的理论与实践》，博士学位论文，西南财经大学，2011 年。

[8] 蓝文权：《邓小平城乡关系思想研究》，博士学位论文，陕西师范大学，2011 年。

[9] 蒲松林：《城镇体系构建与城乡经济一体化发展研究》，博士学位论文，西南财经大学，2010 年。

[10] 马军显：《城乡关系：从二元分割到一体化发展》，博士学位论文，中共中央党校，2008 年。

[11] 彭晓伟：《中国共产党的城乡关系理论与实践》，博士学位论文，西南交通大学，2008 年。

[12] 宣迅：《城乡统筹论》，博士学位论文，西南财经大学，2004 年。

[13] 赵天娥：《中共第一代领导人的城乡关系思想研究》，博士学位论文，东北师范大学，2013 年。

[14] 申长鹤：《马克思恩格斯城乡关系思想及其当代价值研究》，硕士学位论文，西北农林科技大学，2013 年。

[15] 孙中贵：《马克思主义城乡关系理论的哲学解读》，硕士学位论文，安徽大学，2011 年。

（二）期刊论文

[1] 吴宝华、张雅光：《马克思主义城乡融合理论与农业转移

人口市民化》，《思想政治教育导刊》2014 年第 7 期。
[2] 寿思华：《马克思主义城市观——中国城镇化观察》，《改革与战略》2014 年第 2 期。
[3] 白永秀：《马克思主义城乡关系理论与中国城乡发展一体化探索》，《当代经济研究》2014 年第 2 期。
[4] 刘祖云：《中国社会城乡关系专题研究》，《中共四川省委省级机关党校学报》2014 年第 2 期。
[5] 胡若痴：《以新型城镇化推动城乡一体化的马克思主义理论分析》，《河北经贸大学学报》2014 年第 6 期。
[6] 仇保兴：《“共生”理念与生态城市》，《城市规划》2013 年第 9 期。
[7] 王渊、白永秀、王宇：《城乡经济社会一体化内涵与外延的再认识》，《福建论坛》2013 年第 1 期。
[8] 申长鹤、邓谨：《马克思恩格斯城乡关系思想及其当代价值》，《武汉理工大学学报》2013 年第 2 期。
[9] 吴宁、马瑞丽：《恩格斯的城乡融合思想及其启示》，《苏州大学学报》2013 年第 5 期。
[10] 刘先江：《马克思恩格斯城乡融合理论及其在中国的应用与发展》，《社会主义研究》2013 年第 6 期。
[11] 康春鹏：《中国城镇化发展的政策演变与研究综述》，《经济研究参考》2013 年第 18 期。
[12] 王海成、邓谨：《马克思主义城乡关系视域中的“城市病”及其治理策略》，《湖北行政学院学报》2003 年第 5 期。

［13］曹钢、曹大勇、何磊：《论马克思的城市发展思想与国际城镇化百年革命》，《陕西师范大学学报》2013 年第 1 期。

［14］王渊、白永秀、王宇：《城乡经济社会一体化内涵与外延的再认识》，《福建论坛》2013 年第 1 期。

［15］谢菲：《马克思恩格斯城市思想及其现代演变探析》，《马克思主义研究》2012 年第 9 期。

［16］姚永明：《马克思、恩格斯城乡融合思想的当代解读与实践》，《中国青年政治学院学报》2012 年第 3 期。

［17］李邦铭：《论马克思、恩格斯的城乡关系思想》，《河北学刊》2012 年第 2 期。

［18］周新桥：《论胡锦涛对马克思主义城乡关系理论的继承与创新》，《经济与社会发展》2012 年第 10 期。

［19］彭晓伟、林伯海：《邓小平的城乡互动思想及其对统筹城乡发展的启示》，《毛泽东思想研究》2012 年第 4 期。

［20］李传兵、俞思念、陈浩然：《马克思城乡关系思想及其当代中国化实践》，《社会主义研究》2012 年第 4 期。

［21］戴建春：《马克思恩格斯的农民思想及其现实意义》，《南昌大学学报》2012 年第 3 期。

［22］周建群：《马克思主义经典作家“三农”思想及其对当代的启示》，《长春工业大学学报》2012 年第 6 期。

［23］刘建立：《马克思恩格斯“城乡融合”思想及当代启示》，《马克思主义研究》2012 年第 8 期。

［24］王枫云：《马克思主义城乡关系理论中国化的历史回顾

与经验总结》，《经济研究导刊》2011 年第 14 期。

[25] 韦廷柒、陈志波：《马克思主义视阈下我国城乡关系理论与实践的演进》，《广西社会科学》2011 年第 1 期。

[26] 刘义文：《马克思、恩格斯的城市观及当代启示》，《党政干部论坛》2011 年第 10 期。

[27] 赵强：《芒福德的城市观及其启示》，《苏州大学学报》2011 年第 4 期。

[28] 厉以宁：《论城乡一体化》，《中国流通经济》2010 年第 11 期。

[29] 韦廷柒、张学亮：《中共十六大以来中国特色社会主义城乡关系理论新发展》，《学术论坛》2010 年第 2 期。

[30] 赵洋：《近 30 年来国内关于马克思恩格斯城乡关系思想研究综述》，《理论与改革》2010 年第 4 期。

[31] 王亚鹏：《马克思恩格斯城乡融合思想探析》，《经济研究导刊》2010 年第 7 期。

[32] 岑乾明、宋卫琴：《分工理论：理解马克思主义城乡观的钥匙》，《求索》2010 年第 9 期。

[33] 李运祥、陈国生：《城乡一体化评估体系的主要指标：以湖南省为例》，《求索》2010 年第 4 期。

[34] 刘天宇、姜彦福：《关于我国城乡经济社会一体化发展中若干问题的思考》，《经济学动态》2010 年第 1 期。

[35] 白永秀、王颂吉、吴振磊：《城乡经济社会一体化发展研究文献述评》，《经济纵横》2010 年第 10 期。

[36] 白永秀、赵伟伟、王颂吉：《城乡经济社会一体化的理

论演进》，《重庆社会科学》2010 年第 10 期。

[37] 罗敏、祝小宁：《马克思城乡统筹思想的三个基本要素探析》，《西华师范大学学报》2009 年第 5 期。

[38] 陈伟东、张大维：《马克思恩格斯的城乡统筹发展思想研究》，《当代世界与社会主义》2009 年第 3 期。

[39] 叶昌友、张量：《论马克思、恩格斯的城乡融合思想》，《求索》2009 年第 12 期。

[40] 李明超：《马克思与恩格斯的城市思想论要》，《中共天津市委党校学报》2009 年第 2 期。

[41] 韩俊：《中国城乡关系演变 60 年：回顾与展望》，《改革》2009 年第 11 期。

[42] 李明超：《马克思和恩格斯的城市思想论要》，《中共天津市委党校学报》2009 年第 2 期。

[43] 柳士化：《几代党的领导人城乡一体化思想探究》，《湖北经济学院学报》2009 年第 2 期。

[44] 李丹：《城乡一体化的理论回顾与分析》，《理论与当代》2008 年第 11 期。

[45] 吴学凡：《马克思、恩格斯的城乡差别思想》，《西北师大学报》2008 年第 4 期。

[46] 祝小宁、罗敏：《对马克思恩格斯城乡统筹发展理论体系的当代解读》，《西华师范大学学报》2008 年第 5 期。

[47] 仇保兴：《实现我国有序城镇化的难点与对策选择》，《城市规划学刊》2007 年第 11 期。

[48] 吴学凡：《改革开放以来的中国城乡差别问题研究述

评》，《东北财经大学学报》2007 年第 5 期。

[49] 周志山：《从分离与对立到统筹与融合——马克思的城乡观及其现实意义》，《哲学研究》2007 年第 10 期。

[50] 李明超、高江：《马克思和恩格斯的“城市性”思想初探》，《云南农业大学学报》2007 年第 1 期。

[51] 周锦涛：《建国初毛泽东城乡统筹发展思想》，《毛泽东思想研究》2007 年第 7 期。

[52] 陈睿：《马克思恩格斯的城乡关系理论及其对当代的启示》，《中共福建省委党校学报》2006 年第 10 期。

[53] 孙成军：《马克思主义城乡关系理论与我们党城乡统筹发展的战略选择》，《马克思主义研究》2006 年第 4 期。

[54] 孙成军：《中共三代领导集体对城乡统筹发展的探索及经验启示》，《毛泽东思想研究》2006 年第 5 期。

[55] 秦庆武：《统筹城乡发展的内涵与重点》，《山东农业大学学报》2005 年第 1 期。

[56] 李泉：《中外城乡关系问题研究综述》，《甘肃社会科学》2005 年第 4 期。

[57] 陈明生：《马克思主义经典作家论城乡统筹发展》，《当代经济研究》2005 年第 3 期。

[58] 石玉顶：《马克思恩格斯关于城乡统筹发展的思想及其启示》，《经济学家》2005 年第 6 期。

[59] 何增科：《马克思、恩格斯关于农业和农民问题的基本观点述要》，《马克思主义与现实》2005 年第 5 期。

[60] 白雪秋：《党的三代领导核心统筹城乡发展思想之演

变》，《毛泽东思想研究》2004 年第 3 期。
[61] 冯尚春：《马克思主义城镇理论》，《当代经济研究》2004 年第 5 期。
[62] 潘允康：《城市化与“反城市主义”》，《福建论坛》2004 年第 6 期。
[63] 陈为邦：《城市思想与城市化》，《城市发展研究》2003 年第 3 期。
[64] 陈雯：《“城乡一体化”内涵的讨论》，《现代经济探讨》2003 年第 5 期。
[65] 孙志刚：《论马克思主义的城市观》，《江汉论坛》1998 年第 7 期。
[66] 辜胜阻：《中国城镇化的理论支点和发展观》，《农村经济与社会》1991 年第 4 期。
[67] 张雨林：《论城乡一体化》，《社会学研究》1988 年第 5 期。
[68] 张器先：《论城市在经济、社会发展中的地位和作用》，《经济问题探索》1984 年第 10 期。
[69] 杨洛、廖元和：《毛泽东对马克思主义城乡关系理论的运用和发展》，《社会科学研究》1984 年第 1 期。
[70] 汪巽人：《初探马克思主义的城乡融合学说》，《福建论坛》1983 年第 3 期。
[71] 杨洛：《研究城乡关系理论发挥中心城市作用》，《财经科学》1983 年第 3 期。

三　外文参考资料

[1] Avner Greif, *Institutions and the Path to Economic Modernity: Lessons from Medival Trade*, Cambridge University Press, 2006.

[2] Henri Lefebvre, *The Urban Revolution*, London: University of Minnesota Press, 2003.

[3] S. R. Epstein (ed.), *Town and Country in Europe*, 1300 – 1800, Cambridge: Cambridge University Press, 2001.

[4] Yu Zhu, *New Path to Urbanization in China: Seeking More Balanced Patterns*, New York: Nova Science Publishers, Inc., 1999.

[5] James Steuart, *An Inquiry Into the Principles of Political Economy*, Volume 1, London: Routledge/Thoemmes Press, 1992.

[6] Corbridge S., *Urban – rural Relations and the Counter Revolution in Development Theory and Practice*, London: Routledge Press, 1989.

[7] Corbridge S., *Urban Bias, Rural Bias and Industrialization: An Appraisal of the Works of Michael Lipton and Terry Byres*, London: Routledge Press, 1988.

[8] MeGee T. G., *Urbanization or Kotadesasi——The Emergence of New Regions of Economic Interaction in Asia*, Working Paper, Environment and Policy Institute, East West Center, Honolulu, 1987.

[9] David Harvey, *Consciouness and the Urban Experience*, Ox-

ford：Blackwell，1985.

[10] David Harvey, *The Limits to Capital*, Oxford: Basil Blackwell Ltd., 1982.

[11] Castells Manuel, *The Urban Question: A Marxist Approach*, Cambridge, Mass: MIT Press, 1977.

[12] Lipton M., *Why Poor People Stay poor: Urban Bias in World Development*, London: Temple Smith Press, 1977.

[13] David Harvey, *Social Justice and the City*, Baltimore: The Johns Hopkins University Press, 1975.

后　　记

三年的博士学习生涯即将要画上一个句号了，回首考博之前的日子，无论是朋友对我的“恐吓”——女博士是第三类人，还是过来人对我的“惊吓”——读博的日子会痛苦到让你想自杀，都已成为过去。此时，我再一次发现小马过河的故事传达的真谛——事必躬亲，才有真实感悟。三年的时光，我在感慨每一天日子不易和煎熬的同时，更多的是一种庆幸。庆幸自己的人生中能够有这样一段时光，滤去浮躁的外在，增添理性的思考，能静心读书和学习，感受学术的魅力，怀揣全新的追求和梦想。有时候我甚至是在享受重新“变成单身”生活的快乐和阳光从窗户照进来捧书学习时的幸福。只有这样生活并感受这样生活的人，才能体会到这段岁月有如金子般珍贵。我觉得我是如此幸运。

写博士论文确实不是一件容易的事情。这样的研究很折磨人，但也充满乐趣。在此，我要特别感谢长期指导、帮助我的导师李家祥教授，能够成为他的学生，是命运最大的垂青。初见时平易近人的交谈，给了我阵阵温暖。无论何时，总是站在学生的角度考虑问题，每一次的见面，每一次的交流，总是在极其舒服的感受中有所收获，时时感受着他做人的魅力和人格的高贵。对于我的指导，无论是小论文还是毕业论文，总是那样切中要害，令人醍醐灌顶。在办公室、在教学楼下、在宿舍楼前、在电话里、在邮件中、在微信上，都留下了老师无私付出的痕迹。老师观察分析问题的眼光和全局感，以及理论与实践相结合的治学方法使我深受教益。他的长者与学者的风范，让我永远敬仰。老师对我表现出了极大的宽容，我希望他认为结果是值得的。

在这里，我还要感谢天津师范大学马克思主义学院的王秀阁老师、杨仁忠老师、陈尚伟老师、王同起老师、张铁勇老师、李朝阳老师，感谢经济学院的丁为民老师，他们在我的开题报告中，提出了很多修改意见和建议，使我的博士论文能够写起来更为顺利。

虽然有点烦冗，我还是要感谢我们可爱的辅导员王毅刚老师，他对我们每一位学生在学习和生活中的状况都做到了关注和关心。感谢我的师兄李陈博士，在我入校之后，一直给我多方面的帮助。感谢我的同班同学李媛媛、赵艳波、宋小红、张东亮、吴春艳、赵灿鑫、穆城利、张录全、韩松等同学，与我一起度过了精彩纷呈、收获满满的三年。

是的，和所有人一样，我当然要感谢我的家人。没有他们给我提供稳固的后方支持，我至少不能这么快完成毕业论文的撰写。我既做出决定，迎难而上，为了实现目标，只能经常待在学校，待在宿舍，成了不着家的妻子和母亲。对于家人的愧疚是难免的，所幸他们都能理解，真心感谢家人为我付出的一切。

之所以走出这一步，是因为我们首先应该是自己，然后才是妻子和母亲。那么，自己当然要完成自己的人生计划和目标，这才是一个真正懂得生活，能够把自己生活过得更完满的积极的人生状态。所以，我最后要感谢的是我自己，感谢自己一直以来对梦想的追求，感谢自己的坚持和努力，让我更有信心拥有精彩的人生。

今天，这段经历即将过去，我相信在我的人生岁月中它已然成为一笔巨大的精神财富，鞭策着我继续前行。

陈燕妮

2017 年 7 月